读懂投资　先知未来

大咖智慧
THE GREAT WISDOM IN TRADING

成长陪跑
THE PERMANENT SUPPORTS FROM US

复合增长
COMPOUND GROWTH IN WEALTH

一站式视频学习训练平台

外汇超短线交易

技术、结构和价格行为原理

鲍勃·沃尔曼　著
何新　魏强斌　译

山西出版传媒集团
山西人民出版社

图书在版编目(CIP)数据

外汇超短线交易:技术、结构和价格行为原理/(美)鲍勃·沃尔曼著;何新,魏强斌译.—太原:山西人民出版社,2017.11(2025.1重印)

ISBN 978-7-203-10017-1

Ⅰ.①外… Ⅱ.①鲍… ②何… ③魏… Ⅲ.①外汇交易 Ⅳ.①F830.92

中国版本图书馆 CIP 数据核字(2017)第 227286 号
著作权合同登记号　图字:04-2016-043

外汇超短线交易:技术、结构和价格行为原理

| 著　　　者:(美)鲍勃·沃尔曼
| 译　　　者:何　新　魏强斌
| 责任编辑:孙　琳
| 复　　审:贺　权
| 终　　审:员荣亮

| 出　版　者:山西出版传媒集团·山西人民出版社
| 地　　　址:太原市建设南路21号
| 邮　　　编:030012
| 发行营销:0351-4922220　4955996　4956039　4922127(传真)
| 天猫官网:http://sxrmcbs.tmall.com　电话:0351-4922159
| E－mail :sxskcb@163.com　发行部
|　　　　　　sxskcb@126.com　总编室
| 网　　　址:www.sxskcb.com
| 经　销　者:山西出版传媒集团·山西人民出版社
| 承　印　者:廊坊市祥丰印刷有限公司

用纸规格:787mm×1092mm
印　　张:18.5
字　　数:293千字
版　　次:2017年11月　第1版
印　　次:2025年1月　第2次印刷
书　　号:978-7-203-10017-1
定　　价:80.00元

如有印装质量问题请与本社联系调换

"舵手经典证券图书" 开篇序

20个世纪末,随着中国证券投资市场的兴起,我们怀揣梦想与激情,开创了"舵手证券图书"品牌,为中国投资者分享最有价值的投资思想与技术。

世界经济风云变幻,资本市场牛熊交替,我们始终秉承"一流作者创一流作品"方针,与约翰&威立、培生教育、麦格-劳希尔、哈里曼、哈珀&科林斯等世界著名出版机构合作,引进了一批畅销全球的金融投资著作,涵盖了股票、期货、外汇、基金等主要投资领域。

时光荏苒,初心不改,我们将一如既往地与您分享专业而丰富的投资类作品。我们以书交友,与天南海北的读者成为朋友,收获信任、支持。许许多多投资者成为我们的老师、知己,给予我们真诚的赞许、批评、建议。更有一些资深人士由此成为我们的编辑、翻译、评审,这一切我们感念于心。

我们希望与每位投资者走得更近,我们希望以"舵手投资学院"的方式,给每位读者一个反馈和深化学习的家园,一个交流探索的新平台。我们邀请作者进驻我们的投资交流论坛(www.duoshou108.com),为读者答疑解惑,交流切磋。在这里,您可以与华尔街投资大师亲密接触;在这里,您可以与全国最聪明投资者同台炫技;在这里,您可以体验全球最新投资技术课程;在这里,必将因为有您而伟大!

前 言

长久以来,不断有人做好在这个战场上牺牲的准备。追求财富者、投机倒把者、赌徒、社会适应不良者以及由乐观主义者和冒险家组成的杂牌军,都曾经或者正在这个市场上游荡,希望能够迅速发财致富。然而,没有其他什么行为比盲目投机能更快速导致资本亏损以及梦想和希望破碎。

奇怪的是,尽管已经有很多人遭遇了惨痛的命运,但是这类交易者仍然前仆后继毫无准备地冲上去。而那些不怕麻烦想要发展自己交易方法的人,多数时候似乎也只能接受不可避免的失败。在学习的过程中,事情可能变得相当不愉快,并且很多人永远无法赚回交易的学费(亏损)。不必为此感到惊讶,正是这些情况导致了对交易能否持续盈利的无休止的争论。在这场争论中,怀疑论者和浪漫主义者展开了争斗。

对于怀疑论者来说,持续盈利交易者的荣耀形象是值得高度怀疑的。毕竟,在交易行业永远成功的只有经纪商和聪明的营销人员。如果无法知道一个精通交易的投资者的存活概率,那么要成为一个持续盈利的超短线交易者的想法就是近乎愚蠢的。要看清怀疑论者的观点,只需要遵循一个普通的逻辑——在一个有如此多交易者试图获得长期交易成功但最后都失败的行业里,那些在短时间框架下冒险的交易者只会让自己更快陷入更为悲惨的境地。

确实,时间框架越短,走势图上的波动越不稳定。由于超短线交易者的每笔交易都要受到点差和佣金的"剥削",所以从一开始胜利的天平似乎就对交易者不利。成功的故事太少，使得我们不得不注意那些令人警醒且偏于保守的交易绩效统计数据。

话虽这么说，怀疑论者和难看的统计数据却从未挫伤交易者们的热情。持续成功地进行超短线交易绝不是什么奢望，也不需要花数年时间才能获得必要的技能。每天市场上都有很多超短线交易者获得成功，任何人只要决心适当训练自己并且在交易的各个方面勤奋努力，都可以做到。真正的问题不是超短线交易赚钱的可能性有多大，而在于交易者学习和训练的质量。

即便如此，超短线交易可能并不适合每个人。如果不考虑其他因素，这本书将是一个找到成功超短线交易方法的极佳方式。这本书的唯一目的就是向读者展示这个行业的一切，以便读者更高效地从事这项工作。这本书中提供了无数的图表、结构和交易案例，将使那些必要的技术根深蒂固地印刻到读者的大脑中。

在接下来的所有章节中，交易的标的都集中在欧元/美元货币对上。对于一个灵活的超短线交易者来说，这个货币对是一个绝佳的选择。这个货币对有着高度重复的日内特征和较低的交易点差，并且即使是资金很少的交易者也可以参与交易。不过，由于价格行为原理非常普遍，所以在其他具有相似波动率和较低交易成本的市场采用这个方法时，也没必要进行太多的调整。在这方面，本指南也可以为很多非外汇交易者提供帮助。

超短线交易的好处有很多，这一点不言自明。只一张走势图，没有花哨的指标，只需点击一次鼠标就可以入场或出场。一切都预先设置好。在一个几乎不断循环重复的市场上，机会无处不在。

看一下下面这个案例。图P.1是一幅典型的超短线交易者使用的欧元/美元走势图。图的纵轴表示货币对的价格，横轴表示时间，而图中的曲线是一条指数移动平均线，是图中唯一的指标。走势图中的一些价格形态我们之后将会进行讨论。

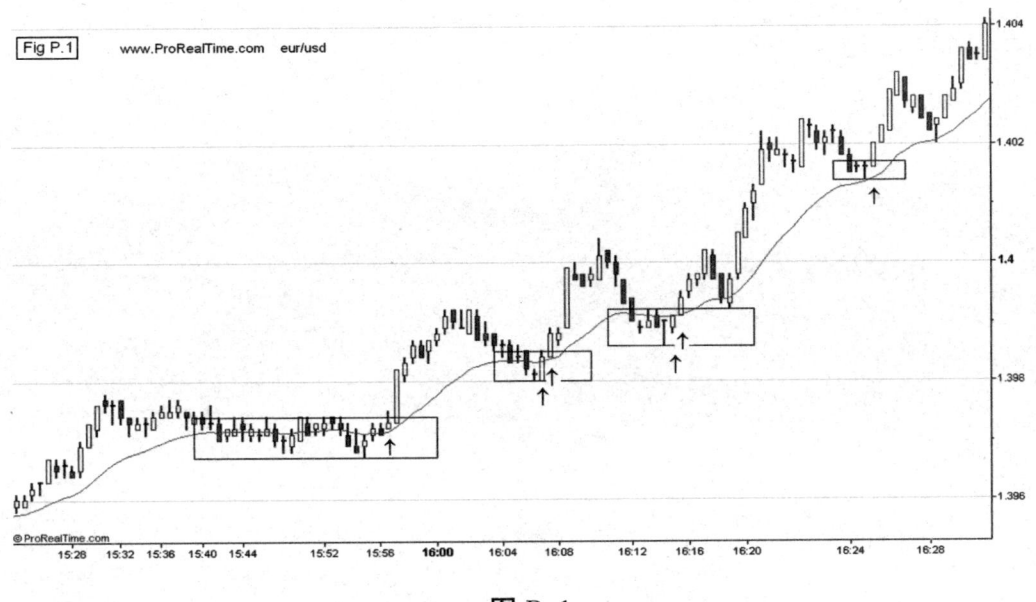

图 P.1

在短短一个小时之内，市场为警觉的超短线交易者提供了多次范本式的交易机会。

要为超短线交易方法构建一个坚实的基础，仅仅着力于交易的技术面是不够的。我们必须从各个角度了解这个行业，以便将潜在的破坏性元素从方程式中完全剔除出去。

接下来的每一章内容都承担了这趟"旅程"中一部分的介绍责任。我们将深入探讨选择的每张走势图、价格行为、形态确认、有利的和不利的市场条件、结构、入场与出场、目标价位与止损位、陷阱与诡计、心理层面的问题以及会计事项等方面的细节，基本上涵盖了专业超短线交易的各个方面。

不管是在交易中苦苦挣扎的交易新手，还是在其他投机领域经验丰富的老手，我真诚地希望这本书能受到大家的喜爱，并且书上提供的这些信息能够为大家在市场中开辟一条持续盈利的道路。这本书不会用一些没有反映交易现实的东西来侮辱大家的智商。书中并没有冗长拖沓、无意义并且含义不清的篇章，也没有晦涩难懂的行业术语。《外汇超短线交易》是一本真正介绍超短线交易的书。它是一个交易员的呕心沥血之作。

目 录

第一部分 超短线交易的基础知识 1

第1章 交易的货币对 3

第2章 交易笔数走势图 7

第3章 把超短线交易当做职业 11

第4章 目标位、止损位和订单 15

第5章 概率原理 20

第二部分 交易入场 25

第6章 结构 27

第7章 双十字星突破 32

第8章 首次突破 52

第9章 二次突破 68

第10章 箱体突破 95

第11章 区间突破 119

第12章 区间内突破 153

第13章 高级区间突破 182

第三部分 交易管理 209

第14章 临界点技术 211

第四部分　交易选择 ·· 249
   第15章　不利市场条件 ·· 251

第五部分　账户管理 ·· 273
   第16章　交 易 量 ·· 275
   第17章　最后的告诫 ·· 285

第一部分

超短线交易的基础知识

第1章　交易的货币对

随着高速电子交易平台的出现，交易者比以往更容易开通在线交易账户，并参与每日的外汇交易"拔河比赛"。外汇市场对于资本的要求很低，对于熟练程度的要求则更低。选择一个经纪商，注入一些资金，打开交易平台，交易者就可以开始交易了，整个过程不超过1个小时。

尽管这听起来有点简单，但是隐藏在在线外汇交易背后的是一个庞大而复杂的网络，这个网络由各国央行、机构组织、投资公司、对冲基金和全球市场运营商组成，他们之间进行业务往来的金额超过我们的想象。

外汇市场不像普通的股票或期货市场，所有的股票和期货合约都是在一个场所有序地交易。外汇市场上有超过百万或大或小的参与者，散居在世界各地，在每一个时区都有一部分人参与交易。所有这些交易是如何进行追踪、处理并最终成为每个人交易平台上的交易报价，这远远超过了我们的理解力。

当货币相互间进行比较时，外汇市场就焕发了生机。因此也出现了所谓的货币对。除了个别情况外，大部分国家都允许本国货币与其他货币自由兑换，所以也产生了一些相当奇异的组合。试图找出这个市场在特定时刻更偏爱货币对中某一个货币的原因是没有多大的意义的（只对纯技术交易者而言——译者注）。这个原因有可能是货币债务、基本面预期、利率决议、财政政策、对冲目的、日常策略——基本上包括了可以导致资金流从一边转向另一边的一切因素。

尽管这与小型独立超短线交易者没有多少相关性，但是他需要明白在这个行业中他将面对一些最强大的对手。为了将这个竞技场的公平程度提高到一个可接受的水平，他必须在不会让他一开始就具有明显劣势的条件下交易。这意味着他必须为自己找到一个可以提供公平价格的经纪商。

大家都知道，经纪商常常被视为不可避免的灾祸，并且在选择经纪商时，多得令人头晕目眩，而且几乎很难找到一家名誉无瑕的经纪商。平台冻结、点差扩大、订单执行失败、可怕的执行价格、重新报价、不友好的帮助平台、资金不翼而飞，等等。这些都只是交易者抱怨的一小部分。确实，与名声不好的经纪商打交道就像坐过山车一样令人心惊胆战。不过，应该说近年来经纪商服务已经有了很大的改善，越来越多的法规和监管条例迫使这个行业逐渐规范和完善。

经纪商基本上以两种方式来开展业务。他们要么以当前的市场价格向客户提供货币对交易并从中收取佣金；要么不收佣金，改为收取一定的点差。让买卖双方通过他们的系统以比货币对实际价格较差的价格进行交易，这种做法也存在一定的争议。结果就是点差的收益直接落入经纪商的腰包。

接受第二种方案有可能非常冒险，因为点差灵活性较高，并且常常会可疑地扩大。经纪商通过宣称较低的点差来引诱交易者开账户，但结果只是在实盘交易环境下非对称（对客户不利）地调整点差。不用说，如果不好好打击一下这种恶劣行为，会严重损害交易者的利益，特别是超短线交易者（俗称刮头皮交易者）。毕竟，超短线交易者每天要多次支付这个可怕的点差。

尽管如此，绝大部分独立交易者都与这类公司（也就是所谓的零售经纪商）签订了开户协议，并且都有各种很好的理由。收取佣金型的经纪商瞄准的是更为专业（或者说资本更为雄厚）的交易者，而零售经纪商通常的政策都是欢迎所有类型的客户，甚至还会向客户提供零费用并且设计非常人性化的交易平台。

但是，通过这些经纪商交易意味着交易者并没有与真实的市场接触。这些经纪商的交易平台基本上都是仿冒产品，只是模仿了真正交易平台。不过，这不见得一定就是不好的交易方式，特别是当交易的规模仍然较小时。当选择一个可靠的经纪商交易时，订单是否被递到市场上交易并不要紧，只要订单被顺利正确地执行就行了。请记住，外汇市场并没有一个集中的交易所，所以，从某种程度上说，每个订单都是虚拟的，成交量也不一定是真实的。

由于点差对超短线交易者每天的交易造成了很大的负担，所以本书中的方法只围绕着一个可以满足交易标的所有必备要求的货币对——极受欢迎的欧元/美元货币对。就报价、日内交易机会和重复特性来说，没有哪个货币对可以与这个货币对比肩。

当每次交易的点差不能超过1个点时，超短线交易者最好只选择欧元/美元货币对。在超短线交易中，成功策略和失败策略只在一线之间，当参与交易的成本超过1个点时，就很容易跨越这条线，从盈利转为亏损。如果一个经纪商不能在超过99%的时间里为超短线交易者提供理想的点差，就最好换一个经纪商。即便经纪商宣称零点差，只收取一定的佣金，你也应该进行严密监视，不能轻易信任。现在，交易者还可以选择支付0.5个点的点差加零点几个点的佣金。如果是其他货币对，选择这种方案就非常划算，如果是欧元/美元，这种方案也等同于每次交易收取1个点的点差，与不收佣金的方案一致。

尽管在选择经纪商时要千万小心，但是也不要过分地偏执。现在，交易平台更快更稳定，点差也越来越窄了。几乎所有正规的经纪商都提供1个点差的欧元/美元货币对交易，如果经纪商提供的点差高于这个水平，客户将很快流失。但是还是要花些时间来选择经纪商。只要你的电脑能处理过来，尽可能多地下载模拟平台，检查它们的订单类型并且确定它们可以设定为单击交易模式（只需点击一次鼠标就可以出场或入场）。最重要的是，要仔细查看他们的点差，并且至少观察几天时间。这是这个交易方法的重要部分。

毫无疑问，很多读者已经以这种或那种方式完成了这一过程，但是对于那些外汇交易新手，我就强烈建议要仔细查看可用的选项，不要只是迷恋那些吹得天花乱坠但华而不实的平台。一定要明白经纪商的交易平台不仅方便交易，它们还逐步成为市场上死亡和生存之间的生命线。也就是说，交易的成败有时还取决于经纪商的交易平台。为了完全将注意力放在超短线交易上，订单被执行的速度和精度一定要达到要求。没有什么能比糟糕的平台或者恶劣的经纪商更能扰乱交易者内心的宁静了。

当一个超短线交易者开通了实盘账户，注入了资金并且决定进场交易后，他就必须为自己制作交易的走势图。在下一章中，我们将了解如何设置这种可以满足超短线交易者这种需求和愿望的特殊走势图，并且每天都能如此。

第2章 交易笔数走势图

任何人只要看过外汇交易方面的书，就一定听过一个夸大其词的说法——欧元/美元货币对的成交量超过了其他金融市场加起来的成交总量。这个市场是目前世界上最活跃的交易市场，这一点常常被经纪行业里聪明的营销人员当做推销的噱头。但是仅仅是数字本身，应该不会激励交易者进入外汇市场冒险。

除了点差必须很小之外，还有一个更关键的因素需要考虑，即交易标的在走势图上的价格行为表现方式。在选择的时间框架上，超短线交易者需要看到交易工具的典型特征：适当的日内波动数量，重复的行为模式，突破前的力量蓄积、回撤、突破、趋势和区间，等等。换句话说，就是一个可以满足技术交易者需要的高度技术性的市场。能达到这一要求的货币对不多，而欧元/美元货币对就达到了。这个货币对的平均日波幅接近150点。不管是在较长时间框架走势图上，还是在较短时间框架走势图上，日内波动都可以加以利用，并且几乎在任何一个时段都存在大量的交易机会。

当然，有很多交易方法可以选择。交易策略和技术的数量可能和交易者的数量一样多。几乎任何一种好的方法都涵盖了所有群体行为和价格行为原理的普遍概念，以及一个从更为个性化的角度分析走势图的特定交易计划。然而，一定要知道在普通环境下交易和在特殊环境下超短线交易（俗称"刮头皮"），并不是一种允许你草草翻阅几幅图后就做出选择的消遣游戏。那些把交易看作一项快速致富计划的超短线交易者，将很快意识到这个想法是多么愚蠢，并且投入大量资金之后只是让人更快贫穷的情况并不奇怪。因为任何一个努力奋斗的交易者都可能会说，在走势图上发展一个策略是一回事，用这个策略在市场上交易又是另外一回事。

毫无疑问，技术走势图是任何超短线交易不断跳动的心脏。超短线交易者所需要的一切信息都可以在一幅走势图中找到。由于从基本面的角度来说，交易日内波动没有多大的意义，所以超短线交易者只有从走势图上价格行为的所有细节入手。

那么，应该选择什么走势图呢？选择什么时间框架没有特别规定，因为每一种时间框架都有优势和劣势。从某种程度上说，最好的走势图是在较短时间框架走势图（在一个交易日内提供多个交易机会）和较长时间框架走势图（具有较高的技术显著性）之间取得一个平衡。虽然所有时间框架的走势图都会监视供给和需求之间永无休止的战斗，但是每一个时间框架都有它自己的"脉搏"。这可以通过平均波动的长度、突破前的力量蓄积和存在的可交易形态，甚至是大部分经典的骗局与陷阱结束的方式来衡量。一旦交易者选定了他的走势图，就一定要坚持使用，进行彻底的研究，了解它如何"喘息"和波动，并摸清它的节奏。

最佳的走势图是 70 笔交易走势图（70-tick）。这是我们将在接下来的所有章节都会采用的唯一走势图。从一般意义来说，它并不是一种时间框架。这种走势图是在每 70 笔交易发生之后形成一根新的蜡烛线——不管这 70 笔交易成交量如何。就欧元/美元货币对来说，在一个交易日内可以轻松绘制出数千根蜡烛线。有时候，这种走势图类似于 30 秒走势图，但是当成交量上升时，它就会呈现出自己的特点。

注意：不是所有的图表软件包都提供这种交易笔数走势图设置（x-tick），所以建议你在订购之前最好询问清楚。另外，实际的交易计数取决于连接走势图的数据供给。由于外汇交易没有集中的交易所，无法实现完全的交易计数，所以不同提供者提供的成交量数据有可能不同。读者可能必须要在自己的走势图中试验交易笔数，才能获得接近本书中采用的 ProRealTime 图表软件包设置的走势图。不过，也不用太过担心。差不多就行了。事实上，如果我们所有走势图的交易计数设定为 65 或者 75 这样的数字，也不太会改变走势图的格局以及它们的可交易性。但是，在另一种软件包中，这个数字就必须设定为40甚至是100或更大的数字。这主要取决于图表服务公司如何过滤他们的输入数据。当拿你的蜡烛线与本书中的蜡烛线做比较时，要仔细看看走势图下面的时间刻度并注意看蜡烛线的平均长度。在一个平静市场中，大部分蜡烛线的波幅都在2到4个点。一波明显的趋势可能轻易超过这个范围，但是通常不会持续太久。一个不错的办法是将交易笔数设定为类似于普通30秒走势图的水平。如果这样做，就非常接近了。请记住，在交易笔数走势图上，亚洲时段（大约是从本书案例的凌晨2：00到早上10：00）每个小时内形成的蜡烛线要远远少于欧洲时段或美国时段每个小时内形成的蜡烛线。所以最好估算出市场更为活跃时段的交易笔数设置。

可以说，比起时间框架走势图，交易笔数走势图具有显著的优势，主要因为交易笔数走势图上的价格形态更为紧凑，这让交易者更容易将其识别出来。当交易清淡时，交易笔数走势图不会绘制那么多无意义的蜡烛线占用不必要的空间，把走势图拉得更长更平。当交易活跃时，就赋予了交易者更多的交易机会。

70笔交易走势图的设置并不是一个神奇数字，也不是你将遇到的最佳的走势图设置。因为最佳的设置根本不存在。选择什么走势图是个人的事情，并且很大程度上取决于交易策略的细节。毕竟，我们需要一个可以以狙击手的精准度为我们的交易择时的走势图。在这一方面，70笔交易走势图模式就以非凡的精准度抓住了欧元/美元货币对的"刮头皮"节奏。有时候，看着蜡烛线在走势图上行进，就好像看着一个华美的鼓乐队在例行表演。很多时候，价格波动可能看起来有点混乱、复杂或者变化多端，但是对于善于观察的眼睛来说，实际的变量是非常有限的。最后，在重复开始之前可能有很多舞蹈似的波动。这是价格行为的重复特点，我们必须试着进行预估，以便巧妙地为我们的入场和出场择时。

70笔交易走势图是波动比较快的走势图，但是也不至于快到与其他被广泛采用的更为传统的时间框架脱节。这一点很重要，因为我们需要其他交易者在我们进场之后进场，将价格推向我们的目标价位。基本上，聪明的超短线交易者希望其他大部分交易者都看到同一件事情，加入同一波趋势，抓住同一个回撤并且交易同一个突破。这样，就可以更好地打败他们。

只一张走势图就可以获得制定有效超短线交易决策所必需的全部信息。除了一条移动平均线外，没有其他指标进来扰乱视线。不管市场在较长时间框架内处于上升还是下跌趋势，我们没必要知道昨天的最高价或最低价，或者价格是否进入了昨天的某个重大支撑位或阻力位。事实上，在大多数情况下，几个小时之前的价格走势对现在都完全没有影响。一幅可以显示差不多一个半小时的蜡烛线的走势图应该就足够了。超短线交易者往他的走势图上塞越多的信息，这些信息就越可能产生冲突。为了不在这一阶段就停滞不前，最好不要把决策过程搞复杂，应该尽量简单化。

至于我们入场的技术方面，只有7种结构形态需要掌握。这些结构形成了我们即将讨论的超短线交易方法的核心。我们将详细讨论每一种结构，还会介绍很多来自真实市场的交易案例。交易的入场和出场将被精确地确定到价格的某一个点。所有的入场形态都将有看涨和看跌两个版本，以供做多和做空选择。趋势、逆势和区间，这些都可以交易。当目的只是一次快速"刮头皮"时，市场是处于趋势还是区间又有什么区别呢？允许交易者自由地在任何时间交易任何行情，这是超短线交易的特权。

第3章 把超短线交易当做职业

不管交易者在市场上蹦跶了多少年，价格形态实现的卓越成果将永远不会停下让交易者吃惊的脚步。有人可能会说，这些年来成百上千种关于市场情绪和技术分析的书已经完全破坏了价格形态的可交易性，但是事实绝非如此。只要打开任何一张走势图，不管是什么时间框架和什么工具，奇迹很快就会出现。

价格波动只是市场上持有相反观点的交易者对抗的结果。市场上只有两种交易者：一种是多头，认为市场价格将上涨；另一种是空头，认为市场价格将下跌。不管他们是做短线还是做长线，不管他们是为了迷惑其他交易者还是表露了真正的方向偏好，也不管他们将战斗到底还是中途倒戈加入敌方阵营，这些都没有关系。唯一真正驱动价格波动的是他们在当下对合约实际的买入和卖出。如果有一方比另一方更激进，价格就会倾向于激进的这一方。

走势图上的波动在传递目前市场上哪一方正压倒另一方的明确信息，这一点得到了广泛的认可。如果事实不是这样，那么技术面交易就没什么意义了。但是这也为我们提出了一个相当有趣的问题：如果所有这些波动和形态都显而易见，并且它们的影响也基本上明确，那为什么在交易中要获得成功很难呢？如果对市场的解读只是错误的假设，价格是完全随机的，并且任何策略都没有实际效用，那为什么我们没有看到很多交易者达到盈亏平衡，他们虽然也怀着巨大的热情并勤奋努力，但最后都打爆了自己的账户？

我们可以肯定地说，很多交易者的痛苦根源在于一个非常简单的事实——不把交易当回事。这种交易者不会把交易当做一个职业。因此，他在进入这个市场时，不会制订一个合理的交易计划。但令人奇怪的是，这是一个非常普遍的错误，好像是这个行业与生俱来的现象一样。几乎在其他任何一个行业，以草率马虎的态度对待工作会很快得到纠正。银行在没有看到一个合理的商业计划时，是不会发放贷款的。合作伙伴在面临一个不可靠的组织时，是不会同意合作的。如果商家拿出一个质量不过关的产品时，消费者会很快扮演法官和陪审团的角色。然而，当面对交易时，就太过随便了。交易者可以完全不承担任何责任，把自己隐藏在虚构的世界里，并随意地脱离他自己制定的规则而不进行片刻的思索。他没有客户需要去满足，没有合作伙伴需要去解释，没有银行需要去取悦。只要还有资金可以投入交易，他就可以一直怀着这样的错觉，认为事情会好转，美好时代会到来，最终大量的利润会从天而降。

交易者能够在资金亏光之前就认识到这种结构的缺失及其导致的愚蠢行为，应该说是很幸运的。在与很多顶尖交易者谈话后发现，即使是这些广受推崇的交易大师，在交易这条路上也必须学习很多有价值的课程，并且大多数会制订适当的交易计划。

那么一个适当的交易计划是由什么构成的？是一连串永远不能打破的规则吗？是必须遵守的硬性方案吗？是在每笔交易之前必须浏览的清单吗？

遗憾的是，这个问题不是这么容易回答的。对一个交易者来说有效的交易计划，可能对另一个交易者来说就是无效的。很多专业交易者肯定发展出了他们自己的交易方法，这些方法绝对不会容许任何自由解读的空间，然而其他很多交易者会在这种刻板的环境中完全僵化。不过，我们可以肯定的是，成功的交易者都至少具有一个共同特点，即他们会非常认真地对待他们的交易。可以说他们已经获得了一个普通企业家的心态。这意味着他们在教育上进行了投资，同时非常了解他们所处的行业并且不会沉溺于不切实际的期望中。由于他们了解他们企业的长期发展目标，所以很少陷入一时的冲动中。他们对自己从事的工作非常自信，所以在投入资金进行冒险时不会存在麻烦。他们完全了解从事这项工作的成本并且接受可能导致的亏损。他们不会在兜里揣着一张行为准则的清单到处走，也不会时刻担心他们投入的资本或者觉得需要随时查看他们的银行账户以便了解一天的交易是亏是赚。即使处于逆境之中时，他们也会保持冷静并且永远在大脑中酝酿着更大的计划。他们以一种结构化的方式来操作，他们是商人。

很多人要么不满于他们日常工作的单调乏味，要么不满于微薄的收入，都逃离了他们以前从事的工作。为了追求更好的生活或收入，很多人都怀着梦想以及对成为交易员所带来的荣耀的想象来到这个市场。不用说，他们中大部分人都是完全没有准备的。他们可能学过一点关于技术分析的基础课程，然后对简单得惊人的技术分析感到兴奋和激动。他们认为只要看一下这些价格形态，任何人都可以交易，也不把相关统计数据放在心上，认为其他所有人都是蠢蛋。带着无知的无畏，他们冲进了这个市场。

要避免落入这种常见的误区，或者在已经陷入困境时成功逃离，需要一种完全不同的心态。毫无疑问，在这个市场上对成功影响最大的因素是交易者区分虚构与现实的能力。这个市场远远不止技术分析技巧这么简单，决策制定过程是否顺利还取决于心态是否良好。但是，即使是那些被证明在其他领域完全能够胜任并且理性的人，在进入这个市场时，也会和傻瓜一样容易冲动和情绪化，也会做出一些错误的解读和非理性的行为。这就是投机的危险特性。在这个行业中，交易者不能依靠之前取得的成就或强大的个人特质。当面对这个市场时，以前所有对自我的看法可以在极短的时间内崩塌。

从某种程度上说，这个自我"毁灭"的过程也可以非常有益。甚至还有人说，要想掌握交易的基本原理，交易者首先必须探访自己绝望和沮丧的心灵最深处。如果足够强大到幸存下来并重整旗鼓，他可以重新塑造自己，并且以一个完全不同的角度看待交易，成为一名真正的交易者。

大部分交易者在整个交易生涯中，一定会有某一时刻不得不面对这一过程，并且这个过程可能不那么可爱，也不会令人愉悦。当好不容易通过这个过渡阶段，狼狈不堪的交易者会深深地怀疑他所知道的一切，甚至不知道自己是否适合这一工作。这是这个行业不可分割的一部分，它可以带来丰厚的回报，也会带来同样多的痛苦。

这本书可以提供的就是，通过已经走过了这条崎岖道路的人的眼睛来看这些事情。即使在涉及技术面时，这本书也是如此。因此，在整本书中，所有相关的问题，无论是技术方面还是心理方面，都将通过一个非常实用的角度来解决。

但是仅仅解决这两方面的问题，还没有完成进入专业超短线交易领域的全部旅程。如果我们不深入研究巧妙的会计方法，我们方法的可行性也会受到严重的影响。在本书的后面部分，我们会探讨这个非常关键的问题，包括成交量、风险控制以及如何逐步将账户做大等都会进行全面探讨。我们将看到一个小账户如何快速累积财富，即使每次交易的盈利都不多。那些真正能够将交易看作职业的超短线交易者，会发现这一章的内容是最有价值的。

我们的旅程将从技术分析开始。下一章将探讨交易的盈利目标、亏损控制和订单类型等方面的细节。之后有好几章内容将介绍构成我们技术分析方法基础的所有结构。最后，我们会探究交易管理的策略和适当的会计方法。

第4章 目标位、止损位和订单

让我们从实际角度来看看一个超短线交易日的潜力有多大。很多初次接触这种较快走势图的读者会急切地想知道，如果有人能够精通这种方法，那么一个交易日内可以获得多大的收益。对于这个问题，答案是非常简单的。在交易中，对任何事情抱有期待都是无意义的，所以我们最好别犯这种傻。同样的，认为在早上开启交易平台之后就可以开始超短线交易，也是比较荒谬的。在我们认为可以开始交易某个特定形态获利之前，走势图上的蜡烛线还需要以一种有利的方式来排列。不管什么时间框架和什么交易工具，任何走势图都是如此。在70笔交易走势图这种超短线交易走势图上，要形成一个交易形态可能需要几分钟时间，有时需要几个小时，即便是敏捷的超短线交易者也需要等待。他可以悠闲地在场外看着市场——如果需要的话，可以长达几小时。在适合交易的时候，他会一次紧接着一次快速进场交易，以利用市场出现的每一个交易机会。

总的来说，70笔交易走势图在一个交易日内可以提供大量的交易机会。这种交易笔数框架被精心选择后，在趋势时期和波动缓慢的震荡时期都可以极好地为交易者服务。但是，在制订交易计划时，选择一个在一个典型波动幅度中可以达到的合理的盈利目标是非常重要的。另外，为了不让强制收取的1个点差严重影响我们的交易，我们必须选择最小的盈利目标——足够抵消交易成本并且不会影响价格达到盈利目标的概率。我们还必须将保护性止损纳入考虑范围。我们应该将止损设在尽可能靠近入场位的地方，但是也不要近到在我们的头寸获利之前价格就可能多次触及的程度。

很显然，这些都是在深入研究市场之前需要考虑的因素，并且最好当做是这个方法的刚性部分，不能被随意更改。为了消除永远存在的恐惧和贪婪的恶魔，最好是选择固定而不是可调整的盈利目标。不过很多交易策略都选择的是可调整的盈利目标。毫无疑问，这种盈利目标都是为了在有利的市场条件中尽可能多地获得利润。这可能偶尔为交易者创造巨大的盈利单，但是大多数时候，市场会回头并回吐此前的大部分利润。当然，通过移动止损，有很多方法可以保护既得的利润。但是，这样也可能提早截短利润。总之，这都是一种选择，并且很大程度上取决于时间框架以及交易者应对市场波动和回撤的能力。然而，大部分超短线交易策略并不试图抓住偶尔出现的巨额利润，而更多的是在整个交易日内有规律地从市场中获得小额利润，这一点并不奇怪。总之，我们的交易设置不应该只反映我们个人的欲望。它们必须遵循我们70笔交易走势图上一个典型波幅可获得的收益幅度。

接下来的交易设置已经用时间证明了它们的价值，并且无一例外地用于本书超短线交易方法的所有案例中。每笔交易的盈利目标都是固定的，都设定为10个点的利润。同样，止损幅度也设为10个点，不过这个止损可以在目标价格的方向上进行调整（移动止损）。要么以最小的亏损结束一笔亏损的交易，要么结束一笔已经失去其有效性而需要结束的盈利交易。当然，这不会防止超短线交易者偶尔止损离场，也不会阻止超短线交易者获利出场——如果之前他没有按"平仓"键的话。不管这些结果如何，都有一个很好的技术可以帮助交易者做出适当的行动决定。在后面的"交易管理"部分，我们将讨论所谓的"交易临界点"的问题。它是一种出场技术，允许我们以和入场相同的精度为交易出场择时。

在价格设置之后，我们必须决定每笔交易的交易规模。这是外汇市场比起其他市场的一大优势。很多股票或期货经纪商要求交易者缴纳最低数额的佣金后才能进场交易，这对小型交易者来说是很重的负担。但是在外汇交易中，从某种意义上说，进场交易的费用对小型参与者和大型参与者来说是一样的，是交易金额的固定百分比。在一个100 000单位的欧元/美元标准合约中，1个点的点差价值是10美元。在10 000单位的迷你合约中，1个点的价值就是标准合约的1/10，也就是1美元。这种方式就非常棒，因为交易者可以根据自己的喜好选择适当的规模交易，不会一开始就处于劣势。即使有经纪商要收取佣金，但大部分也只是根据交易者选择的成交量而收取交易者零点几个点的佣金，所以归根结底是差不多的。每笔交易的成交量是由交易者自己决定的。我的建议是刚开始可以保守一点，慢慢开始突出重围。在后面的"账户管理"部分，我们将深入了解成交量的更多细节，特别是如何逐步将一个小账户做大。

注意：交易新手可以通过模拟账户和虚拟资金来提高自己。但是这可能不是最好的方法。我建议至少开一个注入真实资金的小账户，如果需要的话，甚至可以开一个只交易1000单位标的合约的微型账户。这样，交易者可以体验更为真实的交易感觉，更为重要的是，持有的头寸代表了真实的价格水平并且是基于真实的订单执行状况。但是，先通过运用模拟账户一段时间来熟悉订单和平台的情况，也是绝对没有害处的。

满足于一个相对较小并且事先确定的盈利目标，比如10个点，或许是超短线交易欧元/美元的较好方式。所有交易都一样，比起有可能达到有可能达不到的远大目标，争取容易达到的目标是一种较为轻松的交易方式。另外，在一笔交易上兑现10点的利润，不会失去再次入场赚另一个10点的机会。在有利的市场条件下，在60点的波段中"刮"20点到30点，甚至40点的利润，也绝不少见。再加上从大量无意义的波动——这在较大的时间框架或者交易笔数走势图上很可能无法实现盈利目标——中获得的潜在收益，交易者甚至可能开始感激这些持续几天的无意义的横盘整理，仍然为自己提供了无数的"刮头皮"机会。

如今，几乎所有交易平台都会提供多种执行交易的方式。除了强制的市价单和限价单外，还有一系列深奥的、允许特殊入场和出场技术的订单类型。由于超短线交易要求瞬间的执行速度，所以我们会让一切事情保持最简单的状态，因此，只选择可以平台自动执行或者单击模式手动执行的订单。这意味着我们必须能够预先设置这些代表正确的成交量、止损幅度和盈利目标的订单。所以，在选择经纪商和交易平台之前，超短线交易者必须确定他们可以提供以下几个选择。

我们的方法在入场时，将只采用市价单。在超短线交易中，没有限价单。如果我们想入场，只需要用鼠标点击"买入"或者"卖出"键，市场就会立即执行我们的入场订单。

由于我们已经确定10点的盈利目标和10点的止损，所以可以让交易平台自动递出订单。这是被称为最受欢迎的"包围单"。当预期价格将上升，从而建立多头头寸时，止盈订单就自动设在高于入场价10点的地方，止损订单则低于入场价10点。反过来，在预期价格将下跌，从而建立空头头寸时，止盈订单就自动设在低于入场价10点的地方，而止损订单则高于入场价10点。如果其中任一订单被触及，不管是止盈还是止损，另一个订单就自动失效。因此，这个订单也被称为二择一订单（One-Cancels-the-Other），简称OCO。

如果包围单设置正确，在入场后，交易者基本上就可以离开电脑，过一会儿再回来看结果是获利10点还是亏损10点。止盈订单在被触及时，会像限价单一样被执行，也就是说它会在离入场价刚好10点的地方被执行。而止损订单总是像市价单一样，一旦被触及，就会以10点或者略高于10点的亏损结束交易。另外，在大部分交易平台上，止损订单离入场价的距离可能必须是10点加上点差，所以止损订单的位置还取决于点差的大小。为了使问题比较简单，在接下来所有章节中，我们都假设点差为1个点。最终，激烈的竞争将迫使点差进一步下降。在本书写作的时候，无佣金加1个点差以及0.5点佣金加零点几个点差，基本上就是行业标准。

市价单偶尔发生一点成交滑移价差是很自然的事情。因为市价单是一种在市场触及某个特定价格水平时的任何价格执行的订单，所以存在市场在第一次触及特定价位后，在平台执行订单的瞬间又离开这个价位的可能。在快速波动的市场状况下，这可能导致对交易者较为不利的订单执行（有时候，也可能对交易者有利）。从好的方面来说，如果交易者想要出场或入场，市价单总是能得到执行。而限价单被设定在具体的价位，这就有可能导致交易者错过交易（入场订单没有得到执行）或者当需要出场时无法出场。所以，我们将只采用市价单来手动入场和出场，以防我们需要在盈利限价单被触及之前出场。

在交易中设置包围单，之后让市场来决定胜负，这是非常轻松地管理头寸的方式，但是可能不是最有效的方式。一个更好的方法或许是从入场开始就紧密追踪着价格行为，寻找走势图上有可能否定交易有效性的技术线索。当然，这是从技术层面来判断的。这时，我们的临界点技术就派上了用场。

要结束一笔交易，我们只需要递出相反方向的市价单。例如，如果超短线交易者通过市价单建了一个多头头寸，假设是一手 100 000 单位的标准合约，那么这个交易者只需要点击"卖出"键就可以立即平仓出场，因为这个订单是相反方向的操作指令，可以了结头寸。不同的交易平台可能有所不同，有的交易平台是点击"平仓"键。但是，很多交易平台不会提供这种"一键式"的操作方式（用鼠标点击相关按键之后，它可能要求确认是否结束交易，一定要仔细查看之后才能确认）。

我们应该尽量以"一键式"的方式递出我们的订单。选择这种订单，经验不足的交易者有可能在平仓时点错方向，也就是说不但没有平仓反而再次入场建仓。这种情况屡见不鲜。如果交易平台不提供单击模式的平仓方式，而建反向订单的技术让你感到焦虑，那么一个解决办法就是在入场时就立即点击可以平仓的按键，平台会弹出一个确认窗口，当需要结束交易的时候，点击确认就可以激活这个订单并平仓。

一个极好的设置订单的方式就是将"买入"和"卖出"的小窗口放置在走势图的最上层。要想使这个小窗口永远显示在走势图之上，平台必须提供将这个窗口永远显示在最上层（always-on-top）的功能。有了这种功能，即便你用鼠标点击了走势图，这个窗口也不会消失。

采用这种方式，交易者只需要看一个显示屏就可以了。交易者不仅可以监视技术走势图，同时还可以通过"一键式"来入场和出场。这种显示方式之所以较好，还有一个原因就是它隐藏了其他所有信息。一旦入场后，我们只需要盯着市场的反应。我们不需要知道账户的状态，也不需要知道当前交易的盈亏。这些信息不仅无用，还可能影响决策制定的过程（它们可能会引发贪婪或恐惧的不良情绪）。一定要认识到比起交易技术，情绪的稳定才是交易过程中最关键的要素。我们为自己创造的环境越能阻挡有害干扰，就越能把精力集中到走势图以及执行交易计划上。

第 5 章 概率原理

熟悉技术分析的读者应该明白，这种特殊的"刮头皮"方法采取了一种非常简单的方法来解读图表，并且回避了任何一种可以使显示屏看起来杂乱同时会分散交易者注意力的东西。交易者的注意力应该集中在真正重要的要素上，也就是价格上面。事实上，除了一条移动平均线和 20 期指数移动平均线（EMA，即 EXPMA 指标）之外，显示屏上就只剩下价格了。

那些尝试过图表工具包中所有工具的积极技术交易者，可能会奇怪为什么走势图上没有任何指标、趋势线、回归带、回撤位、随机震荡指标和抛物线等。我可能会建议放弃这种方式。那是一种吃力不讨好的交易方式，只会给交易增加混乱和疑惑。另外，依靠指标可能有碍于一个超短线交易者健康合理地交易，甚至还会在完全错误的时间把交易者引入市场。当开始做决定时，没有什么算法代码可以比得上良好的观察。

观察实时价格走势图的最好方式是把它想象成一个固定的快照。暂时忘记下一根即将到来的蜡烛线，只观察已经形成的蜡烛线。这些蜡烛线会告诉我们什么呢？我们有没有看到逐步升高的价格底部或者逐步降低的价格顶部？关键价位有没有守住或者被进攻？价格是在一个狭窄的区间内震荡，还是在大幅波动？要知道这些问题的答案并不难。除了偶尔不稳定的混乱时期，市场通常会以这种或那种方式做出非常明显的提示。但是它不会举起一块指示牌告诉你何时该买入或卖出。这就是我们必须在开始考虑入场前就要收集齐所有有用信息的原因。

奇怪的是，大部分交易者倾向于采用完全相反的方式。他们似乎很少注意到市场整体情况，他们的注意力主要都放在他们喜欢的结构形态上。这些都显示在走势图上。我们可能永远无法说出在某个时刻是什么在驱动其他交易者做他们所做的事，显而易见的是，交易者在很多价位的交易并没有基于特定的线索。

我们进入市场冒险必须有一个非常好的理由，这就是需要抓住的关键点。我们不能随意入场交易并抱最乐观的希望。要对我们正在做的事情真正感到自信，我们必须找到我们交易的"优势"，一个小小的可以提高我们成功概率的技术"优势"。

不可否认，迄今为止，这种神奇的"优势"是投机游戏中最受追捧的东西。我们可以说它相当于交易者的点金石。在市场上拥有这种"优势"，就可以将铅块变成黄金。就像我们古代的炼金术士几乎在普遍绝望的情况下追寻它一样，大部分交易者也在各种错误的地方寻找它。尽管他们很努力，但他们不会在一个塞满了指标的盒子中找到他们的"优势"。全世界所有的钱都不可能买到它。交易者也不可能突然撞大运找到它，因为这种优势不可能自己出现，只有通过热血、汗水和眼泪，花不计其数的时间对市场、形态、结构和价格行为原理进行研究，才有可能获得。

但是请记住，没有什么"优势"可以一直让交易者打败市场。因为市场不是一个可以被打败的对象。交易者只能努力打败市场上那些技术不如他熟练的其他交易者。因此，进行适当的学习和训练是有必要的。可以肯定地说，市场上真正的"优势"就是交易者识别并利用别人的非理性行为的能力。

即便如此，交易者一定要明白交易就是一个概率游戏，不是一个赢或输的游戏。交易的目标不是获得一笔盈利的交易或者打败另一个交易者。事实上，在整个交易过程中，任何单独一笔交易的结果都是无关紧要的。无论什么时候，聪明的超短线交易者都在大脑中酝酿有一个更大的计划。

把自己与从每一笔交易中获利的想法分离开来，反而会获得更大的收益。

例如，如果交易者真的明白概率游戏的原理，那么在遇到暂时的逆境时就不会感到痛苦。如果交易者一直坚持正确地执行这一方法，那么所有的结果，不管好的还是差的，都只是反映了随机分布结果的典型变化。

然而，即使是一个很微小的"优势"，它最终也会证明其价值。否则它也不会成为一个"优势"。这是一个需要掌握的重要概念。我们从另一个角度来看看这个问题。如果你参与一个数字游戏，数字1到7代表盈利，数字8到12代表亏损，那么11出现的时候你会不会很郁闷？之后出现9，紧接着再出现11，感觉又如何呢？当然，有着7∶5的统计优势，你会很乐意再玩一次。因为在玩约100次之后结果肯定会好转，更别说玩1000次了。在超短线交易中拥有某种"优势"也是同样的道理。这也告诉了我们一次亏损之后就垂头丧气是多么愚蠢。就此而言，单单一次盈利也不值得过于兴高采烈。

所以，我们不应该仅仅以盈利为目标，我们应该去做需要做的事。如果你做到了这一点，那么剩下的事情就交给你拥有的"优势"来完成吧。严格执行特定的方法是唯一充分利用市场概率的方法。无论市场给予什么结果都接受，这是交易的重要部分。

事实上，令人惊奇的是这种方式很少被采用，即便是那些经验老到的交易者也是如此。例如，试图预测市场方向是分析市场的最常见方式。毕竟，交易者喜欢正确。但是这样做实在没什么意义。到底谁在观察分析市场？那些力图在交易中创造辉煌的交易者只是在自欺欺人。更重要的是，他们很有可能制造与他们期望完全相反的东西：自我伤害、愤怒、背叛的感觉、恐惧和挫败感，并且很有可能遭遇大量的亏损。

聪明的超短线交易者更多的是观察者，而不是参与者。不管市场环境如何，他会保持中立和敏锐的观察力，并且在潜在交易方向上的市场力量和相反方向的市场力量上分配同样多的注意力。他不会对方向表现出偏好，也不会试图预测接下来的波动。有时候他会比较保守，有时候他又会比较激进。这全由超短线交易者自己决定。但是无论他做什么，他一定会严格依照自己的方法，否则他不会拿自己的资本来冒险。

一个小小的"优势"可以发挥很大的作用。它甚至可以将最小的账户做大到任何理想的规模。但是它只会服务于那些理解概率原理及其长期性的人。

现在，让我们看看这些与欧元/美元货币对的 70 笔交易走势图有什么关系。是时候让走势图出场了。

第二部分

交易入场

第 6 章 结构

要通过超短线交易获利,需要非常严谨的思维以及一系列经过精心挑选并只留下最小自由解读空间的交易结构。即使是交易新手也很快就能明白,鲁莽行事只是打爆账户的最快方式。问题在于错误的假设,认为自己已经在执行交易计划,但事实上根本没有一个可靠的计划。在这样的基础上交易会非常糟糕,但即使是那些大有前途的交易者也常常没有意识到这一点。尤其是当一路上出现一些成功交易时,交易者会更加相信他做的一切都是正确的。即使他的交易结果远差于他交易策略的潜在表现。很多时候,这会将所有负面情绪带入交易,比如挫败感、愤怒、痛苦、复仇心、恐惧。最终这些情绪会使本已受困的交易者进一步受挫。当涉及交易的时候,如果你错误地理解了那些惯例,往往会导致对原有计划进行错误的修正。所以对交易"圣杯"展开可怕的追求,可能导致一切从头再来。

幸运的是,有很多方法可以避免这种结局,并且可以开始从一个分析师的角度来看待交易计划。拨开交易计划的表面,深入到计划的核心,然后把它当做其他人的交易计划来分析。执行这个计划并让它自己来应付一切。咱们没有时间来温柔地对待它。看看这个计划是否经得起严格的检查,看它是否反复无常和具有欺骗性。如果交易者将采用这个计划,最好确定这个计划在敌人的"炮火"下不会崩溃。

任何交易计划在通过可行性测试之前,还有很多问题需要彻底解决。比如这些结构进行了很好的定义吗?它们交易的市场条件是什么?离场观望的市场条件是什么?什么结构匹配什么盈利目标?交易什么时候不再有效?如何结束一笔不再有效的交易？交易的最大止损水平是多少？当价格看起来像某个结构，但是又稍有区别时，可以交易吗？如何处理错过的入场机会？如何处理成交滑移价差？何时抓住一次有效的交易？当已经入场后，如何处理新出现的结构？除了这些，可能还有很多问题。

然而，这些问题只能解决交易计划技术层面的问题。我们还没有涉及那些等待着所有毫无防备的交易员的心理陷阱。

正如已经提到的那样，交易计划本身并不是一份该做什么和不该做什么的行为准则。这种死板的方式只会在需要灵活多过刻板、运用逻辑多过规则的交易领域中扼杀交易者。因为市场从来不是死板的，它不会完全重复过去的行为。

可以证明，要搞清楚到底什么是超短线交易，最好的方式就是纵身跃入"水中"，学习如何与"鲨鱼"共舞。然而这种方式只有很少人能够幸存。幸运的是，还有一个更为合理并且几乎同样有效的方法，就是通过研究大量结构形态、交易、错过的交易、重新入场的交易以及在交易中可以遇到的所有事情来提前预演所能想到的情况。本书接下来的一章将承担起这一任务，希望可以提供上述问题的大部分答案。

第二部分内容主要是识别构成这个超短线交易方法的技术核心的7个结构。但是一定要明白这些结构本身几乎没有什么意义。它们只是指示我们进入市场的工具。我们的首要目标是评估在市场未来方向的整体价格行为。只有在当前某一方向的市场力量超过了另一方向的市场力量时，我们才可以开始考虑实施入场技术。在我们技术分析的后期，我们会讨论在什么时候以及为什么要因为不利市场条件而放弃甚至看起来最佳的结构。

虽然有些结构在构造上非常相似，但每一个结构都有其自身特征。在某个特定时刻，出现一个结构包含了另一个结构的所有要素的现象，也并不奇怪。有些结构在单边市中表现良好，而有些结构则适用于市场的横盘整理时期。大部分结构会在一个交易日内出现多次，但是这些结构的交易条件可能不是每次都达到了最佳状态。而且，不是每一笔交易都能获得期望的10点利润。事实远非如此，但是整体而言，这些结构会为守纪律的交易者提供在几乎任何时段提前出场的机会，虽然这绝不是目的本身。

为了识别各个结构，所有结构都是根据它们的主要特征来命名的，并且每一个结构都有专门的一章内容来探讨其技术细节。

这些结构分别是：
1. 双十字星突破（简称 DD 结构）
2. 首次突破（简称 FB 结构）
3. 二次突破（简称 SB 结构）
4. 箱体突破（简称 BB 结构）
5. 区间突破（简称 RB 结构）
6. 区间内突破（简称 IRB 结构）
7. 高级区间突破（简称 ARB 结构）

所有这些结构都会以这样或那样的方式围绕着 20 期指数移动平均线（EMA）。这个受到广泛关注的指标，用稍作调整的计算方式（指数式），赋予最近收盘价相对之前收盘价更高的权重，标绘出了最近 20 根蜡烛线的平均收盘价。可能有些交易者更喜欢 18 期或 21 期的指数移动平均线，这也影响不大。不管是指数移动平均线还是简单移动平均线，介于 15 期和 25 期之间的任何一条移动平均线，通常都可以给予短线交易者一个可靠的指示，当前市场是处于单边市还是仅仅只是横盘整理。当移动平均线上升时，大部分交易者会选择做多；当移动平均线下降时，交易者会倾向于在入场时做空。

当移动平均线从斜向变为水平或者从水平变为斜向时，还可以用于预测价格方向的转变，并且在很多时候可以逐步将价格"推出"当时的整理形态。当移动平均线不再走单边，而是横向波动，而价格不再停留在移动平均线的一边，而是与移动平均线交替着上上下下时，这就要求我们对交易机会进行更多的甄别。市场显然已经进入了犹豫不决的时期，首先需要进行整理。

较快的移动平均线，比如 15 期或 15 期以下的移动均线，会与价格靠得更近，但是会不断被个别蜡烛线击穿，而实际上趋势根本没有改变。较慢的移动平均线，比如30期或30期以上的移动均线，通常能更好地指示趋势，但是对于超短线交易者来说，可能太过滞后或者产生的结构形态太少。

请记住，20期指数移动平均线永远只能当做一个指导，不能当做一个准则。有时候，交易者还可能必须忽略它。坦率地讲，不用移动平均线进行交易也是完全可行的，但是总体而言，它的视觉辅助效用将会在所有交易结构中得到证明，并且因为它不会导致走势图看起来混乱，所以在走势图上加上它也是非常不错的选择。

在上升趋势中，移动平均线是上升的，并且大部分蜡烛线都处于移动平均线之上，此时最安全的交易选择是做多，所以交易者应该注意寻找做多的结构，而且最好是在20期指数移动平均线附近。

在下跌趋势中，移动平均线是下跌的，并且大部分蜡烛线都处于移动平均线之下，此时最安全的交易选择是做空，所以交易者应该注意寻找做空的结构，而且最好是在20期指数移动平均线附近。

在价格筑顶的市场，或者遇到重大阻力同时价格看起来似乎无法进一步上涨时，交易者应该考虑进场做空，但是也仍然要在做多上留一个心眼。

在价格筑底的市场，或者遭受强力支撑并且价格看起来无法创出新低时，交易者应该考虑进场做多，但是也不要完全否决做空的可能。

双十字星突破（DD）、首次突破（FB）和二次突破（SB）都是典型的顺势交易结构，这意味着当处于一波明显强劲趋势后的回撤行情中时，它们的交易表现最好。回撤就是价格在与趋势相反的方向上波动，并且持续了很多根蜡烛线。你也可以说这是趋势在稍作休息，暂时允许价格违抗它而已，也可以说是逆势交易者在与趋势对抗。但是，趋势中的回撤终究是短暂的，真正的趋势将很快恢复。顺势交易者会试图通过他们的顺势交易结构来从趋势的继续中获利，并且多亏了这个回撤，他们可以在更好的价位建仓。

第6章 结构

箱体突破（BB）结构在所有市场中都可以看见，不管这个市场是处于单边市还是震荡市，也不管价格处于峰顶还是谷底。区间突破（RB）结构、区间内突破（IRB）结构、高级区间突破（ARB）结构都是出现在横盘整理市场以及正在筑顶和筑底的市场。区间形态也可以出现在单边市中，但是由于这些整理形态从本质上说稍微被延长了，所以最好把它们看作独立的形态，在交易这种形态时不必过多考虑当前的趋势。

说到形态和结构的区别，其实两个词可以交换使用，因为结构也是形态，即便它只包含一根蜡烛线。但是从技术上说，"形态"一词更多是用于稍微大型一点的构造或者说多根蜡烛线，而在这些稍大型的构造中可以出现一些小型的构造，也就是我们所说的结构。这种结构会被用于交易较大形态的突破。

虽然有时这些术语令人混淆不清，但是，让自己熟悉每一个结构的名字实际上可以达到结构性的目的。在将要开始入场交易时，通过给它命名识别出一个特定的结构，将减少鲁莽行事的概率。名字本身并不重要。现在，让我们先看看这种DD结构是怎样的吧。

第7章 双十字星突破

双十字星突破（DD）结构是这个方法中最简单的结构，很容易识别，交易起来十分简单。考虑到有些读者不太熟悉蜡烛走势图，这里先做个简单介绍。十字星是一根开盘价与收盘价差不多的蜡烛线。价格可能在这根蜡烛线内上下波动，形成蜡烛线的两个极端（影线），如果价格在这根蜡烛线收盘之前回到开盘价区域，就形成了一个十字星。在所有蜡烛线中，开盘价与收盘价之间的区域被称为实体。实体之外的价格被称为蜡烛线的影线。就十字星来说，它的实体几乎不存在，因为它的开盘价和收盘价几乎是相同的。这种蜡烛线基本上是市场犹豫不决的信号。如果市场在形成一个十字星之后再次形成一个十字星，那就说明市场的犹豫在增强。不过通常情况下，价格暂时停滞不前不具有什么意义。但是当两个或多个十字星出现在一个强劲趋势回撤的末尾，并且处于20期指数移动平均线附近时，交易者就最好立即做好交易的准备。

一旦价格回撤了前期波段的40%到60%（由于逆势交易者的行为），原有趋势将很有可能恢复。可以想象有很多错过这波趋势的交易者不会让这个机会溜走。能在更具吸引力的价位入场是多么令人兴奋的事情，所以他们会在感觉回撤结束的那一刻立即递出他们的顺势订单。这是一个很老套的交易策略，但又是一个很聪明的交易策略。毕竟，较优的入场价不仅降低了交易的潜在亏损，并且如果趋势真的恢复，交易者还可以从趋势中获得更多的利润。然而，决定何时入场是一个棘手的问题。

在逐步回撤的过程中，逆势交易者也面临一个重要的抉择，是兑现利润然后离场，还是坚守头寸，因为可能会有更大幅度的回撤或者甚至是趋势的彻底反转。

很难预测这个回撤到底是无伤大雅的逆趋势小波动，还是趋势反转的开始。但是这个问题实际上也无关痛痒。在一个概率游戏中，我们不需要100%保证。我们交易的就是高概率。在回撤的20期指数移动平均线附近交易只是在任何走势图上顺势交易的较好方式之一。但是，我必须评估趋势本身的有效性。

70笔交易走势图上的强劲趋势的特点就是，大部分蜡烛线都收盘在趋势的方向上，同时，这些蜡烛线（平均）都比非趋势时期的蜡烛线长几个点。我们可以说趋势市的蜡烛线看起来比非趋势市的蜡烛线更激进。在我们走势图中，下跌趋势主要绘制的是黑色实体的蜡烛线（收盘价低于开盘价），上涨趋势主要绘制的是白色实体的蜡烛线（收盘价高于开盘价）。从逻辑上说，在回撤时蜡烛线的颜色都会转变。因此，一波白色实体蜡烛线构成的强劲上升趋势中会有很短小的黑色实体蜡烛线构成的回撤。给蜡烛线实体分派颜色只是为了方便识别价格的行为。很多交易者没有这种需要，他们走势图上的蜡烛线都设置为一个颜色。

虽然这个DD结构很简单，但是它是一个利用趋势延续获利的强有力工具，并且在通常情况下最好是立即采取行动。这个结构要证明其价值，也不一定要非常明确趋势。事实上，也可以是一波新的趋势，本质上说，是一个刚从当前的横盘整理阶段走出来的新波动。然而有一个重要的要求就是，从入场那一刻开始，价格的前方必须有一条通畅无阻的道路，至少从当前走势图来看是这样（我们永远无法知道黑暗中隐藏着什么）。因此，只能在附近没有阻力位或支撑位的情况下采用DD交易，也就是说通往10点盈利目标的道路不能被明显的阻力位或支撑位阻挡，如果最近的阻力位或支撑位离你入场的距离小到让你无法实现10点的盈利目标，那么这种交易最好放弃。

回撤自身阻碍了通往目标的道路，这种情况也并不少见。当一个回撤被认为影响不大时，这个回撤基本上都是逆着趋势的斜向波动，但是当这个回撤表现为一系列蜡烛线横向聚集时，它就会严重阻碍未来的上涨或下跌。有一些案例可以很好地说明这一点。

这个结构中的十字星也不必是严格意义上的十字星。那种短小的蜡烛线长度通常不会超过3个点，也被认为和任何常规十字星一样表达了市场犹豫的情绪，因此在这个特殊形态中也可以作为有效的蜡烛线。十字星蜡烛线与整体价格行为（特别是那波趋势）比起来越短小，市场当前的犹豫情绪就越好地体现在了这个DD结构上。相比之下，趋势中的蜡烛线越短小，DD结构（蜡烛线同样也很短小）就越难体现这种情绪。在这种情况下，市场对DD形态的突破（如果可能的话）反应相当平淡也很正常。

在任何情况下，交易者必须依靠个人经验来判断当前的技术情况是否足够支持参与某个特定结构的交易。换句话说，交易者可能因为当前市场环境方面的因素，不得不放弃一个看起来似乎很可靠的结构形态。在第15章的《不利市场条件》中，我们会进行详细深入的探讨。而现在就没必要过多考虑是放弃还是接受的问题。总体而言，大部分结构出现时，交易者都比较容易做出接受还是放弃的判断。我们要么交易这个结构，要么就直接放弃这个结构。

注意：虽然我们基本上应该努力地在走势图上"刮"利润，就好像我们已经进行了充分可靠的回溯测试一样，但是要在真实市场中获得类似的结果将会很困难。因此，虽然一个小小的"优势"从理论上说应该随着时间流逝慢慢体现出优势，但考虑到所有可能影响其潜力的情况后，这个优势可能就不会体现出来。这就是如此多策略在进行历史数据测试时可以获得极佳的成绩，但是拿到真实市场就会失败的原因。因为它们没有受到人类破坏性力量的影响。解决办法就是避免采用那些在理想环境下都只能体现微弱优势的策略。然而，这并不是策略本身不值得信任，只是因为实施这个策略的人会对策略产生不良的影响。

理论上说，DD结构中的所有蜡烛线都会在趋势方向（突破的方向）上呈现出非常激进的态势，但是通常情况下并不是这样。因此，在DD结构中最需要注意的是那种有最高点的蜡烛线（对做多来说），或者是有着最低点的蜡烛线（对做空来说）。这根蜡烛线在十字星群中的位置并不关键，关键的是它在趋势方向上的极值。这种蜡烛线被称为信号蜡烛线。在一个结构形成的过程中，这根信号蜡烛线是最需要关注的。它在趋势方向的极值被另一根蜡烛线超过的那一刻，我们就获得了交易的信号。这根突破了信号蜡烛线最高点或最低点的蜡烛线称为入场蜡烛线。显然，这就是入场建仓的蜡烛线。我们在其他所有结构中也采用这种说法。

关于这个形态的可交易性还要进行区分。当这个结构显示两个十字星在趋势方向上的极值相距超过 1 个点时，这个形态必须结合之前的趋势来判断，看其是否仍是一个合格的可交易形态。例如，如果是一波非常微弱的趋势，并且趋势方向的极值超过 1 个点，那么较为明智的做法或许是放弃这个 DD 交易，如果这个极值超过两个点，那么放弃就是确定无疑的了。但如果是一波非常强劲的趋势，那么稍微激进一点，大胆地交易这个形态的突破，很可能会获得成功。这些将在接下来的案例中进行阐述。

在研究走势图之前，让我们先看一个 DD 结构的例子，看在向上突破的情况下，如何交易这个结构。一旦上升趋势得到确认，不管是在趋势中途还是趋势刚刚开始，就只需要等待回撤出现。此时，20 期指数移动平均线应该在上升，并且大部分蜡烛线都处于 20 期指数移动平均线的上方。到某个时刻，趋势可能失去一部分动力，一些蜡烛线就开始回落，朝着平均线而去。不久之后，价格会触及均线。由于趋势是向上的，所以这个回撤被认为是暂时性事件，所以很多超短线交易者会全神贯注地盯着潜在的价格低点。在价格一触及 20 期指数移动平均线时就入场做多，是比较愚蠢的行为。最好是留意一些意味着价格可能反转的信号。例如，看到一根蜡烛线向下击穿了均线之后，又快速地收盘于均线之上，这就是一个非常好的信号。如果回撤当前的底部是两个或多个相邻的十字星，并且或多或少地"靠"在 20 期指数移动平均线上（它们的下影线最好是穿过了这条均线），超短线交易者要静静地等待一根突破这几个十字星最高点的蜡烛线出现。就定义而言，只要信号蜡烛线的最高点被之后的蜡烛线超过 1 个点，这根信号蜡烛线就算被突破了。在看到信号蜡烛线被另一根蜡烛线（入场蜡烛线）突破时，超短线交易者就立即进入市场做多。

如果是在下跌趋势中做空，那么操作过程就与上述过程刚好相反：一旦不可避免的回撤出现，并且价格回撤到正在下跌的 20 期指数移动平均线区域时，警觉的超短线交易者会开始密切关注价格的行为，因为他知道有很多种结构可以做空这个市场。一旦发现两个或多个十字星与均线接触，并且另一根蜡烛线跌破了这些蜡烛线的最低点，他就知道自己遇到了 DD 结构突破，他会立即入场卖出。这份空单正确的设置是在入场价之上 10 点设止损，在入场价之下 10 点设盈利目标。

但是一定要明白，受到高度重视的这条 20 期指数移动平均线，只是一条经过调整的最近 20 个收盘价的移动平均线，它无论如何也不会为市场提供支撑或阻力。它指出了价格在逆势波动时会倾向于停留的一个动态价格水平。但是它更多的是体现市场上下波动的一个特性，这条均线本身并不重要。这非常类似于"走两步退一步"的原则。20 期指数移动平均线只是刚好抓住了大部分的回撤。任何走势图上都是如此。因此，这才是它的作用所在。不可否认，这条均线有一种强烈的自我实现预言倾向，并且基本上在任何价格行为中都是如此。聪明的超短线交易者不会关心走势图上这些波动背后的实际原因。因为揣测其他交易者的动机没有多大的意义。他所需要关注的是走势图上重复发生的行为。而他的任务就是利用这个重复。

现在，让我们来看看 70 笔交易走势图上的 DD 结构。这 7 个结构中的第 1 个是如何在真实市场上交易的。

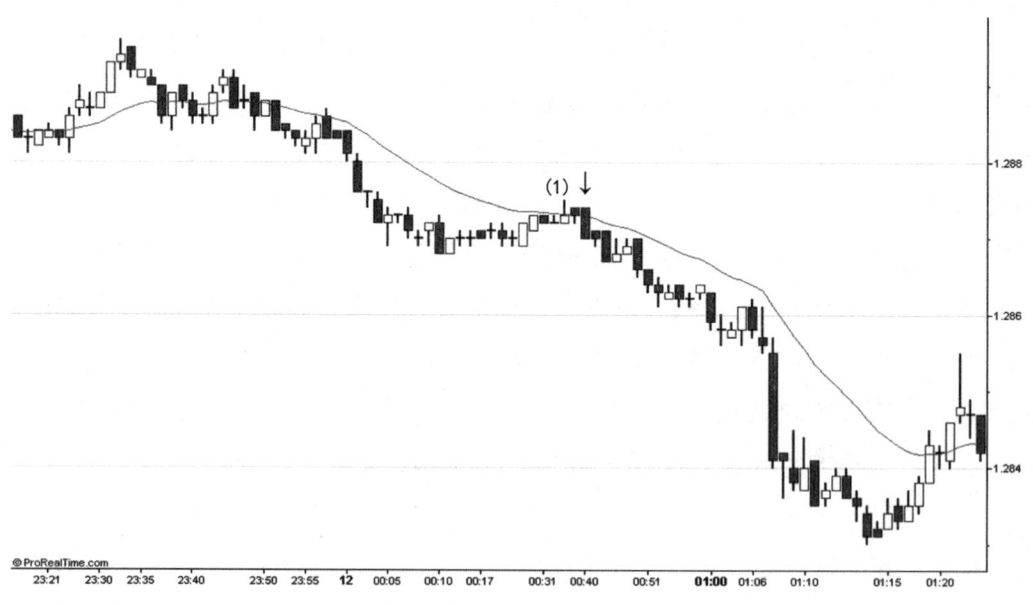

图 7.1

这第一幅走势图向我们展示了一个经典的 BB 结构交易案例。在这个例子中，有 4 个十字星在 20 期指数移动平均线区域形成（1）。这 4 个十字星中有 1 个十字星向上击穿了均线，但这 4 个十字星的最低点都相同，并且都处于 20 期均线之下。这次回撤更多的是一次水平且密集的价格波动，而不是一次与趋势方向相反的斜向波动。因此，它并没有把价格带到离场外观望者的心理价位更近的位置。但是这并不是必须的。价格无法逆着趋势方向波动，这通常表示市场缺乏逆势交易的兴趣。这可以解释为顺势交易动机正占据主导。这种情况也并不奇怪，场外观望的交易者持有顺势交易的观点，他们只需要看到在之前趋势方向上发生小小的突破，就会迅速入场建立顺势头寸。一根蜡烛线超过另一根蜡烛线的最高点或最低点仅 1 个点，就可以触发大量的顺势订单涌入市场。这个行为会在初期留下严重的逆势痛苦。在很多时候，价格在回撤之后顺势波动的激进程度，会与回撤之前趋势的强度差不多。比如，在这幅走势图中，接下来在 00∶40 至 1∶00 之间的价格行为非常类似于之前从 23∶58 到 00∶10 之间的价格行为。这个"趋势=趋势"原则只是一个经验法则，绝不是一条铁律，但是当考虑到 10 点盈利目标的可能性时，也可以牢记这个法则。回撤之前的趋势越疲弱，回撤之后的潜在阻力位就越可能扮演阻力位的角色。总的来说，最可靠的 DD 结构是在一波强劲趋势的斜向回撤结束时出现的 DD 结构。

图中 4 个十字星中每一个都可以作为一根信号蜡烛线，因为它们具有相同的最低点。图中的箭头指向的是第一根超过这些最低点的蜡烛线，因此这根蜡烛线被称为入场蜡烛线。超短线交易者不需要等待这根蜡烛线收盘。在这根蜡烛线超过信号蜡烛线的最低点（刚好超过 1 个点）的那一刻，市场订单就被触发，我们就入场卖空了。

注意：应该强调的是，不管超短线交易者偏好什么图表软件，走势图上所有蜡烛线的波动单位都是完整的 1 个点。交易平台上显示的价格可能会精确到零点几个点，但是这对走势图没有影响。如果忽略了这一点，那么一系列有着相同极值的蜡烛线将很可能呈现出锯齿状的极值边缘，这会让判断适当突破价位以便入场的工作变得非常困难。如果这在简单的 DD 结构中都能造成问题，那么当遇到我们将在后面讨论的其他结构时，也一定会造成问题。

另外，强烈建议不要使用交易平台提供的走势图，即使它提供了交易笔数走势图设置并且将波动单位设定为1个点。给自己弄一个独立的图表软件程序包，让交易平台完全在后台运行。不过一定要确定走势图上的价格与交易平台上的买报价—卖报价是一致的。要严密地进行监控。有些时候，买报价会更接近走势图上的价格，而其他有些时候，则是卖报价更接近。总之，这里或那里可能都会相差零点几个点，这都是很正常的。但是如果其中任何一个一直相差超过1个点，那么肯定是哪里出了问题。理论上说，这个差值越小，走势图与交易平台就越匹配。如果它看起来不正常，那么就换一个经纪商或者换一个图表软件提供者吧，直到你的走势图与交易平台能够完美地匹配。

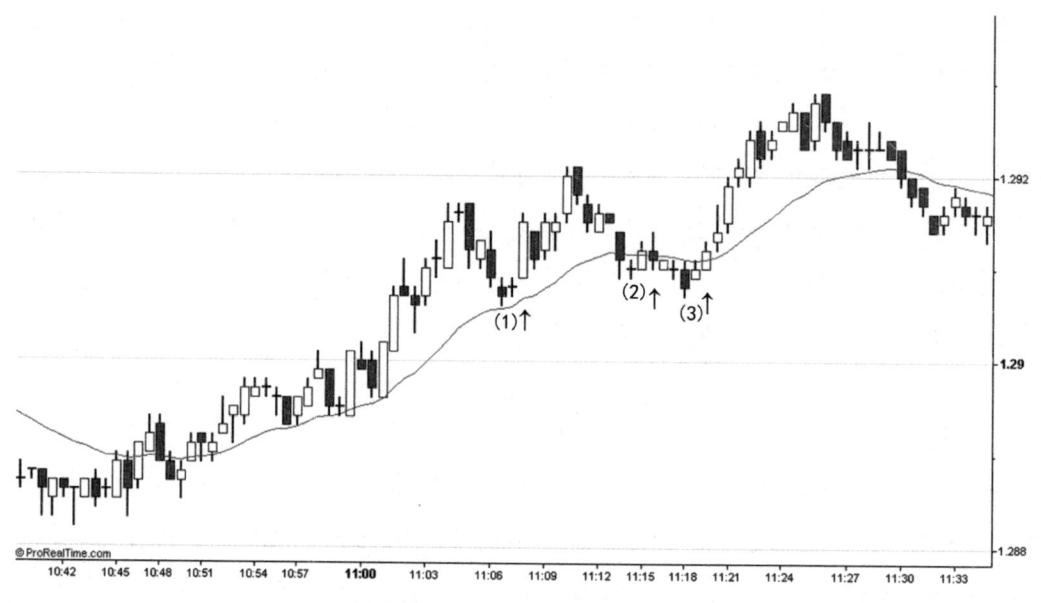

图 7.2

图7.2中两个小小的十字星（1）与这波趋势中其他大部分蜡烛线比起来，显得多么短小。这种横向密集的价格区域显示了市场的犹豫情绪，这正是超短线交易者乐于看到的。任何一波趋势，不管这波趋势有多么强劲，期间总是会有回撤出现。这就是市场的特性，总是有很多持相反观点的交易者在市场中逆势交易。交易者在交易过程中可能不喜欢出现这种回撤，但是从场外观望者的角度来说，回撤带来了很棒的机会。例如，在20期指数移动平均线区域交易一

个很好的DD结构，就像上图中的第1个结构一样。

第2个DD结构（2）在8分钟之后出现了突破。这次交易没有什么问题。这个结构比起第1个DD结构要略逊一筹，因为这两个十字星的最高点不相等，相差了两个点。但是，没有任何技术方面的理由让我们放弃这个交易。趋势是明确的，回撤也是肯定的。然而事实是价格继续下跌超过了DD结构的最低点，这次交易遭遇了7点的亏损（现在还不必考虑出场的问题）。这实际上向我们展示了一个很好的例子——迅速接受任何亏损，只将其当做经营的成本，并且保持警觉，等待相同方向上另一个结构出现是多么地重要啊！不要对市场怀着报复性的心理，因为在之前交易的方向上仍然可能出现很好的交易机会。任何有效的结构都可能出现。在这种情况下，市场在几分钟之后形成了另一个DD形态（3）。看看这4个小小的十字星，它们有着相等的最高点，并且都紧紧靠着20期指数移动平均线。之后，这块小小的价格横盘区域被突破，顺势交易者们迅速涌入市场。与此同时，逆势交易者也迅速地逃离市场。

注意：根据定义，当逆势交易者要了结头寸时，必须递出顺势订单，这样，他自己也变成了顺势交易者，不管他是否喜欢这样。当足够多的逆势交易者不得不平仓（以保护自身），同时有足够多的顺势交易者进入市场时，走势图上呈现出来的就是趋势的继续。此时，交易者们就在趋势的方向上施加了双重的压力。反之亦然，当顺势交易者由于强劲的逆势波动而不得不平仓出场时，逆势波动也会继续。在顺势交易者平仓的那一刻，顺势交易者也变成了逆势交易者。双重压力的原理是一个需要掌握的重要概念。事实上，它构成了我们在市场上的核心优势。如果我们无法预期到有这种双重压力，就不要拿资本去冒险。

下跌趋势非常强劲。只要看一下走势图7.3中很多长长的黑体蜡烛线，并与回撤中大部分短小的白体蜡烛线做个比较，就知道了。当然，这不是说所有的空头都进场了。它只是表示市场暂时缺乏做多的热情而已。事实上，走势图前半段急剧的下跌也肯定让很多空头吃惊不已。因此，一定有很多场外观望的交易者在想着一件事，尽快找到一个适当的回撤位进场。

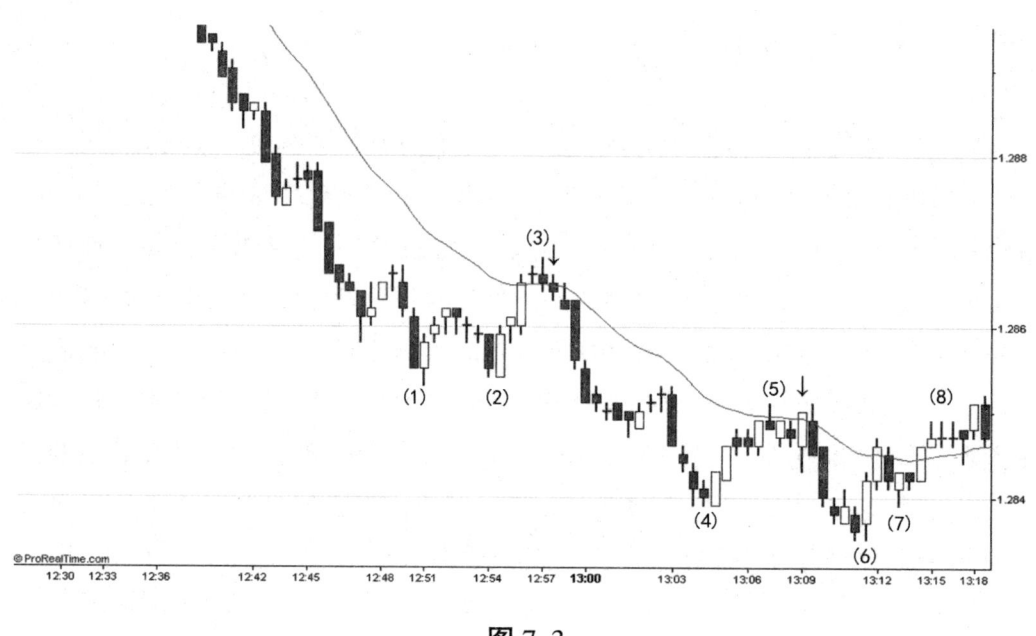

图 7.3

看着一波明显的趋势已经发动但自己没有乘上趋势的"翅膀",这是很痛苦的事情,但是耐心和纪律需要练习。回撤一定会出现的。如果之前没有及时入场建仓,也没关系。在这幅走势图中,一旦价格触及 20 期指数移动平均线,一个可以交易的 DD 结构(3)就出现了。

就 DD 结构而言,当回撤接近 20 期指数移动平均线时,基本上会发生 3 件事情:①在价格再次下跌并跌穿 DD 结构的最低点之前,这些十字星的最高点很少触及甚至不触及均线。在非常明确的趋势中,这种情况也可以交易,但是有时会较早地把超短线交易者吸引入市场,也就是说这个回撤还没有完全完成,并且很可能再次回到均线。这种价格行为可能会启动出场策略(触及止损)。应该注意的是那些导致回撤出现的逆势交易者可能非常固执。但是我们不能责备他们。他们也只是想赚钱,并且勇气可嘉。如果他们能掌控 20 期指数移动平均线,并且使价格保持在这条均线之上,他们就完成了他们工作的第一部分,因为他们已经把趋势从下跌变为横盘整理(至少暂时是这样)。②这些十字星(或者只是其中一个十字星)向上穿越了均线,但是立即回落并收盘于均线之下。这大概是交易 DD 结构的最佳方式。很好的例子是走势图中的第一个 DD 结构。③十字星穿越均线,但是没有这么快回落。这种情况的风险较高,因为它显示了对回撤的信心。但是如果趋势非常强劲，并且 DD 结构最低点的突破发生在均线被穿越之后不久，也同样可以交易。一旦多根蜡烛线开始"停靠"在均线上，将其当做支撑（相对而言），形成横盘整理甚至上升的局面，市场可能开始出现趋势转变。在这些情况下，等待一个更特别的结构，比如 SB 结构或者 BB 结构（见第 9 章的"二次突破"和第 10 章的"箱体突破"），或许才是更明智的选择。

图中的第 2 个 DD 结构（5）虽然吸引力要低一些，但是仍然是一个不错的交易机会。这个结构中的第 1 个十字星是击穿了均线的那个十字星。相邻的两个十字星都处于均线之下。鉴于最高的蜡烛线低点和最低的蜡烛线低点之间距离较大，这个结构比起第一个结构就要稍差一些。这个最高的蜡烛线低点和最低的蜡烛线低点之间是相差两个点，但我们更愿意看到的是这两个极值只相差 1 个点，或者更好的是这两个极值相等。但是，由于这波下跌趋势非常强劲，而回撤也是非常有序并且斜向上的，所以这个结构是完全可以交易的。

比较位于（3）的第 1 个 DD 结构和位于走势图末尾（8）的情况，或许是比较有趣的事情。在这里，我们可以看到后一个结构，位于 20 期指数移动平均线区域的 3 个十字星形态（从技术上说，应该称为 DD 结构），为什么最好是直接略过，放弃交易。原因在于后一个结构的质量欠佳，而质量欠佳的原因有几个。首先，3 个十字星之前的回撤并不是有序、单一方向的逆势波动。在这次回撤中，我们可以发现一个较高的价格底部（7），从技术上说这是多头力量增强的信号。这意味着逆势交易者勇敢地阻止了趋势的继续。之所以说它是一个较高的价格底部，是因为它的最低点（7）高于之前价格底部的最低点（6）。如果加上之前位于（4）的价格底部，那么我们可以在这个区域找出 3 个价格底部（4）、（6）、（7）。技术交易者会将其识别为一个著名的底部形态，也就是头肩底形态（虽然看起来并不是完美的头肩底形态）。但是，也不一定非要熟知这些一定会使典型的技术分析师感到兴奋且非常复杂而深奥的形态。运用一点逻辑到走势图解读上，也能达到理想的效果。技术交易的最基本形式不过是判断市场的整体力量、选择符合这个判断的交易和评估通往盈利目标的路上是存在阻力/支撑，还是相对的畅通无阻。

例如，看看第一个 DD 结构，不难看出市场处于明显的下跌趋势中。即使是 10 分钟之前小小的双底形态（另一个技术事件）也不能改变这个趋势（1-2）。在较为疲弱的市场情况下，这种形态可能已经发出了明确的警示信号，但是在当前趋势如此强劲的情况下，最好解读为一次很可能失败的逆势尝试（就概率而言）。事实上，如果走势图末尾那个放弃交易的 DD 结构的 3 个十字星，出现在第 1 个结构（3）的区域，即略高于均线，那么在它们被向下突破时就可以毫不犹豫地进场交易。所以，换句话说，放弃 DD 结构交易不一定是因为十字星出现在均线之上，而是因为它们出现在均线之上的同时，还伴随着其他可以被解读为当前的下跌趋势可能结束（暂时）的警告信号。

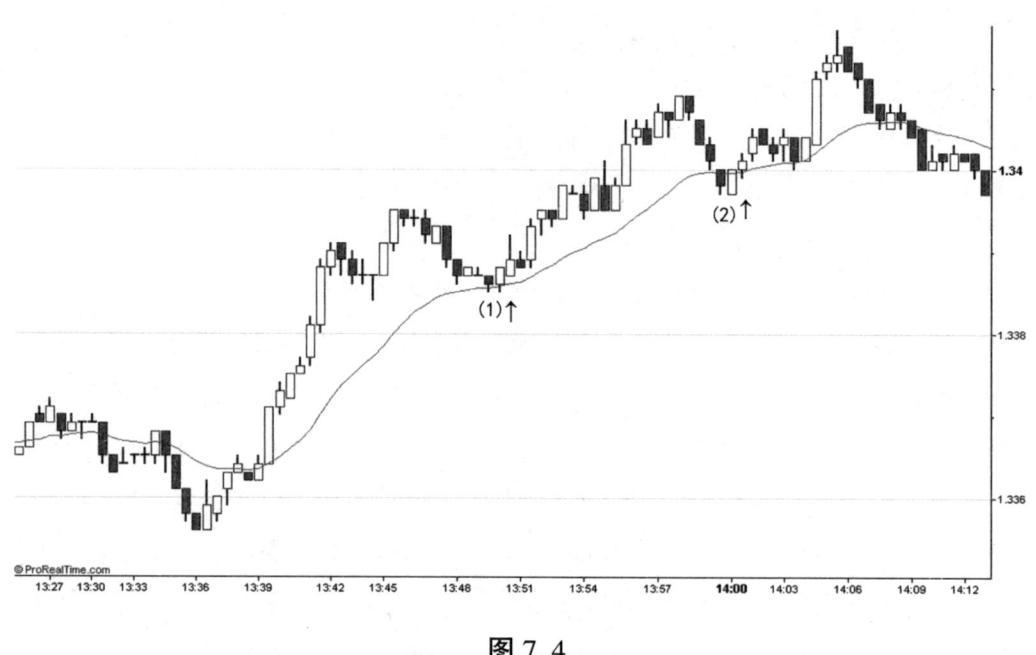

图 7.4

市场上的事情不会总是像上面的走势图那样明显。因此，当好的交易机会出现时，我们要充分利用这些机会。图 7.4 中两个结构都是一目了然的。

当面对一个出现在 20 期指数移动平均线区域，似乎已是回撤末尾的如此完美的 DD 结构（1），超短线交易者怎么能不抓住这个机会呢？4 个小小的十字星轻轻地停靠在均线附近，其中 3 个十字星有着相等的最高点。如果这都不算一个好机会的话，那什么才是呢？

第 2 个形态（2）虽然处于趋势中较高的位置，但是仍然提供了一次极好的从市场上获取更多利润的机会。趋势即便已经行进了 50 点，也不会减少其"寿命"，至少从技术面的角度来说是这样。只有当回撤开始持续存在，形成双顶或双底或者水平的价格密集区域时，超短线交易者才需要小心地挑选他的下一个顺势交易机会。在没有任何迹象表明当前市场将要放弃其趋势倾向的情况下，超短线交易者最好是继续等待，在下一次交易机会到来时立即展开行动。如果这次交易没有实现预期目标，那也没关系，关键是超短线交易者不要受到负面的影响。

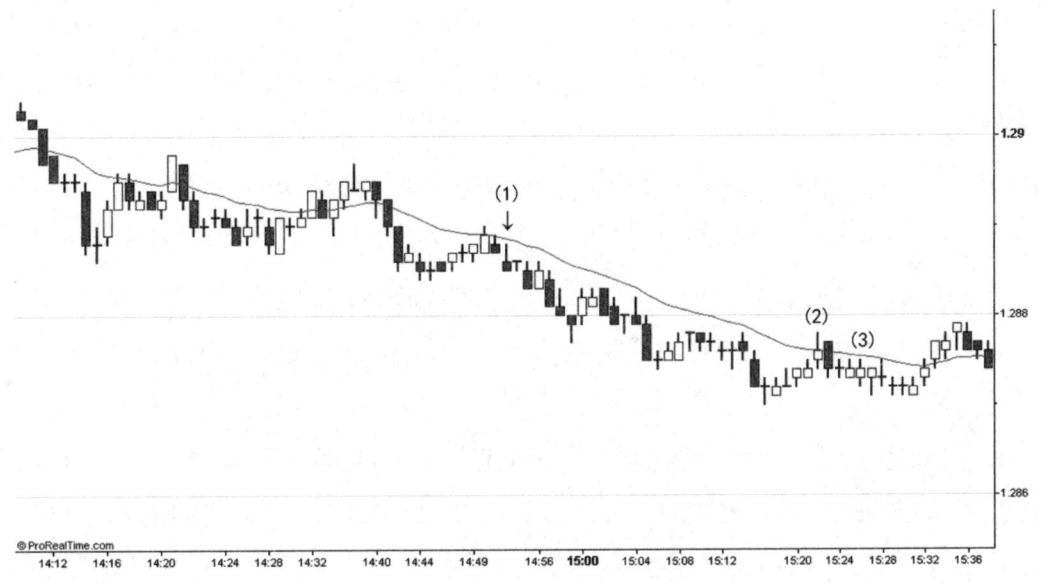

图 7.5

虽然市场在入场之前几乎没有表现出趋势，但是图 7.5 中这个 DD 结构突破（1）仍然可以放心地交易，因为入场之前小小的回撤不仅是进入 20 期指数移动平均线区域的回撤，还是对约 10 分钟之前的区间突破区域（1.2890 区域）的一次测试。如果价格居于一条水平价格区域（支撑位）之上，之后终于跌穿了这个支撑区域好几个点，那么市场很有可能再次回到之前的支撑水平。这在技术上称为测试突破区域，而这种情况很可能受到场外观望交易者的极大欢迎，因为这些更高的价位给了他们入场做空的更好机会。如果不是向下突破支撑位，而是向上突破阻力位，也是同样的原理，价格向上突破后还会回来测试这个阻力位。事实上，市场一直在做的事情就是突破并测试支撑位和阻力位，有时这个测试甚至达到非常精确的程度。例如，回撤的底部或顶部常常是一次对前期阻力位或支撑位的测试。所以，就好像我们可以把20期指数移动平均线看作是阻止回撤继续的价格水平，很多时候它可以提供支撑或者阻力。

强劲趋势中的回撤往往很短暂，一个被突破的水平价格区域的回撤（测试突破价格区域）也是如此。逆势交易者预期这个突破是假突破，他们会在价格回升的时候做多或者在价格回落的时候做空。在大多数情况下，他们不需要花太多时间就可以发现自己是多么愚蠢，因为不管你怎么看它，他们都给对手，那些无论如何都不会在最初突破时入场的交易者，提供了更有利的入场价格。当然了，在任何类型的战斗中，任何一方都可能获胜，但是从长期来说，不与趋势对抗，也不与适当的水平价格区域突破对抗才是正确的选择。

看看走势图末端20期指数移动平均线区域的两根蜡烛线（2）。这里提供了一个很好的例子，说明何时应该放弃一个在其他市场条件下可能交易的结构形态。首先，第2根黑色实体的蜡烛线并不是真正的十字星，但是它仍然对空头具有吸引力（价格收盘于蜡烛线的底部区域）而且价格线不是太长。所以，看到这两根蜡烛线的形态出现在20期指数移动平均线区域，我们基本上可以将其视为一个合格的DD做空结构。除此之外，更为重要的是趋势是下跌的，并且这个回撤是非常有序的。但是为什么要放弃这么好的DD结构呢？因为这个DD结构的蜡烛线与它们之前的蜡烛线的整体长度比起来，并不显得短小。事实上，这两根蜡烛线是它们这个区域中最长的蜡烛线。有人可能认为这个DD突破确实没有实现，而在几分钟之后均线下方的两个十字星被第3根蜡烛线突破（3），这才是真正的突破。即使如此，由于此次交易的入场价几乎与这次回撤的最低点相等，并且整个价格波动非常缓慢，所以最好不要在这个时期入场做空。

注意：大部分交易者都是随时随地逮着机会就入场做多或做空，细细想想背后的原因应该非常有趣。毕竟，即使标的工具的价值被准确地评估，期望任何人都能为其贴上确定无疑的价格标签也是不可能的。在交易日快结束时，价值不过是旁观者眼中的看法。价格仅仅反映的是多空双方在估价方面达成一致的意见。现实世界告诉我们这个"一致"是极其脆弱和短暂的。标的工具越是难以捉摸和深不可测，普通交易者能够准确评估价格与价值关系的想法就越疯狂。交易额达数万亿的外汇交易几乎排在每日非理性行为的榜首，因为仅仅一个普通人是没有办法从基本面搞清楚很多全球当权者的想法的。请记住这句话，一个交易者怎么可能随意交易任何一个品种，并且每次都能带着利润离开呢？答案就是聪明的交易者不是交易标的工具，而是交易其他交易者，而且，他交易他们的痛苦和不理性。他交易别人必须对自身很多错误做出反应以保护自身的这一事实。他利用别人的困境和痛苦，所有这些都在技术走势图上清晰可见。利用别人多过被别人利用，应该是所有没有秉持仁义博爱的理想主义或者陷入受虐倾向的交易者的最大满足。

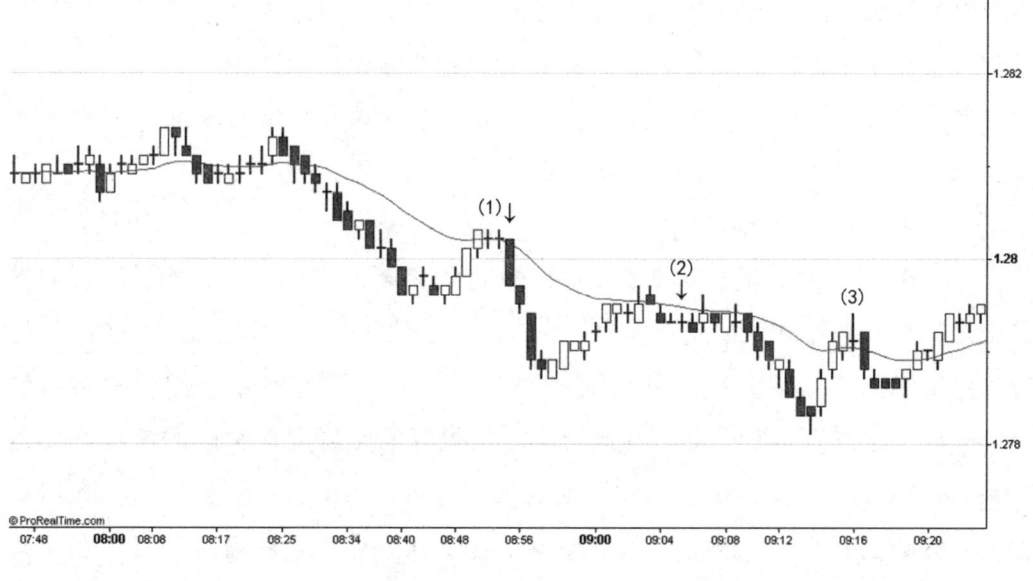

图 7.6

走势图 7.6 中开始时的横盘整理行为被一系列黑体蜡烛线向下突破。之后，形成了一个典型的回撤，回撤幅度达这波下跌趋势的 40%，并且在进入 20 期指数移动平均线区域之后，回撤止步（1）。价格在这里形成了两个极完美的小小十字星，这两个十字星长度均不超过两个点并且有着相同的最低点，一旦这个最低点被跌破，就为耐心等待的交易者提供了入场做空的好机会。

注意：由于交易者必须十分警觉并能对蜡烛线极值的突破做出迅速反应，所以如果图表软件提供一种计数器，那将非常方便。这个计数器会出现在价格走势图的纵轴上，并倒计数每根蜡烛线的点数（在这些走势图中是从70到0），新的蜡烛线出现后又重新开始倒计数。为什么这样很方便？因为很多时候信号蜡烛线会形成一个接近其极值的收盘价。如果交易必须在这根蜡烛线突破时进场，并且万一这根入场蜡烛线开盘时有1个点的价格缺口，那么入场点就很有可能是下一根蜡烛线的第1个点。价格缺口是一根蜡烛线的收盘价与下一根蜡烛线的开盘价之间的差值。虽然大部分蜡烛线的开盘价等于其前一根蜡烛线的收盘价，但是价格缺口还是经常出现，特别是在结构形态的情况下，这时价格常常会跳空几个点开盘。当入场蜡烛线突破信号蜡烛线时，超短线交易者如果不能及时做出反应，就很可能错过交易机会。即使是非常专注的交易，也会出现这种意外。所以，我们最好全程密切追踪信号蜡烛线的发展。因此，有了这种计数器就非常方便。反过来也是一样，当信号蜡烛线还有很大的空间来波动时，采用这种计数器有助于交易者稍微放松一下。

在大约15分钟之后，第2个DD结构发生了突破（2）。由于趋势和回撤都是合格的（趋势蜡烛线都是黑体蜡烛线，回撤蜡烛线都是白体蜡烛线），所以可以肯定市场将进一步下跌。在回撤顶部形成了5个十字星形态，其中4个的最低点都一样，这就为超短线交易者提供了一条很好的交易向下突破的信号线（由一系列趋势方向上相等的蜡烛线极值构成）。期间出现了一个小小的不和谐音符——突破之后的第3根蜡烛向上穿越了均线几个点，之后再度回落。在交易中，出现这种情况是很正常的。交易者不能期望市场完全不做任何抵抗。只要这种抵抗保持在交易者的风险允许范围内（后面将详细讨论），交易者就最好静观其变。不管怎样，这只是一次交易而已。

图7.6中的第3个DD结构（3）为我们提供了一个需要好好判断的交易机

会。是交易还是放弃呢？从技术上说，这个 DD 形态处于 20 期指数移动平均线区域，这波斜向回撤很可能在这里结束。但是，有 3 个理由让我打算放弃这次机会。首先，这个回撤虽然是单一方向的斜向回撤，但是这波回撤不是回撤了之前顺势波动的一部分，而是全部，这意味着这个区域的看涨情绪在提高。其次，回撤的蜡烛线普遍比之前顺势波动中的蜡烛线长，这或许是多头力量较强的另一个信号。再次，这个结构的幅度非常长，这可能会使我们的止损幅度非常大（我们之后也会详细讨论这一点）。然而，价格确实在之前 DD 结构的信号线那里遭遇阻力。尽管如此，一个谨慎的超短线交易者很可能放弃这个机会，但是我们也不能阻止激进的交易者去试试看。

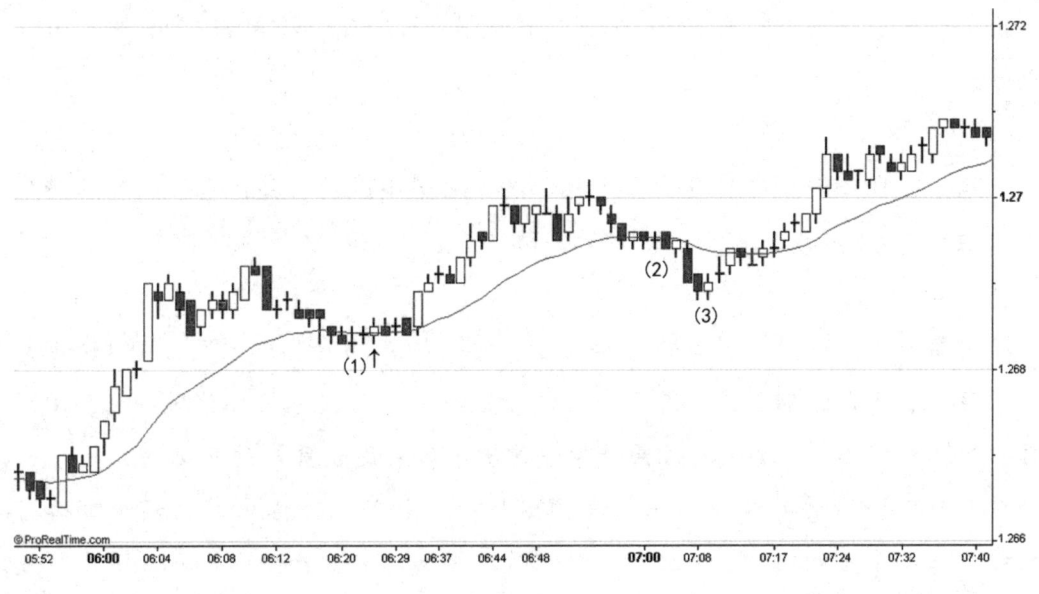

图 7.7

在交易时一定不要过早采取行动。在入场前一定要等待适当的结构形态被打破，不管你确定价格将以某种方式波动多少点。期望和偏好都是很可怕的交易伴侣。

当市场呈现出一组 4 个或 5 个相邻的十字星，并且都有着相等的极值时，比如图 7.7 中的结构（1）和（2），就会极大地吸引交易者即刻入场顺势交易，而不等待这个结构被真正打破。这种行为算是预期（或者贪婪）引发的焦虑。不能耐心等待真正的突破是超短线交易者的一种致命缺点，最好尽快改正。有些讽刺的是那些急不可耐的交易者在入场后，很容易发现自己陷入了一个不像预期那样将要突破的市场。现在交易者的耐心受到了极大的考验。当然，从教育的角度来说这是一次很好的教训。有助于避免这种行为的另一个方法，是问自己通过这种"抢跑"行为到底可以获得什么。如果预期的趋势继续确实发生了，那么在盈利的情况下，正确的入场交易可能会产生10点的利润。这里的利润比较少。如果这个交易失败，突破没有实现，超短线交易者就会因为他的急不可耐而遭遇亏损，这个亏损可能有5点。但是，那个在交易有效时可以获得的10点利润也跟着化为泡影（加起来就是15点的损失）。现在，这个更有利的入场（可能就是1个点的优势）只会为"抢跑"的超短线交易者提供一个更有利的出场价格（相对那些在真正突破后才入场的交易者而言）。这样真的合算吗？可以好好想一想。

第1个DD结构（1）是由4个相邻的十字星组成的，并且有着相等的最高点。耐心等待这个最高点被突破永远是正确的选择。

注意：紧接在这波明显的趋势之后，警觉的交易者通过追踪1.2700的整数位区域，还会预期价格将进一步上涨。这幅走势图上有很多整数位（以00、10、20、30等结尾的价位），但是对任何货币对来说最重要的两个整数位分别是以"50"结尾的整数位和以"00"结尾的整数位。这意味着这两个价格区域很可能扮演支撑位或阻力位的角色。价格不经过一些犹豫和迟疑就很难穿过它们，不过前提是这不是一波强劲的上涨/下跌趋势。请记住，它们是一个价格区域，不是特定的点位，所以当它们被突破时，即使被突破了很多点，它们仍然能够守住自己支撑位或阻力位的"岗位"（我们会在后面的"区间突破"一章中讨论更多关于这个现象的细节）。外汇游戏中真正推动价格上下的玩家是那些大型银行和机构，不是在家里电脑上操作的普通交易者。这些大玩家不会在意途中几个点的波动，它们只会大力进攻或守卫一些整数价位。当价格接近这些价格区域时，交易可能变得清淡，这意味着大量交易者此时更愿意在场外观望，看市场会如何处理这些关键价位。这会导致一个非常奇特的现象，价格轻易地接近这些整数位价格，原因就是一路上没有太多交易者"挡路"。当价格到达这些整数位时会发生什么还很难说，但是在影响发生之前，价格通常已经被这些整数位吸过去了。我们会将其称为"真空效应"。

如果是已证实的单边市，就没必要担心这些整数位。这些整数位很容易被突破，所以可以顺利实现盈利目标。此外，可以肯定有大量止损单布设在这些关键价位附近，一旦这些止损单被触及，将进一步推动价格。尽管如此，当涉及 DD 结构时，如果一笔交易的前方面临整数位，那么保守一点或许更能取得成功。因为 DD 结构预期趋势会继续，我们需要大量参与者的想法一致（双重压力）。而整数位区域的参与者可能太少，无法制造一次成功率较高的 DD 结构突破。在这种情况下，可能更适合采用其他一些交易结构，因为其他一些结构会蓄积突破的力量。DD 结构通常代表的是回撤末端仅由两根小蜡烛线构成的力量蓄积。当在交易的方向上没有什么阻碍，即使有整数位似乎也没有影响时，这个 DD 结构突破也可以交易。例如，比起第 1 个 DD 结构，第 2 个 DD 结构(2) 就差一些。不仅是 1.27 的整数位正横亘其上，而且在结构左边有一些聚集价格行为，这无疑也会成为相同的整数位阻力。任何高于多头入场价或者低于空头入场价的聚集的蜡烛线，都很可能代表了阻力。这个阻力是否强大到难以战胜，还取决于整个走势图的情况。所以，最好查看是否有其他一些支持或者反对交易的信号。决定是否入场并且如何权衡利弊，通常都是一个精妙的课题。例如，有些人会认为第 1 个 DD 结构之前的价格行为也是聚集价格类型。尽管如此，我还是会毫不犹豫地入场交易。有时候，这种选择是很难解释的，因为它们的区别似乎太微妙了。但是我不认为这和直觉有什么关系。交易决策要始终建立在技术分析的基础上。总的来说，当趋势不是非常明确，并且在阻力方面存在着不确定性，就最好不要介入这种 DD 结构交易。

图 7.7 第 3 个 DD 结构（3）甚至比放弃的第 2 个 DD 结构还要差劲。这个入场价或许优于前一个入场价，因为它在走势图上的位置比前一个更低，但是，更为重要的是在它的上方，通往目标价格的路上——存在着什么。那个整数位下方的聚集价格行为明显阻挡了这条路，所以最好不要拿资金在这种交易机会上冒险。虽然后来价格轻易穿越了这个价格区域，但是也无所谓。超短线交易在乎的是概率，不是一次交易结果。

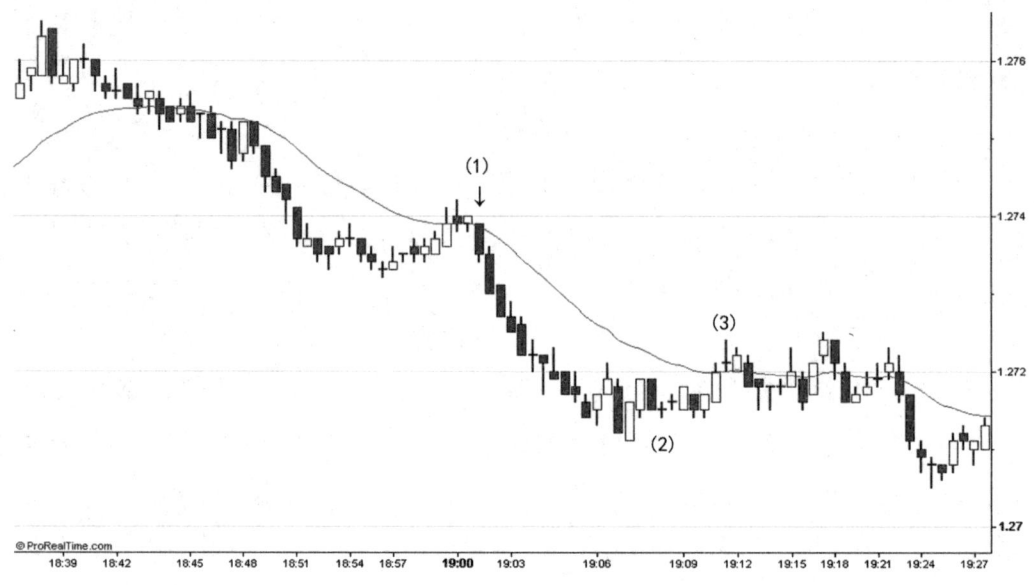

图 7.8

图 7.8 中有另一个位于 20 期移动平均线区域的 DD 突破例子（1）。交易这种类型的结构到底有多难？有人可能会认为一点也不难。我们可以在这次交易中发现明显的"趋势＝趋势"潜力。回撤之前的趋势越显著，回撤之后就越能延续之前趋势的势头。然而，这并不是一种永恒的现象。这只有在一波强劲的趋势之后，出现第一次回撤或者横盘整理，然后第 2 波趋势发动时才最有效。

那么，12 分钟之后的那个 DD 结构（3）又如何呢？如果它前面的回撤能够更有序，并且波动的路径更像一条斜线，就像第 1 个 DD 结构之前那个回撤一样，那么这个结构也非常值得交易。但是，在这种情况下，这种回撤表示它更可能是一个价格阻力区域（2），而不是一次普通的进入 20 期移动平均线区域的回撤。从整体市场力量的角度来看，如果价格现在没有面临前方阻力位的困难，因为任何水平聚集的蜡烛线都可视为阻力区域，那么做空 DD 形态的突破基本上是正确的选择。这倒不是说当前的下跌趋势即将结束，事实上根本没有结束，而是说不在第一时间入场就能达到 10 点目标利润的概率已经明显降低。如果这个概率降低到类似于抛硬币或者更糟的程度，那么与其入场冒险，不如在场外观望。

到了目前阶段，要指出一个适当结构及其相似结构之间的微妙区别，似乎还很具有挑战性。交易者在完全熟悉市场之前，一定会遭到市场愚弄。毕竟，各种形态、波幅、趋势、微小波动、急剧波动、陷阱，甚至是异常现象，经验丰富的交易者都已经见过千百遍，新手一旦掌握了这些价格行为的规律，也一定可以。

第8章 首次突破

首次突破结构提供了另一种在回撤停止时介入趋势的方式。DD 结构至少需要两根相邻的蜡烛线来确定潜在的转折点；而 FB 结构在适当的条件下，可以视为一个在交易突破时不需要进一步确认信息的强大信号。FB 结构的信号蜡烛线就是回撤中在原趋势方向上被突破的第一根蜡烛线。一旦这种突破发生了，超短线交易者就可以顺势入场，抓住市场原有趋势的快速恢复获利。

然而，在 FB 结构被确认为一个有效的交易结构之前，还有一些要求需要满足。事实上，在大多数情况下，超短线交易者最好是放弃这种交易机会。尽管具有随意的特性，但这种结构也仍然值得研究，因为在适当条件下，它可以产生极好的交易机会。

第 1 个条件涉及趋势本身。在理想情况下（就 FB 结构来说），趋势应该是一种单一方向上的价格飙升或暴跌行为，并且最好是发生在横盘整理之后。趋势中蜡烛线的长度应该长于趋势之前价格行为中的蜡烛线长度，并且是连续快速绘制而成。有时候，这种波动也会突然出现，但是当市场已经逐渐蓄积力量准备进行重大突破时，它们出现的可能性很大。一旦突破成为事实，市场会看见一次突然爆发的价格行为，理论上会使大量交易者陷在错误的方向上。在急剧的下跌过程中，我们会看到走势图上"倾倒"出大量价格收盘于蜡烛线底部的黑体蜡烛线，在急剧的上涨过程中，我们会看到走势图上"喷射"出大量价格收盘于蜡烛线顶部的白体蜡烛线。从这些急剧波动或者经常所说的飙升/暴跌来看，可以推断当前的价格行为不只是小型超短线交易者入场、出场导致的结果，而是那些较大时间框架的交易者也参与了其中。

第2个条件涉及急剧的单方向波动之后的回撤形态。市场上没有直线的上升或直线的下跌，所以即便是一波非常激进的波动，也会有一些不怕死的逆势交易者挡在路上。从理论上说，看到这些交易者进入市场与趋势作对，大量顺势交易者会快速地兑现一部分利润。这种双重压力会加快回撤的速度，并且我们有可能看到回撤的幅度达之前这波趋势的40%到60%。

在选择FB结构交易时，我们需要看到回撤是以成熟的方式呈现。当然回撤也不必像前期的波动那样强烈，但是也绝对不能是一次虚弱的尝试。最好的情况是回撤中的蜡烛线都在单一方向上收盘，也就是说如果趋势是下跌的，蜡烛线均是黑体蜡烛线，那么回撤中的大部分蜡烛线都应该是白体蜡烛线，并且在到达20期指数移动平均线（EMA）区域之前，回撤不能停止或者踌躇不前。请注意"区域"这个词，因为当趋势只是由少数几根从前期的横盘整理突破而来的特别长的蜡烛线构成时，移动平均线可能会相对滞后，所以即便是一次强力回撤，也难以触及移动平均线。不过，有些时候回撤也会强烈到直接穿过移动平均线，然后再归于平静。所以，20期EMA只是指引，不是屏障。

当两个条件都已满足，也就是有一波强劲的趋势和趋势后一次强有力的回撤，走势图上会呈现一个非常明显的鱼钩形态。大多数时候，这个回撤（鱼钩）幅度不会超过之前趋势幅度的一半，也有可能遇到回撤超过这个幅度的情况，不必感到奇怪。

确认FB结构有效性的第3个条件，也是最后一个条件，就是这个回撤是第一次逆势波动。任何新生趋势的第一次回撤，都很容易在其停顿的那一刻被顺势交易者扳回来。而随后的回撤通常会在屈服于顺势交易者之前（果真如此的话），在20期EMA区域进行更多抗争。

现在，希望找出一些已经讨论过的价格行为规律背后的逻辑的读者，心中可能会冒出一系列非常合理的问题，这些逆势交易者是怎么想的？是什么让他们这么执着地不断对抗趋势？他们是不可自拔的受虐狂，还是企图自杀的疯子，还是彻底癫狂了？难道他们不知道趋势何时开始，也不知道从技术上说趋势继续的概率更高吗？

要想回答这些问题，我们可能必须先搞清楚另一个问题。趋势开始的标志是什么呢？我们可能认为我们的趋势明显到即便是交易新手，也可以一目了然，但是，这个波动在较大时间框架上可能就只是一个微小的波动，并且这波趋势还可能只是另一波更大趋势的回撤。如果我们去月线图或者更大时间框架图上看，这种关系还会继续下去。所以，在特定时刻，到底谁才是逆势交易者，还很难说清楚。因此，这个问题有没有明确的答案，完全取决于交易者的视角和观点。所以，交易市场上充满了对立的观点和看法。正是在价格和价值上存在着这种永恒的分歧，才使市场为所有参与者提供了源源不断的流动性。幸亏如此，否则就不存在任何交易了。如果一个市场上所有人的意见都一致，会怎么样？谁会慷慨到卖一份我们都想买入的合约给我们，或者买入我们都想卖出的合约？没有人愿意这么做。因此，交易者应该很高兴他可以在任何时候买入或卖出他的合约。

尽管有各种各样的交易策略在这个市场上厮杀，但是对于超短线交易者来说，只需要考虑一件事情，就是他自己的走势图。除此之外，其他任何事情都是无关紧要的。这个走势图就是判断市场是处于单边、区间还是回撤的时间框架走势图，并且入场或出场的任何决定都应该只基于这张走势图上的结构形态和蜡烛线。

现在，让我们来看看这个FB结构，看它是否易于识别。请记住这3个需要满足的条件：一波突然爆发的趋势；一次斜向有序的回撤；并且是这波趋势的首次回撤。当强力回撤中的一根蜡烛线在原趋势的方向上被另一根蜡烛线突破，我们就有了顺势入场快速获取10点利润的行动信号。

第 8 章 首次突破

图 8.1

图 8.1 的走势图上呈现了一个完美的 FB 交易案例（1）。虽然不必要，但是也很乐于看到那根需要被打破的蜡烛线（信号蜡烛线）竟然是一个十字星，它的收盘价非常接近突破方向上的极值。尽管十字星蜡烛线或多或少都是收盘于开盘价的位置，但是这根蜡烛线也提供了多空双方正在激烈搏斗的明显证据。当它回到蜡烛线底部收盘时，就向我们发出了趋势即将恢复的强力信号。但是这种结构中的任何蜡烛线基本上都可以发出信号。不过，为了我们能够在其上下设置 10 个点的止损，这种蜡烛线不能长于 7 个点（蜡烛线长 7 个点，两个点用于向下或向下突破，1 个点作为点差。这在第三部分的"交易管理"中将会进行详细讨论）。

请注意，在这波下跌趋势中，大部分蜡烛线都是黑体蜡烛线，而回撤中的蜡烛线都是较短小并且果断上升，意在触及或穿越 20 期 EMA 的白体蜡烛线。回撤中没有一根蜡烛线向下突破，直到 20 期 EMA 区域的信号蜡烛线出现，才打破了这个格局。这次回撤也是这波下跌趋势发生的首次回撤。所以，不能再奢望比这个更好的 FB 结构了。

从技术上说，这个 FB 结构也是一个 DD 结构。毕竟，这里有两个具有相同最低点的十字星出现在 20 期 EMA 区域。这就导致回撤必须是首次回撤的要求不复存在，因为现在超短线交易者也可以选择交易 DD 结构，这个结构并没有严格限制。

随着我们逐步了解本书中介绍的全部交易结构，我们会看到更多这种情况：一个结构是另一个结构的一部分，或者完全等于另一个结构。读者们就不要纠缠于到底应该怎么称呼这些结构的问题。这些结构形态的名字根本无关紧要。

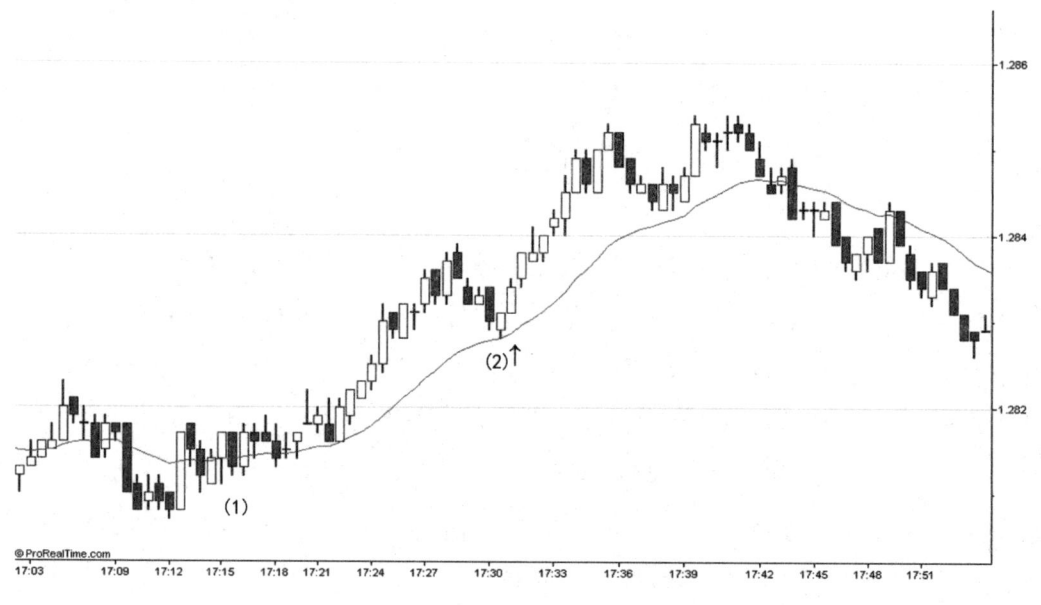

图 8.2

在走势图 8.2 的左边，价格横盘整理了约 10 分钟，最终蓄积力量冲破了 1.2820 区域（1）。整理期间的大部分蜡烛线的最高点都保持在同一价格水平，但是它们的最低点却在逐步升高。这是向上突破的力量在增强的明显信号。任何时候交易者都要查看走势图上任何类型的价格聚集行为。无论什么东西被压制了，最终都会爆发，就好像弹簧被挤压后会弹开一样。这被称为突破前压力。后面将会讨论的 BB 结构（见第 10 章的箱体突破）就是围绕这一原则设计的。但是在整个走势图中，不管是否形成某种结构，我们都可以预期这种"压力"会以这样或那样的方式增强。

一旦突破已经确定，同时这个波动足够强劲且方向明确（期间没有小型回撤），就要等待势必出现的回撤形成，并评估这个回撤是否会为我们呈现一个合格的 FB 结构。那些回撤幅度达到之前趋势的 40% 到 60%，并且进入 20 期 EMA 区域的回撤，为顺势超短线交易提供了极好的机会。不管这个结构是 DD 结构、FB 结构、SB 结构，还是 BB 结构，超短线交易者都很喜欢。在这张走势图上，这就是一个很好的 FB 结构（2）。但是，与之前图 8.1 上的比起来，趋势和回撤都不完全是单一方向的上涨和下跌。上涨趋势中夹杂着一些黑体蜡烛线，回撤中也夹杂着一些白体蜡烛线。然而，通过仔细观察，我们可以看到这波上涨趋势中没有一根蜡烛线的底部被后面的蜡烛线向下突破，直到顶部的最后一根蜡烛线。在回撤中，也没有一根蜡烛线被向上突破，直到信号蜡烛线出现在 20 期 EMA 区域。总之，结论就是这是一个可交易的 FB 结构。在信号蜡烛线被向上突破的那一刻，就发出了入场做多的指令。

这个结构很好地向我们展示了计数器将如何有助于指示信号蜡烛线何时收盘以及入场蜡烛线何时开盘。当价格波动到信号蜡烛线的顶部区域（向上突破），或者底部区域（向下突破）时，就要开始留意计数器的情况。入场蜡烛线跳空 1 个点开盘也是可能的，而且可能刚好就是这第 1 个点就突破了信号蜡烛线，于是此时就应该立即入场。如果这个时候犹豫，会导致入场价较差，甚至还会错失整个交易机会。

如果采用市价单而不是限价单，在入场时，偶尔也会遭遇一些成交滑移价差，这是不可避免的。因为市价单旨在抓住入场那一刻的价格，但是价格并不是固定不变的，随着市场价格波动，订单就可能在较为不利的价格被执行。基本上有两个原因可以导致这种情况出现。第 1 个是技术方面的原因，就是订单在被递到网上执行的那一瞬间，市场价格已经发生了变化。即使是最好的交易平台，也会发生这种情况。第 2 个是交易者自身的原因，也就是操作太慢。

显然，技术方面的原因无法避免。但是，我们也不能采用任何限价单，然后看着价格远离我们而去，订单却没有得到执行。即使我们选择一个允许我们以光速递出限价单的高科技平台，也不会消除订单得不到执行的风险。因此，如果我们想入场，最好选择市价单类型。

交易者自身原因导致的成交滑移价差，都是在入场时犹豫的结果，这种情况比你想象的更常见。在交易的临界时刻，交易者会感到焦虑。结果就是，有些交易者没有等到真正突破就已经入场，有些交易者则是动作太慢，而有些交易者可能根本不打算采取行动。这些情况都会出现，而且都是正常的现象。有的交易者可能会等数月时间才决定入场交易，并且没有任何不适的感觉。当然，我们要争取做到的是，当需要采取行动的时候就立即行动，不管这是否引发焦虑。最终，所有这些感觉都会渐渐消逝。

即便入场价有些许成交滑移价差，比如1个点或半个点等，也要保持冷静，并像根本没有发生过成交滑移价差一样管理交易。大部分成功的交易都会轻而易举超过10点的盈利目标，所以即便实际入场价没有计划的入场价那么好，导致目标价位稍远一点（增加的距离也就是成交滑移价差），也不会有多大的影响。这可能导致亏损控制差一些，也只好顺其自然了。但是有时候，也可能仅仅因为成交滑移价差，交易者无法达到盈利目标而被迫出场，甚至可能亏损。尽管如此，也没有必要伤心。市场上没有什么是永恒的。

无论什么原因，如果哪次交易机会错过了，切忌抱怨不休，要快速调整心态，看是否还有挽救的机会。市场经常会直接出发不再回头，然而价格也经常在突破之后做个短暂停顿。即便很多时候，我们还没入场，价格就已经一骑绝尘而去，但是几根蜡烛线之后，价格还是会回头再度造访此前的突破价位。这两种情况都为我们提供了极好的入场机会。我们还是可以像对待之前错过的入场机会一样，对待这个相同价位的入场机会。但是，如果交易机会真的错过，并且价格不再回头，就一定不要再去追，不管你此刻是多么想入场。这是一种不好的交易习惯，业余选手才会这么干！如果交易机会真的错过了，错过就错过吧，可以继续等待下一次交易机会。

第8章 首次突破

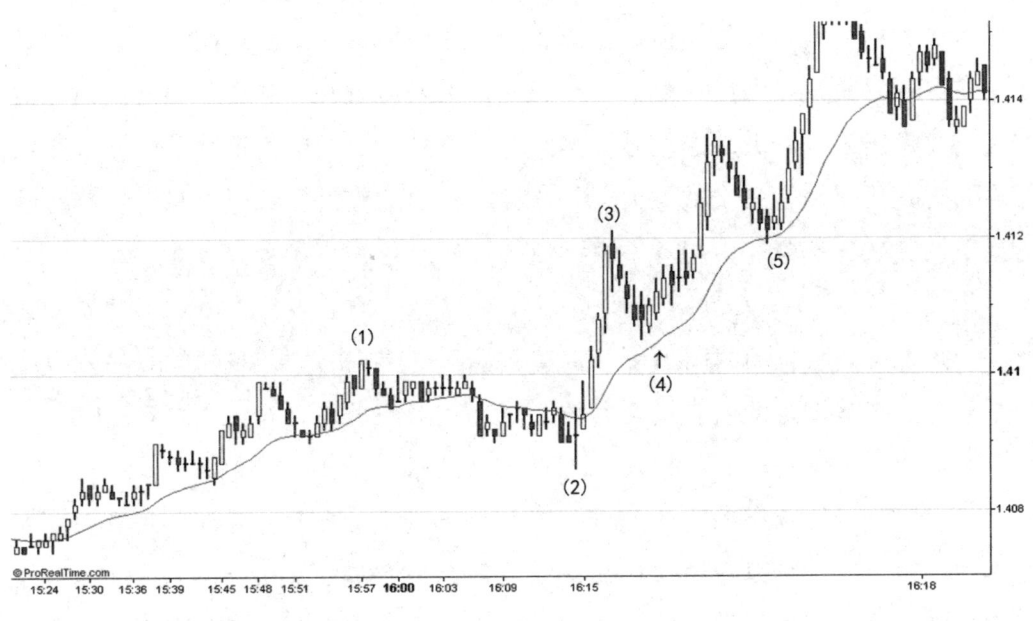

图 8.3

走势图 8.3 中在 16∶15 左右发生的急剧波动就说明了一切。这样剧烈的价格波动通常是交易者对消息发布做出反应的结果。价格既突破一个技术形态（1~2，一个所谓的看涨旗形，不必在意它），也突破了一个整数位区域（1.41），这无疑会进一步导致这波突然爆发的单边波动更加强劲。无论何时，只要交易者看到走势图上出现这种情形，就应该立即想到——FB 结构！因为这是回撤（4）之后能最快介入新趋势的结构形态。

注意看，即便这波趋势中发生了近 40% 的回撤，但 20 期 EMA 还是跟不上这波趋势的步伐。当一波急剧的波动只是由少数几根较长的蜡烛线构成时，就会出现这种情况。这根移动平均线虽然采用的是指数式算法，赋予了最近收盘的价格更高的权重，但它仍然是由最近 20 根蜡烛线的收盘价构成的，并且在回撤最后有一半的收盘价低于市场平均水平（低于均线）。这就是 20 期 EMA 只能作为视觉上的辅助工具，而不能作为价格必须首先触及的关键价格水平的原因。

在这种情况下，判断 FB 结构入场机会是否出现的一个简单诀窍，是留意回撤中是否出现相反颜色的蜡烛线（也可以是没有实体的十字星）。本例中的回撤是下跌的，蜡烛线的实体都是黑色的。在白体蜡烛线出现的那一刻，超短线交易者可以将其当做潜在的信号蜡烛线。但是，只有当这根蜡烛线的顶点被突破，才发出了入场做多的信号。然而，这只是一个简单的辅助手段，因为信号蜡烛线是什么颜色其实并无大碍。这种结构中的任何蜡烛线，只要在趋势的方向上被突破，都应该被视为一根有效的信号蜡烛线。

这张走势图下方的时间刻度一定会让你印象深刻的。有时候，交易笔数走势图和普通走势图之间就有这么大的区别。在16：15到16：18之间，时间虽然只有3分钟，但是绘制的蜡烛线数量却与之前40分钟所绘的蜡烛线数量差不多。这3分钟绘制蜡烛线的速度差不多是此前的13倍。比如重大消息发布之类的冲击效应，可以导致价格波动非常剧烈和快速，但是如果运气好的话，警觉的超短线交易者仍然可以在波动变平缓之前从中抓取一部分利润。目标利润在短短几秒时间内获得，也不是什么稀奇事。需要注意的是，对于做空的交易者来说，也有可能同样快速地被止损出场。在平静的市场状况下，10点止损被触及的情况还很少见。而像图8.3的后半程这样的市场，就很可能触及10点的止损。仅仅是价格波动的速度，就能让一笔"失效"的交易在一个较好的价位止损出局的情况变得不可能。因此，在快速波动的情况下选择FB结构交易，就意味着要接受比平常设置更大的止损风险。但是，由于这些交易也具有很高的胜率，偶尔被止损出场也只是概率游戏结果的正态分布的一部分。

在这幅走势图中，市场几乎在约1分钟时间内完全复制了此前第1个FB结构交易之前的市场状况。趋势和回撤与之前的情况几乎完全一样。是否选择交易第2个回撤的突破（5），与第1个回撤方式相同，需要交易者进行一些主观判断。这次交易的优势在于市场的力量仍然指向当前趋势的方向，并且第2个回撤的底部利落地试探了前期上升趋势的顶部（图中5试探3）。当然，这也是一根要被向上突破的信号蜡烛线。另一方面，这次回撤也不是这波上升趋势的首次回撤，按照策略规则，这个FB结构基本无效。在相对正常的市场状况下，放弃FB结构交易而选择其他更好的结构，也是可以的。但是这恰恰不是正常的市场状况。所以，这个主观判断纯粹是特殊市场状况导致的结果。

交易者最终决定怎么做，是选择放弃还是交易，答案真的很重要吗？或许并非如此。除非几乎每天都出现这种情况，这个选择才显得那么重要。这时候，我们的策略就需要将其考虑在内，而不能只是当做偶然情况看待。至于怎么选择才好呢，我认为放弃此次交易或许才是最佳的选择，因为毕竟我们面对的是趋势的第 2 次回撤。不管怎样，莽撞入场然后被止损出场，会打击那些没有自信的超短线交易者，他们可能因为策略带来的正常亏损而陷入自责难以自拔。而如果这次交易成功了，那他就可能开始愚蠢地认为自己具有出色的洞察力，可以不受策略规则的限制。不过话说回来，那些超短线交易高手会将任何一次交易看作独立的一次交易——要么发挥潜力，要么就失败。

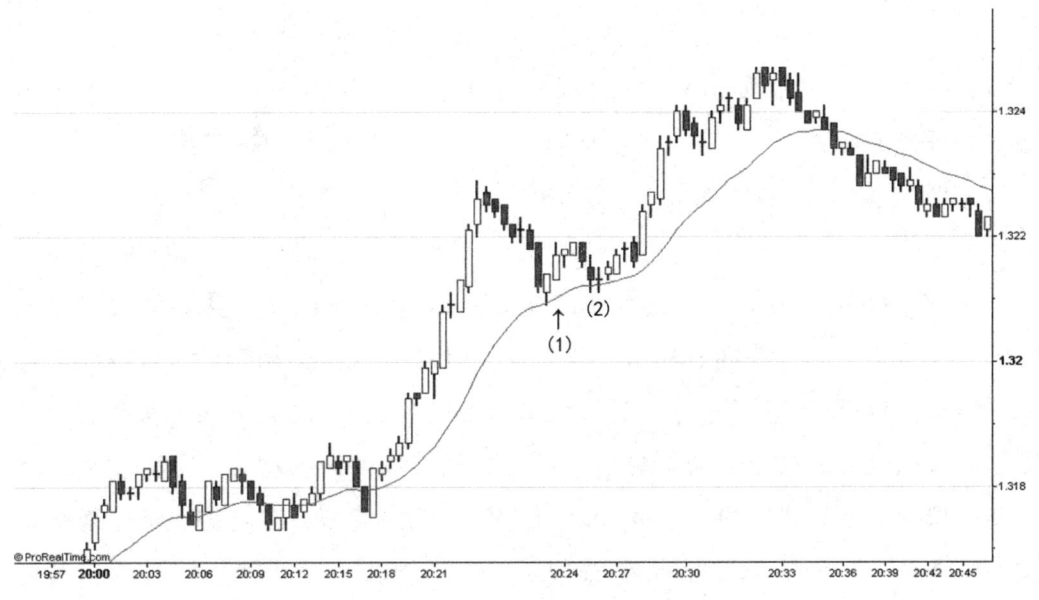

图 8.4

图 8.4 中前 20 分钟的走势就告诉了我们什么叫作横盘整理，或者说区间走势。它实际上是出现在市场大幅上涨之后（在这幅走势图上无法看到）。尽管如此，将横盘整理之后的趋势波动看作一个新事件是有意义的。所以，我们可以将这里的巨幅波动视作一个新的波动。因此，它的回撤也可以算作首次回撤。在超短线交易中，让事情保持简单，不回溯太远去寻找更多信息，特别是那些确认交易有效或无效的信息，反而有助于交易获得成功。通常情况下，70 笔交易走势图上差不多一个半小时就可以绘制出很多蜡烛线，足以评估当前多

空双方的力量情况。所以，最好是有了一个有效信号就采取行动，不要再多想。事后，有的交易者可能会后悔没有多回头看一下，如果多回头看一下，就会发现附近有一巨大阻力将导致此次交易失败。但是，他之后应该会想到，如果他之前也是这么畏首畏尾，那他的很多成功交易也根本不会做了。

在快速波动的市场，出现一些成交滑移价差也是正常的。遇到糟糕的执行价格，同时又发现这笔交易是自己不想做的，这对心理是一个极大的挑战。只要想象一下订单在高于信号蜡烛线（1）收盘价约3个点的地方被执行的情形。这会使交易入场价比几分钟后小幅回撤的最低点高6个点。然而，从技术上说，所有市场都会发生几个点的回撤。尽管浮动亏损这么多点让人有些泄气，但是在整个交易中一定要保持沉着冷静，然后在技术条件许可的情况下（见第14章的临界点技术），摆脱困境。永远不要因为一时的亏损而一蹶不振。关键是要设置10点的止损以预防意外情况，当这种情况最终到来时，就可以止损出场。

一定要明白并且接受一点——在目标价格到达之前，很多交易即便不是全部，至少也有一部分账面利润被吞噬掉。并且还有更多交易在最终入场前，还必须经历一定程度的犹豫。这就是市场运行的方式，实质上也是首次回撤交易方法可行的机理。这是一个在分析交易时欢迎市场回撤的理由，尽管交易者此时还在场内。在进入市场后，交易者永远都要把注意力放在走势图上，而不是盈亏的波动上。如果交易的结构突破是经过仔细挑选的，它就很可能捍卫其存在并且将那些逆势交易者剔除出局。无法确定一笔交易是否有效，也不敢拿资金来冒险，可以引发各种不良情绪，这对合理管理未平仓头寸非常不利。问问自己到底什么地方不确定，或许有一定的帮助。我们都知道在市场上，"确定"只不过是一种错觉，所以，"不确定"又怎么能成为一个真正的问题呢？然而，很多时候交易者的不适并不是由亏损的可能性引起的，而是对第一时间入场交易是否正确感到不确定。这就向我们强调了进行适当学习和练习的必要性。然而，交易者永远无法确定市场的反应，他只能确定自己的方法。交易者所能依靠的就是高胜率策略在较长一段时间内体现的优势。因此，他必须信任他的结构，并且不放过每一个有效的结构。幻想自己能够预测哪些情况下结构的成功率较低，是没有意义的。不过有时候，这种想法也是有诱惑力的。但是，一定不要屈服于这种危险的诱惑。预感和直觉就像那些一直不断干扰表演者的捣蛋分子。由于无法拒绝售票给这种人，所以最好的办法就是不理睬他们，自己该干什么就干什么，哪怕会带来伤害。

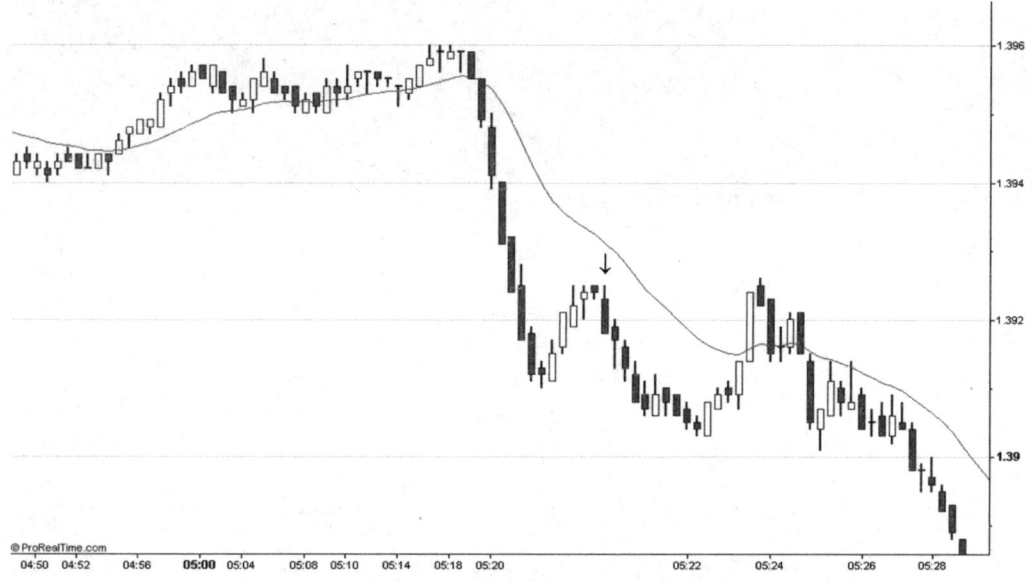

图 8.5

图 8.5 中可以看到很多范本式的 FB 结构连续出现，这可能会让你觉得这种价格行为随时会出现。其实不是这样的。当它真的出现时，可能一周一次或两次，它可能不一定以可交易的方式出现。如果交易者不幸遇到了无耻的经纪商，将平时的交易点差提得很高，或者在消息发布之前或发布中将点差提得很高，那么任何交易都会沦为一次愚蠢的赌博行为。即使是欧元/美元货币对，点差也可以高到 10 个点。在这种情况下，不管走势图上的技术形态看起来有多么诱人，都强烈建议超短线交易者不要进场。这会被证明为一次糟糕的判断。基于较高的成功概率，对每一笔交易都应该一视同仁，将每一笔交易可能产生的结果都看作一样。它们要么有效，要么无效。在糟糕的市场状况下，也就是在完全不可交易的情况下选择交易就好像在说："我承担得起，因为我知道接下来会发生什么。"狂妄自大的交易者并不少见。

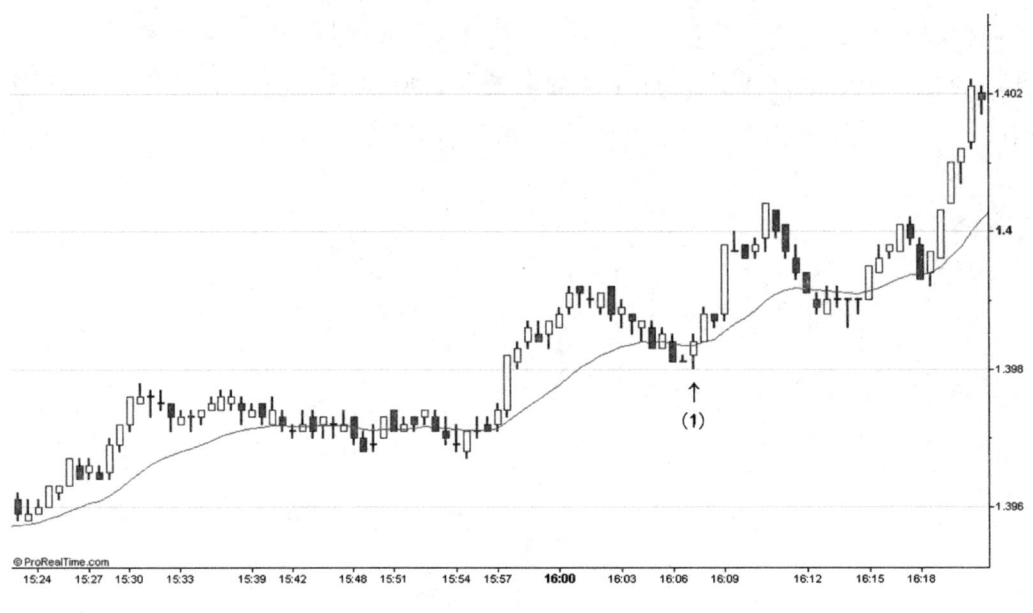

图 8.6

图 8.6 提供了另一个非常棒的案例，经过一段时间的横盘整理之后，货币对进入了单边走势，然后紧接着发生近 50% 幅度的回撤。在回撤中，蜡烛线一根接着一根朝 20 期 EMA 区域而去，并没有出现顺势交易者扭转局面的迹象。这次回撤也是这波（新）趋势的首次回撤，所以造就了一个非常好的 FB 结构（1）。与之前讨论的所有 FB 结构案例比起来，这个 FB 结构的区别在于首次突破前的这根信号蜡烛线的外形。这根信号蜡烛线短小得不能更短小了。不过，它仍是一根非常合格的信号线。即便这根蜡烛线如此短小，但它期间完成的交易笔数和其他任何一根蜡烛线内完成的交易笔数是一样的（当然，成交量不必要相同，交易笔数蜡烛线并不考虑换手合约的数量，它们只表示发生交易的次数）。蜡烛线中的价格几乎停止波动，也并不影响其成为一根合格的信号蜡烛线。另一方面，至少在这根蜡烛线期间，多空双方几乎达成一致意见。当这种情况出现在潜在的回撤末端时，警觉的超短线交易者就要做好入场交易的准备。只要市场在 20 期 EMA 区域停止回撤，那么一旦价格开始再次朝相反的方向波动，尤其是当这个回撤是与一波非常强劲的趋势对抗时，逆势交易者就会非常迅速地逃离市场。一旦信号蜡烛线被突破，超短线交易者就应该抓住这些逆势交易者回补仓位的时机，以最快的速度递出顺势交易订单。如果一切顺利，那么仅仅几秒

钟时间，新的顺势交易者就会集结并冲进市场，这将对超短线交易者的交易非常有利。

注意：为了绘制一根只有 1 个点的信号蜡烛线，我实际上对走势图做了一些调整，我将 70 笔交易走势图改成了 69 笔交易走势图。这也是为了更好地帮助读者朋友们学习。将这幅走势图与前言里的图 P.1 进行比较。除了交易笔数设置上有小小的差别，它们基本上是一样的。正如你看到的，在交易笔数上仅仅做出 1 个点的调整，也改变了大部分蜡烛线的呈现方式。不过两幅走势图都是可以交易的。

上述情况为我们引出了一个关于适当交易管理的技术问题。这涉及止损位的设置。虽然我们将在后面章节进行更深入的探讨，但是这幅走势图有个特殊情况，我们现在可以先提一下。在普通的 FB 结构形态中，止损应该设置在低于或高于信号蜡烛线另一端 1 个点的位置。但是，有些时候止损最好设稍微远一点，以便给交易一点回旋的余地。当信号蜡烛线极度短小，就像这幅走势图中的信号蜡烛线一样时，或许就可以将止损设远一点。但是绝对不要随意做出这种选择。在计算最大的回旋空间时，通常要将阻力位或支撑位等关键技术点位考虑进去。在后面的"交易管理"部分中，我们将讨论更多细节。要注意本图中入场蜡烛线（图中箭头所示）的开盘价与信号蜡烛线的最高价是相等的。单独看这根蜡烛线，无法确定这次交易应该在价格跌穿信号蜡烛线并回升之前入场，还是在之后入场。但这都是事后分析时才会遇到的问题。

这里的 20 期 EMA 没有很好地支撑趋势，但是在此类交易中，这也不是什么问题。细想一下，看到价格穿越并收盘于 20 期 EMA 之下时，甚至还是好事。回撤的幅度越大，市场试探趋势更深处的概率就越低，这就会让我们的交易更安全和合理。另一方面，如果回撤的幅度大到趋势波动的 70% 或更多，那么尽管价位更低，但是场外观望者可能更加谨慎，这就可能导致交易失败。不管怎样，就选择有效交易来说，超短线交易者不应该区分回撤幅度是大还是不那么大，或者是安全还是不那么安全。结构是结构，交易是交易。而 20 期 EMA 就只是 20 期 EMA，它可能滞后一点，也可能更快一点。尽管如此，我们不能否认有些交易看起来就是比其他交易好很多。但是，只要结构满足了有效性的要求，就应该选择交易。毕竟，任何成功概率超过 50% 的结构，不管它的外表看起来多么可疑，都是可以交易的。这就是长期下来正期望值的特点。

注意：交易的成功概率超过 50% 并不一定意味着达到目标价格的概率超过 50%。因为一笔成功的交易是产生 10 点的利润，而一笔失败的交易只导致约 6 点的亏损，所以我们只需要约 40% 的交易实现盈利目标，长期下来，我们就是盈利的（虽然处于盈利的临界点）。在随机游戏中，比如掷骰子，虽然获胜的概率较小，但是每次获胜的利润较多，虽然失败的概率较大，但是每次失败的亏损较少，所以两者基本可以抵消。最终，两者从统计上说是盈亏平衡的。但是，交易市场并不是这样。如果我们真的拥有某种"优势"，那么只选择那些成功概率较高的市场状况，将使幸运的天平倾向我们。这是一个重大优势。事实上，这甚至允许我们承受较高的点差并且仍然能够盈利。声称在市场上拥有某种"优势"只是一个大胆的假设，并且常常会遭到耻笑。但是那些经过严格和正确训练的交易者会找到这个"优势"的。寻找它的最佳地方就在其他采用同样方式训练的交易者的局限处。

图 8.7

图 8.7 右下方的回撤是否是一次有效回撤，这个问题的答案应该不会存在任何争议。回撤期间几乎全是白体蜡烛线，并且没有一根蜡烛线打破前一根蜡烛线的最低点，直到回撤顶部的最后一根蜡烛线出现（1）。需要讨论的是回撤前的这波趋势的起点。如果我们认为这波趋势开始于 14：00 左右形成的走势图的顶部，那么这次接近完美的回撤就不能算是这波趋势的首次回撤。但是，我们如何能够放弃这个这么完美的回撤呢？尽管它向上突破了 20 期 EMA，但这不过是在乞求交易者在它首次突破时做空它。的确，允许交易者自由改变原有交易计划是一个比较棘手的问题。但是有时让逻辑战胜刻板，也是比较明智的做法。随着时间流逝和经验不断积累，这种选择会变成第二天性。但是也不能经常如此，也绝不能作为过早入场的理由。至于本图中所示的情况，假设这种回撤在一年的交易中出现 50 次，并且交易者在每一个回撤的首次突破时都入场交易了，那么总体而言这些交易很可能是盈利的。这就是交易中正期望值的含义。这也是交易者不能随意挑选自认为有效的交易的原因。交易者必须接受每一次交易机会。

第 9 章　二次突破

前面的 DD 结构和 FB 结构都是非常简单的独立反转形态，而二次突破结构是另一个回撤进入 20 期 EMA 区域后出现的反转形态。但是这一次，需要多一点的价格行为来确定精确的入场点。它是一个可以被视作在相对快速的市场上两个 FB 结构接连出现的结构形态。

在前面章节已经讲过，可靠的 FB 结构交易很少出现。建议等待一些特殊情况出现再采用这个结构交易。这也可以演绎为在普通市场状况下，首次突破结构（FB）是较次的选择。如果从长远来看，无法通过一个结构形态获得可观的利润，那么唯一正确的做法就是放弃这个结构形态。

好消息就是放弃首次突破（FB）并不意味着趋势方向上的交易机会完全失去。反过来，首次突破即便真的失败了，它实际上也可以在一个更好的交易结构中扮演重要角色，也就是我们即将讲到的二次突破。如果走势图上形成了一个有效的二次突破结构（SB），超短线交易者就有了一次抓住趋势恢复的极好机会。

让我们来看看 SB 结构的理想构造是怎样的。由于它是回撤交易，所以我们首先需要看到有一波趋势已经发动。这波趋势也不一定非得是一波干脆利落的趋势，但是我们需要整体市场力量指向趋势的方向。回撤应该是非常有序的，并且最好是斜线向上或向下。无论如何，这种交易不应该需要冲破很多阻力才能达到目标价位。可以说，对 SB 结构有利的市场状况非常类似于前面讨论的 DD 结构的市场状况。就像大部分顺势交易一样，不管走势图中的趋势多么诱人，最终决定是否介入市场的还是回撤的形态。

细想一下，其实顺势交易者和逆势交易者之间存在着奇怪的共生关系，因为任何一方的交易都离不开另一方的参与。由于趋势很快继续而不是反转，所以很难说出到底哪一方在这个"脆弱的合作"中失去更多。这倒不是说逆势交易要持续盈利只是痴心妄想。只要具有敏锐的技术洞察力和精准的择时能力，聪明的逆势超短线交易者也可以交易得顺风顺水，即使是面对一波最强劲的趋势也不例外。但是，有个诀窍就是不要在市场上逗留太久，也就是说要在利润和安全之间取得微妙平衡。幸运的是，对抗逆势交易者并不是我们的任务。甚至我们还要感谢他们将价格带到对我们更有利的位置。我们的战术目标是巧妙地利用那些经验不足的交易者的窘境获利。这些交易者对于自己正在做什么，以及谁会发现他们反复被困于错误的市场方向上，一点概念都没有。

让我们来看一个假设的小案例，看看在一波下跌趋势中如何交易 SB 结构。在场外看到市场进入回撤后，在某一时刻，顺势交易者开始更激进地进入市场。很多交易者会试着在 20 期 EMA 附近选择某个点建立新的空头头寸。这股重新燃起的顺势交易热情会对回撤施压，迫使大量逆势交易者快速逃离市场。于是，价格开始停止上涨并慢慢反转回到趋势的方向上。如果顺势交易者足够强势，导致价格冲破了信号蜡烛线的最低点，那么首次突破就已确立。就像之前说过的那样，按照我们的交易方法，在正常市场环境下，出现这次突破我们还不会采取行动。尽管如此，市场已经发出逆势交易一方的力量可能已经接近耗竭的信号。当然了，不是所有市场参与者都会注意到这个信号或者对其深信不疑。事实上，场外的逆势交易者还可能将这个顺势波动视作一次可以为其逆势交易提供更好入场位的机会。如果真的如此，这些逆势交易者就会再次对市场施加反向力量，于是，价格可能再次回到 20 期 EMA 附近。

从我们场外观望者的角度看，事情现在变得非常有趣了。这个时候，我们希望看到市场爆发第 2 次试图压下这次回撤的顺势交易行动，并且最好是一次更为迅猛的行动。但是聪明的超短线交易者是不会亲自去干这种苦差事的。我们会继续留在场外，看市场会如何发展。不过，我们也应当保持高度警惕，随时准备"一键式"下单。毕竟市场整体趋势仍然是向下的，市场随时可能提供一次顺势交易的好机会，把那些捣乱的逆势交易者踢出市场。这第 2 波顺势进攻很可能达成目的。如果真的达成目的，我们的任务就是尽快加入得势的一方，说难听点就是看风使舵。在第 2 根信号蜡烛线在趋势的方向上被突破时，我们就进入市场做空，并希望可以享受一次"搭顺风车"的美妙感觉。

所以，为什么不在首次突破时进场交易呢？毕竟，如果市场趋势此时启动，我们就已经"上车"了。即便趋势没有恢复，至少在之后可能出现 SB 结构时我们也占据了很好的入场位。

这是一个非常合理的问题，但是由于我们还没有接触这种交易的各种出场技术，所以要获得满意的答案还有一定的难度。就目前来说，可以解释为首次突破失败常常被视为趋势反转的信号，这将为回撤注入新的动力，激励逆势交易者再次与趋势抗衡。尽管这第 2 次冲锋也很有可能失败，但是在失败之前很可能已经触及我们的止损，也就是说这次 FB 交易必须以小额亏损出场以保护我们的账户。请记住，10 点的最大止损只是最坏的情况。这意味着我们的平均止损要小于这个幅度。预期之后有更好的交易结构出现，为了避免过早被止损出场，我们最好是放弃这个 FB 结构。当然，这个方法也有可能遇到价格一路向前不再回头的情况，这也算是这个方法的一个缺点。

现在，先简要重述一下截至目前我们在这个假设的空头交易中获得的信息，然后再做进一步的探讨。首先，有一波强劲的下跌趋势；其次，价格小幅上扬（回撤到 20 期 EMA 区域），接着再轻微下跌（FB 结构出现），之后再度上扬（回撤的第 2 次冲锋，攻取顺势交易者刚刚占领的阵地）。

阻断了首次顺势进攻，逆势交易者现在面临突破之前回撤最高点的关键任务。那将是具有重大意义的技术事件。前提是超过那个最高点，哪怕只有 1 个点，也会使大量顺势交易者开始失去信心。毫无疑问，顺势交易者的浮动利润已经在回撤期间回吐了大部分，当达到某一时刻时，他们不得不采取措施保护剩下的利润。如果恐惧到一定程度，他们可能在之前的最高点被突破时平仓出场，而他们在这样做时自动变成了逆势交易者。因为交易者只有通过反向订单才能了结原有头寸，这是游戏的规则。在这些顺势交易者平仓出场保护自身时，发现了对手窘境的新逆势交易者会快速入场建立逆势交易头寸，进一步挑战趋势。这个绝妙的计划可能是即兴的，但有一丁点疏忽也有可能导致这个与趋势对抗的计划失败。

因此，尽管这波逆势波动还在持续，但是可以肯定大部分顺势交易者不会这么容易就被吓退。他们知道趋势在他们这一边，并且回撤前的趋势越强劲，他们就越会将回撤看作一次可以在更高的价位做空市场的好机会。如果的确如此，那么逆势交易者将在同样的价格区域遭受第 2 次打击。如果逆势交易者在两次扭转趋势的尝试中耗尽了力量，并且现在缺乏第 3 次进攻的勇气或者资金，那么到某一时刻，走势图上将绘制一根跌破前一根蜡烛线最低点的看跌蜡烛线。而这就是场外观望的超短线交易者等待的二次突破结构（SB）。只要他的电脑屏幕上出现这种突破，他就会立即进场做空。

有一点希望大家明白——聪明的超短线交易者是不会不顾一切地先冲进市场的，因为他要等待逆势进攻出现失败的迹象。他会耐心地等待他的顺势交易同伴们先冲进市场打前阵。

带着一点想象力，交易者可以在下跌趋势后反弹的顶端，并且通常是 20 期 EMA 区域（阻力位）看到一个"M"形态。如果是上升趋势，回撤是下跌的，那么在回撤的底部，同时也是 20 期 EMA 区域（支撑位）看到一个"W"形态。这两个都是非常可靠的趋势继续信号。技术面交易者可能会认出这两个分别是常见的双顶和双底反转形态。在这里，它们虽然被称为反转形态，但是它们反转的是回撤，而不是趋势。

由于 SB 结构是由两个以自己方式出现的独立突破形态构成的，所以它的构造是多种多样的。最大变化是首次突破和二次突破之间的蜡烛线数量。在与上述类似的案例中，第 2 次突破出现的时间与第 1 次突破相隔不是太远，通常在第 1 到第 4 根蜡烛线之间。因此，两次突破靠得更近，整个形态看起来更加紧凑，交易者也更容易识别（明显的"M"或"W"形态）。但是，首次突破和二次突破之间的蜡烛线数量经常会超过这个数量，导致整个形态看起来更瘦长，呈波浪状。尽管如此，这也绝对不会影响这个形态的高胜率性质。还是同样的力量和原理在发挥作用，只不过是让市场多付出一些努力来传达信息而已。

现在，让我们看看SB结构在真实走势图上是如何呈现的吧。没有必要记住任何特殊的蜡烛线序列，因为市场会呈现无穷无尽的SB结构样式。如果理解了这个结构背后的原理，就可以在市场上快速将其识别出来。它的概念很容易掌握——逆势交易者尝试了两次，并且两次都失败，然后士气低落或者惊慌失措地放弃逆势计划，逃离市场。

顺势交易者入场的同时逆势交易者出场，导致逆势交易的兴趣临时中断。但是，千万不要仅仅因为我们害怕在刚好是趋势的转折点入场而放弃原本极好的交易机会。只要市场处于单边市，并且前方没有明显的阻力位或支撑位，我们就可以将每一次有序的回撤看作暂时性事件，然后在每一个可能的折返点利用这种结构获利。一旦我们因为市场已经波动太远而开始否定自己的交易，我们就加入了妄想症人群——活在认为自己可以预测未来的幻想世界中。要放弃一次有效交易，基本上只有两种理由：前方有重大阻力或者不利的市场条件。除此之外，在其他任何情况下，交易者都应该遵守策略规则。可以说，市场上没有什么交易的成功概率可以比回撤后的顺势交易更高。

图9.1中有一个经典的SB结构，这个结构的两次突破之间只有1根蜡烛线。从技术分析的角度看，完全可以把首次突破（1）看作一个普通的FB结构并入场交易。毕竟，市场之前突破了位于1.3315区域的重大支撑位，进入了下跌趋势。但是，在必要的形态和交易热情方面，这个趋势和两根蜡烛线的回撤都有所欠缺，所以不允许进场冒险。不过，有时候这种选择更多是取决于个人喜好，而不是技术分析的结果。我所青睐的FB结构应该出现在一波至少40%的强势回撤的末端，这一时期的市场波动较为剧烈。如果市场状况达不到这种要求，我就会将赌注放在二次突破结构（SB）上。然而，在实际交易中，市场会出现很多可左可右的临界情况。激进的超短线交易者会以交易完美结构时同样的热情交易这种临界结构，而较保守的超短线交易者则会等待更好的结构出现。这需要交易数百次才能判断到底哪种交易风格更赚钱。说不定，最终这个差别可以忽略不计。但是，从心理学的角度看，能够坚持一个策略可能比这个策略本身更有意义。至少，坚持一个策略会带来平静与和谐，并赶走怀疑和悔恨。

第 9 章 二次突破

图 9.1

观察上面这幅走势图,你可能会明白为什么一定要追踪 20 期 EMA 区域的蜡烛线,特别是 FB 结构形成之后。市场在首次突破之后,只花了两根蜡烛线时间,就绘制了二次突破结构(2),再次阻断了逆势交易者的进攻。常言道,趋势是我们的朋友,但它也不会真的与我们约会。所以,作为超短线交易者,我们必须坚定而自信,随时准备抓住出现的任何机会。

顺便问一下,你有没有注意到有个"M"形态在 20 期 EMA 区域展开?之前已经讲过,我们也可以将下跌趋势中的 SB 结构看作是趋势回撤末端的双顶形态。任何技术交易者都承认,单一的价格顶部传递的信息准确度远不及双顶或者三顶价格形态。因此,SB 结构要优于 FB 结构。

图 9.2 中的走势一眼看去比较凌乱,但是如果追踪市场中各方力量,它实际上是一幅相当好的技术分析走势图。这里不需要进一步解释为什么放弃 FB 结构(第 1 个箭头所指)是合理的选择。在这个时候,市场可能已经显露出了上涨偏好(绘制的低点越来越高),但是,交易者此时入场还太早了。

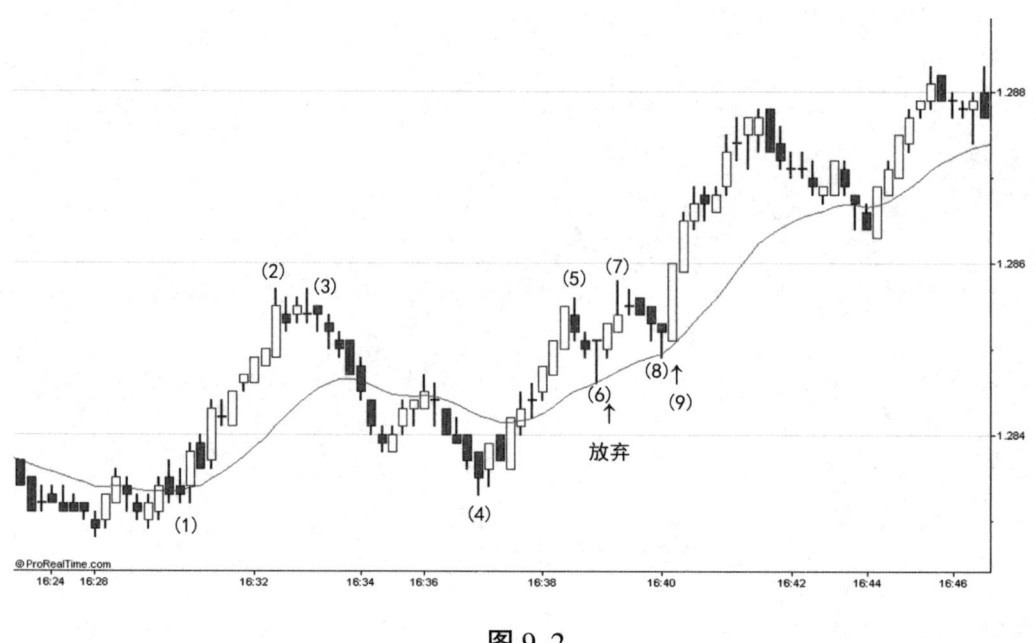

图 9.2

如果你仔细看看纵轴上的价格刻度，你可以看到 1.2850 的整数位在这张走势图中扮演了重要角色。当这个价位第一次被突破时（2），很多逆势交易者一定会感到非常兴奋，因为这种关键价位被单一方向上过度热切的波动打破，对他们来说是好事。市场如果要突破，更好的办法是逐步突破，而不是这种直接的突破。

在价格大幅高涨之后，一旦停止上涨并回落（3），聪明的逆势交易者就会立即冲进市场。在这幅走势图中，他们设法将多头压了下来。价格一路下跌，直到在走势图上找到了支撑（4 测试 1）。这次努力几乎将价格拉回到上涨的起点。但是，多头并没有犹豫多少时间就再次去碰运气。在上推价格的过程中，他们没有遇到太多阻力，再一次快速将价格推回到之前的整数位区域（5）。这一次仅低于之前的最高点 1 个点，逆势交易者又展开新一轮的进攻，再次将价格压下来，但是，这一次的热情比起前次有所降低。这次回撤在 20 期 EMA 区域就停止了（6）。

当 FB 结构的信号蜡烛线被向上突破时，整数位也被突破，并且价格现在甚至超过了前期的最高点大约 1 个点（7）。之后，价格再次下跌。

场外观望的超短线交易者之所以必须保持高度警惕，其意义就在这里。这里只有一个紧迫的问题需要由市场来回答，并且可能不需要太长时间就可以给出答案。这个整数位将会成为阻力位吗，还是会屈服于多头上攻的力量？在短短几分钟之内，多头已经发动3次进攻，并且3次都被阻断。此刻，正处于胜负即将揭晓的边缘。要么多头会放弃他们的努力，要么空头屈服于上涨的压力。

价格第2次触及20期EMA时（8），绘制的是一根黑体蜡烛线，但也仍然没有指出究竟哪一方在市场上占据优势。价格可能再次上扬，也可能完全横盘震荡，或者像一块石头那样落下并不再回头。尽管如此，在这种情况下，最明智的做法还是提前将鼠标放在"买入"键上，等待价格向上突破。不是因为习惯这样，而是因为向上突破要求行动迅速，一旦第2根信号蜡烛线被向上突破（9），就立即进场做多。而反过来，即便空头胜利，要形成一个可交易的空头结构，可能还需要一段时间。

让我们更仔细地看看这个SB结构。可以肯定在这一时刻，超短线交易者并不是唯一准备交易这次突破的人。不管是大玩家还是小散户，也不管是采用何种时间框架，所有类型的交易者此时都端坐着，或恐惧或期待市场爆发。虽然整数位被突破算不得什么大事，但是这幅走势图显示在这个价格水平进行着激烈的战斗。不难想象有大量止损单布设其上（空头设置的）。如果这个价位被突破，就可能成为价格大幅上涨的开始。当机会出现时，那些大玩家很愿意推动价格触及这些止损订单。他们利用其他交易者的不理性，多次试探这些阻力区域，只是想知道这些空头会如何应对小麻烦或更猛烈的进攻。但是，请记住，那些大玩家们也无法随意驾驭市场。认为他们只与较小的参与者对抗是不正确的。在他们交易的路上，也一定会遇到其他很多大玩家。其中每一个大玩家都拥有超强的技术洞察力，并且肯定还有一大群支持者加入。他们联合起来，拥有改变市场方向的能力，并且每一方也不会对在极短的时间内改变自己的策略感到羞愧。对于小型超短线交易者来说，诀窍当然就是不要在这群大象跳舞时混进去然后被踩死，聪明的做法是骑到它们的背上。

注意：在事后看来，一切都是简单的。走势图（就像上面那幅）会在20期EMA区域呈现看起来非常完美的看涨十字星（6和8蜡烛线），作为潜在突破的信号蜡烛线。但是试着想象在真实市场中，在这些蜡烛线触及均线的那一刻，它们实际上是看跌的。所以，在解读蜡烛线时，不要被第一印象欺骗了，要保持警觉，当只剩下几个点的空间时，还要预期到有可能出现一根完全改变这个预期的蜡烛线。另外，在真实市场中，强烈看涨或看跌的蜡烛线要触及20期EMA区域（没有穿越），可能要直到这根线的最后一笔交易完成时（收盘），才会触及均线。毕竟，指数移动平均线赋予了最近的价格更高的权重，所以，也就能解释为什么当前蜡烛线波动非常强劲并且收盘于最高点或最低点时，这条均线会突然飙升或急跌。在通过一根信号蜡烛线选择入场时机时，不要忘记这一点。虽然我们实际上并不需要在这根信号蜡烛线的外形上找到明显的确认信息（我们交易的是突破，不是蜡烛线），但是在信号蜡烛线上看到一些特殊性，也是非常好的。

让我们拿图9.2这个SB结构与图9.1中的SB结构做个比较吧。除了第1幅走势图是看跌的，第2幅走势图是看涨的这个区别之外，这两个形态就真的不一样吗？从外表看来，的确如此。但是从技术分析上说，是同样的力量在发挥作用。先是一波趋势（或者说强劲的波动），接着回撤，然后趋势继续并失败，又再次回撤，最后趋势再继续。看跌走势图上显示的是"M"形态，而看涨走势图上显示的是"W"形态。不管怎样，两幅走势图中对第2次突破的反应都是剧烈的。

图9.3走势图上走出一波非常明显的趋势，真的是一个非常有利的技术条件。70笔交易走势图可能是绘制蜡烛线较快的一种走势图，可以服务于超短线交易者的短期交易策略。它并没有与稍慢一些的交易笔数走势图或时间框架走势图完全脱节。也就是说，我们走势图上显示的一波非常强劲的趋势，也很可能被其他很多市场参与者利用。可能一直到交易10分钟图的交易者，看到的走势图都差不多。趋势越明确，要与趋势对抗就越难。虽然逆势交易者在对抗趋势的尝试中非常坚定和勇敢——有时也会非常成功，但他们应该尽早明确区分何时应该冒险，何时不应该冒险。那些试图阻挡一波非常明确的趋势的交易者，

只会发现自己是在以卵击石。有太多的顺势交易者希望能从趋势中分一杯羹，他们会张开双臂欢迎任何无谓的逆势交易尝试。

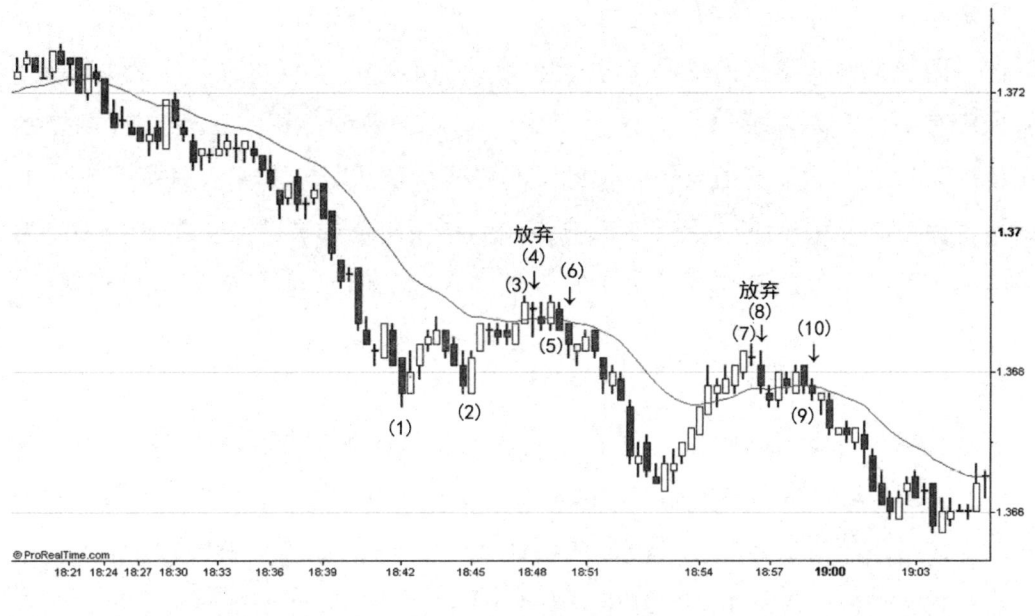

图 9.3

走势图 9.3 中的第 1 个 SB 结构形态中有一个 FB 结构理所当然被放弃了（4）。因为它之前的回撤并不是一次合格的单一方向逆势波动，同时也不是这波趋势的首次回撤。所以，此时最好是等待，看市场接下来如何发展。

仔细观察，我们可以看到首次突破的那根信号蜡烛线，实际上也突破了一系列高点（3）。加上几分钟之前小小的双底形态（1-2），从逆势交易者的角度看，这一定是希望的征兆。它一定会激励很多顺势交易者开始了结获利的头寸，以免利润全部回吐。但是，市场并没有改变趋势恢复的脚步。

在寻找顺势交易结构，并且之后出现了这样的结构时，交易新手仍然会犯一个非常常见的错误，并且在价格逼近时被吓住。在要进场交易的那一刻，会出现一些错误的感觉。战胜它们，继续交易（6）。

从某种程度上说，交易者在金融交易这个行业中变得有一点偏执，也是可以理解的。这个市场上的每一个波动都以捕获、践踏、引诱和背叛市场上的同伴为中心。但是，让我们面对它吧，这就是这个市场的本来面目，交易者最好尽快接受这个行业的这种性质。如果可以起到一点安慰作用的话，那我可以告诉你，即使是经验丰富的交易老手也有栽跟头的时候。日复一日，皆是如此。从来没有一个交易者可以控制这个市场。但是交易者也一定不要被市场控制住。换句话说，你不要随意预测你的交易结构何时失效。如果它是一个有效的结构，你就必须采纳它。在后面章节，我们将探讨一个有效的交易结构如何因为当前市场条件不利于交易而失去有效性的情况。但就现在而言，这个问题并不重要。

第 2 个 SB 结构就很完美，算得上是模范结构。首先，在首次突破（8）前是一次强势的单一方向的回撤，不过在这个时候，这个 FB 结构理应放弃。看看那些白体蜡烛线，其中没有一根黑体蜡烛线。这意味着每一根蜡烛线的收盘价都高于其开盘价，这是市场看涨情绪强烈的体现。这样的波动会不会吓得交易者放弃了在潜在的二次突破做空的念头？在这幅走势图中，不需要害怕。像这样的波动，它与强劲的趋势方向相反，是很容易耗竭力量的。这就好像爬山不喘一口气一样。下山的时候不喘一口气还相对容易些，所以，可以将这种趋势原则当做一个可靠的原则。

在回撤顶部的小小十字星是首次突破的信号蜡烛线（7）。超短线交易者完全可以放弃这个 FB 结构（8），但是必须留意 20 期 EMA 区域的价格行为。现在，市场正处于关键点。接下来的蜡烛线能够保持在均线之上吗，或者价格会继续下跌吗？后者的概率要大得多。首先，趋势是以下跌开始的。其次，这次回撤是奔着 20 分钟前回撤的技术阻力位而去的，无疑有大量交易者想要在那里做空。请记住这个回撤是如何想测试前期的突破价位，然后又折返的。这次回撤测试了第 1 个 SB 结构被突破的价位（7 测试 5）。再次，在强劲的下跌趋势中，新的高点和新的低点都可能被空头当做很好的入场点位。新的高点是因为提供了更好地做空价格，新的低点是因为在趋势的方向上发生了突破。看看当第 2 根信号蜡烛线的最低点被跌穿并且 SB 结构形成时（10），发生了什么——市场像一块石头一样落下，就像它10分钟前那样。

感激形态重复出现的交易者应该再仔细看看两个SB结构，特别是两个二次突破前那3根蜡烛线的价格行为（5和9上面的蜡烛线）。尽管只有几分钟，但是两个情况提供了极好的例子——交易者之间的心理战是如何体现在几根关键的蜡烛线上的。我们可以看到有一个十字星，一根看涨蜡烛线和一根看跌蜡烛线。或者我们也可以将这3根蜡烛线解读为：逆势交易者怀疑，逆势交易者希望和逆势交易者恐惧。我们只需要看接下来的价格行为，就可以知道当恐惧恶变成恐慌时会发生什么。

看了目前为止的所有结构形态，你脑中的印象可能是在大部分成功的交易中，价格只要发生突破，就开始单一方向地冲向目标价格。这是一个多么美妙的世界啊。但是在我们长期的交易中并不是这样的，或许会让人感到沮丧。理解这个道理是一回事，接受它又是另外一回事了。在入场后保持冷静，不急着提前结束原本还有效的交易（虽然可能遭遇了轻微的亏损），是专业交易者和业余交易者的区别。现在，读者朋友们可能急切地想学习超短线交易的特定出场技术，但是最好还是先学习完所有的结构再说，不要超前学习后面的课程。就现在而言，可以说只要价格在目标价格的方向上波动，大部分未平仓交易都是有效的。即便没有在目标价格的方向上波动，只要它们没有超过特定的高点或低点，特别是结构形态的最高点或最低点，也是有效的。这是一条黄金法则。

请看图9.4。现在不考虑策略规则和出场技术，让我们来探讨一种假设的情况，假设交易者在图9.4中的首次突破后进场交易（2）。之后，就会出现到底是继续按兵不动仍然相信这次交易，还是出场以阻止进一步亏损的决策窘境。从技术上说，这个交易者顺着趋势做多是正确的做法。如果他的策略允许他交易任何合格回撤的首次突破，那么也不会有什么大碍。尽管如此，他的这笔交易在价格进入回撤的底部时（3）也会遭遇6到7个点的亏损，并且还无法确定那是否是痛苦的终结。该怎么办呢？

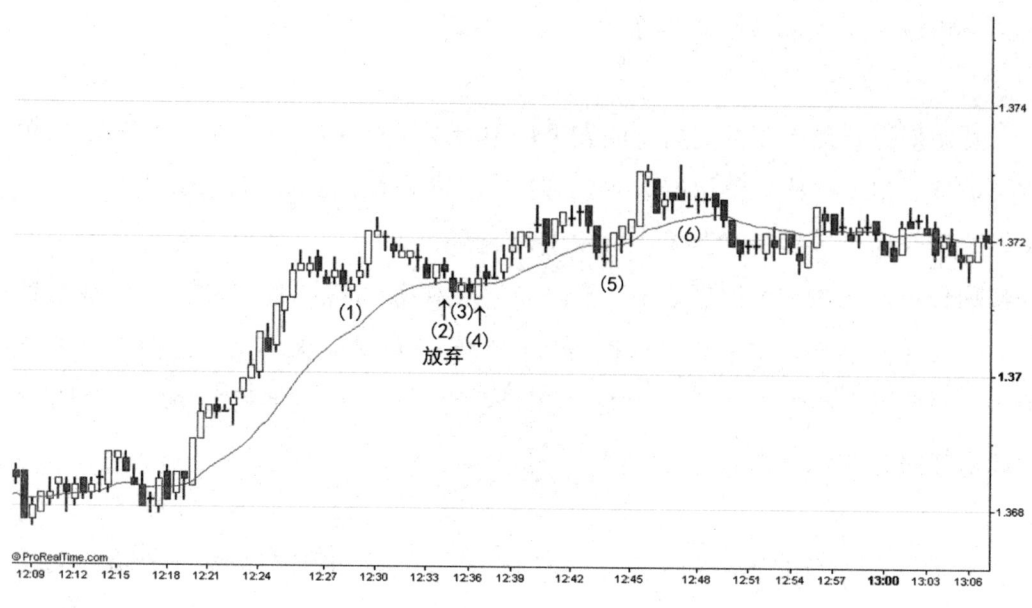

图 9.4

其实，这个交易者到底作何选择并不关键。关键的是认识到陷入这种困境并不是"抢跑"的交易者的"特权"。不管涉及什么结构形态或者采用什么策略，几乎可以在任何时段出现这样的情况。

交易者在选择入场价时，往往会犹豫不决。但是，从技术角度来说，市场在趋势方向上展开另一次波动前，通常会表现出犹豫的情绪。例如，我们看着正在讨论的图 9.4，并假设我们已在首次突破后入场建仓，然后遭遇如此多的亏损，这很难说会是一次成功的交易。另一方面，市场会完全无视交易者的期望和恐惧。它在这里做的只是它在行动之前都会做的事情，从技术分析角度来说，就是测试之前的支撑位或阻力位。在这里，它要测试的是约 7 分钟前第 1 次小幅度回撤的最低点（3 测试 1）。

交易者可能极不情愿但又不得不陷入与市场的情绪斗争中——市场导致他遭遇亏损，但最终市场掉转头并展开交易者预期的波动。不幸的是，这是常见并且痛苦的经历，对那些警觉不够，无法识别出这种陷阱然后立即再度进场（4）的交易者来说，更是如此。

毕竟，由于刚遭遇了小额亏损而不能立即再度进场，只是恐惧情绪蔓延的表现。显然，最近的亏损已经对决策制定过程产生负面影响——至少这个影响长到让交易者错过下一笔交易，此时的交易者不再是以概率思维进行交易。任由情绪随着交易的结果起起伏伏，迟早会打爆账户。不管交易者是在亏损之后完全傻住，还是为了证明自己而过早再度入场，这两种情况都很常见。此时，交易者的决定不再基于技术上的优势，而只是在起伏的情绪中站稳脚。不用说，情况只会越来越糟糕。

但是让我们也来看一个心理上常见的"结"——即使是较稳定的超短线交易者也逃不开的"结"。假设一个超短线交易者看到他的止损单被触及，亏损6个点出场，但是由于足够警觉，他能够立即再度入场，最终获得10点利润。但是这个交易者仍然因为刚刚被困被骗甚至还遭受亏损而对市场感到不满，即便这个市场刚刚才让他净赚了4个点的利润。为什么会这样呢？很可能是因为很多经验丰富的交易者持有一种想法——必须证明自己的每一笔交易都是正确的，证明自己持有的每一个头寸所承担的风险都是合理的。他们也不是按概率思维来交易。他们可能依靠熟练的技术生存下来，但是他们在心理方面还是一团糟。想象一下，如果市场既不提供第1次交易机会，也不提供第2次交易机会，那么也没有交易者会入场建仓。我们的交易者很可能对市场持有满意、冷静和开放的态度。但是现在，他获得了4点利润却感觉不满觉得自己亏了！他会这样想，也是合乎常理的。因为毕竟他选对了市场方向，他觉得市场欠他10点利润，而他只得到了很少的4点利润。

真的，一旦交易者完全接受交易的风险、亏损以及市场带来的任何结果，那么所有这些痛苦——内心的斗争、想要证明自己的强烈欲望及被市场否定的愤怒——都将烟消云散。换句话说，交易者要开始运用概率思维。这是实现轻松交易，并且最终获得持续不断的利润的唯一途径。任何单独的一笔交易亏损，即使一连串交易亏损，也不应该破坏交易者对自身能力或者交易方法的信心。只要交易策略不是被证明失败的交易策略——在较长一段时间内分析成百上千次交易来进行评估，交易者就应该只管交易他的结构，剩下的就交给概率。计算每一笔交易的得失是没有什么意义的，应该在交易时段结束后或者以周为单位来计算交易盈亏。交易时段内的时间都是属于交易的时间，应该专心做交易。

让我们回到走势图上。虽然不是每一次首次突破交易都会像这次一样踟蹰犹豫，但是这个例子也告诉了我们交易这种 FB 结构是多么危险。同时，也向我们展示了回撤的二次突破结构是如何受到场外等待的顺势交易者的青睐（4）。在这幅走势图中，SB 结构的信号蜡烛线（两个具有相同最高点的十字星）也可以作为 DD 结构的信号蜡烛线（3）。

注意：如果错过了 SB 交易的入场机会（在突破两个十字星的那根蜡烛线上），也不一定意味着完全失去机会。市场很可能为交易者提供第 2 次入场的机会，并且通常是在突破后的几根蜡烛线之内。毕竟，价格有再次造访（测试）它们刚刚突破的价位的强烈倾向。如果这种现象真的出现，交易者就可以不需要付出额外成本而挽回错过的交易机会。不过，这可能要根据具体的情况来判断是否应该放弃这种机会。这更多的是看蜡烛线，而不是价格本身。通常情况下可以肯定，在平静的市场上，错过的入场机会仍然可以在接下来的几根蜡烛线内再度找回。运气好的话，还可以获得更优的价格。但是，这永远不应该成为故意放过入场机会的理由！毫无疑问，每天都会有成千上万次极好的交易机会因为交易者想要等待更优的入场价而被错过，但是这种机会根本不再出现。

从严格的意义上说，如果你仔细观察，还会在差不多 12 分钟之后发现另一个 SB 结构（位于 5 的 FB 结构和位于 6 的 SB 结构），但是不难看出这次的市场状况不如此前。为什么呢？让我来解释一下——比如在上升趋势中，首次回撤的最低点可以视作一个之后将被测试的关键价位（"W"形态的第 1 个最低点）。如果这个价位被测试并且守住了（形成"W"形态的第 2 个最低点），那么这波趋势就被认为很强劲，价格会不负众望地奔向价格目标。作为一个如此高胜率的交易结构，二次突破结构的原理是基于一个前提——价格测试了这个回撤的最低点，即使没有刚好到达那一个点。现在，必须在高于第 1 个入场价（5）约 7 个点的地方入场交易二次突破结构（6），并且没有看到价格测试前一个最低点以及 20 期 EMA，那这就不能算是一次高胜率交易。

不可否认，这幅走势图中合格 SB 结构与不合格 SB 结构之间的区别比较大。但是，在很多情况下，选择交易和放弃交易之间只有一线之隔。这可能会让交易者经受一些考验。最终，交易者只能基于他当前技术的熟练程度来应对市场波动，以及怀抱在市场上每天都能成长的希望。

注意：在事后分析有疑点的情况时，一定要怀着开放的态度。这样，交易者才能坚持学习并且从过去发生的事件中获益最多。例如，原本放弃的交易最后却可以成功，采纳的交易最后却失败了，这可能会让你扼腕叹息，但这都是概率游戏的正常结果，不应该成为你下次改变交易方式的理由。

图9.5虽然从技术上说图中的两个结构并不完全相同，但是它们在价格行为上非常类似，不过它们之间仍然有一些微妙的区别，指出来一定非常有趣。在第1个结构中，在逆势交易者再度将价格推高到20期EMA区域（4）之前，被放弃的FB结构使趋势得到了短暂恢复（3）。但是，多头的第2次进攻并没有使价格突破前期的最高点（2）。很明显，也不能认为位于当前价格之下的1.40的整数位（作为支撑位），可以激励新的逆势交易者去完成他们的同伴已经开始的事情。这可能是力量疲弱的信号。然而，交易市场上的事情绝不是这么简单的，在几根蜡烛线内就彻底改变预期的情况也不少见。

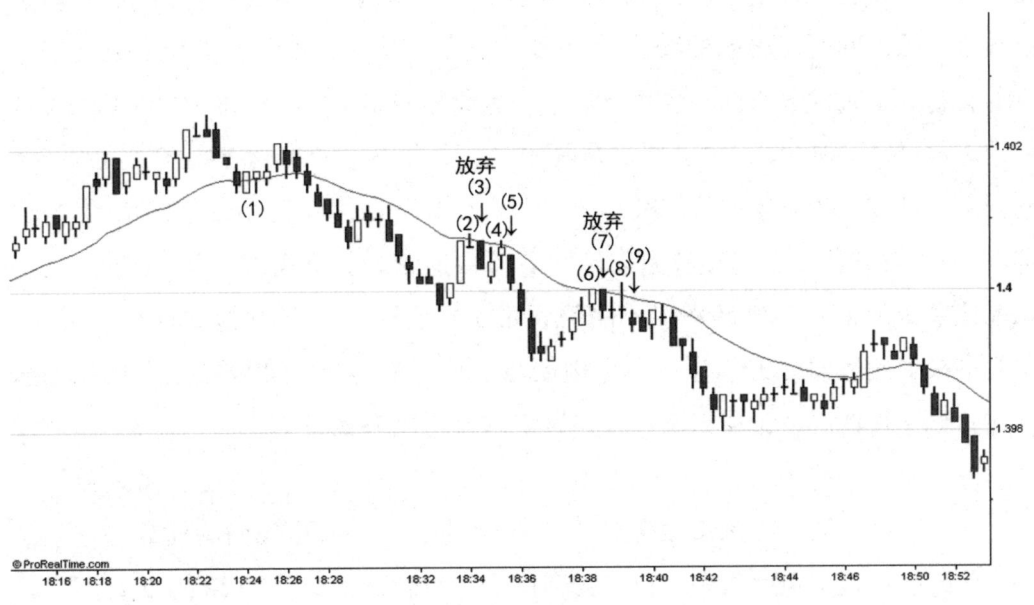

图9.5

然而，当多头无法集结足够的力量将价格推到更高的水平时，对多头来说，情况很快就会变得很糟糕。警觉的超短线交易者一定已经识别出了20期EMA下方形成的一个非常好的"M"形态，以及随后出现的范本式的SB结构入场机会(5)。在这种情况下，就没必要因为担心下方的整数支撑位（对于做空来说是一个阻力。注意，这里的阻力是广义的阻力，不只是阻力位）而延迟SB交易的入场。想先等整数位被跌破，以便得到多头疲软的确认信息，这种做法是极不推荐的。这样做，不仅获得的入场价更糟糕，而且这个整数位可以守住的想法仍然在诱惑着多头，这对空头来说就是一种危险，所以不能给多头这样的机会。因为这里的整数位更多的是指一个价格区域，而不是精确的价位。换句话说，对于超短线交易来说，最好是在整数位上方1个点，而不是下方1个点进场做空。

在技术交易者中，还没有什么观念比"支撑位跌穿后变阻力位，阻力位突破后变支撑位"更受到重视。这的确是一种在任何市场、任何时间框架上都会出现的奇妙现象。在图9.5中可以看到一个很棒的例子。我们可以看看当第2个结构的首次回撤从下方触及1.40的价格水平时（6），发生了什么。为什么还有超短线交易者想在价格首次测试前期被跌破的支撑位（现在变阻力位了）时进场买入，这个问题让聪明的交易者感到很困惑，因为这几乎是市场上成功率最低的交易。请站到多头的角度想象一下，想象你的多单刚好在位于20期EMA区域的1.40价位被执行。对于这笔交易来说，价格要怎么做才能让交易者获利？它们必须冲破左边聚集的蜡烛线形成的非常明显的阻力位（第1个结构的"M"形态）。不仅如此，它们冲破阻力位之后还要逆着趋势方向波动10个点。这些情况让多头的前景非常暗淡。不用说，聪明的空头会张开怀抱欢迎任何多头，因为多头如此愚蠢的勇气为他的结构创造了美好的前景。如果在某个价位做多的成功概率很低的话，那么反过来，做空的成功概率就高了。

当然，判断某一时刻市场上什么人在做什么，并不是我们的任务，这只是一个信息。从这个角度看来，我们看到价格在回撤后止步于20期EMA区域，这对我们来说就有趣了。如果两个小十字星形成，我们就有了一个很好DD结构。如果第1根蜡烛线跌破后，价格再度上涨，那么一个非常可靠的SB结构也就形成。我们更有理由集中注意力并保持警觉。

这个结构很好地展示了为什么要放弃大部分首次突破，转而等待潜在的二次突破。顺势交易者（空头）并没有对首次突破（7）做出反应。毫无疑问，有些逆势交易者会将其视为空头犹豫的信号。顺势交易者犹豫就等同于逆势交易者有了希望——如果价格能够上涨到 1.40 之上，突破之前尝试突破却未突破的最高点，可能会吓得一大帮顺势交易者狼狈平仓，触及一些止损单并且激励新的多头加入逆势进攻的阵营。

之所以花这么多精力在这 4 根蜡烛线的结构上，就是为了解释在可交易形态中可能排在首位的另一个技术事件——假突破——假突破的力量蓄积情况。

仔细看看那个之后成为二次突破（9）的信号蜡烛线的十字星（8）。在很短的时间内——至少在 70 笔交易的时间内，那根蜡烛线一定是白色实体的看涨蜡烛线，这条蜡烛线引领着逆势交易的队伍。但是在它刚把头伸到之前高点之上（同时也在整数位之上）的那一刻，顺势交易者无情地阻挡了逆势交易进攻，警告了场外的每一个潜在多头要么后退要么失败。看到一根如此强烈看涨的蜡烛线变成一个强烈看跌的十字星，这对那些仍然怀着逆势进攻想法的交易者是多么大的震慑！并且当那根蜡烛线也代表了一个非常经典的假突破时（它突破了之前蜡烛线 6 和 7 的最高点，但最后失败），这个震慑力就更强了。就定义来说，假突破诱骗交易者像真正的突破一样交易它，所以，这些不幸的交易者会最先尝到失败的滋味，他们必须立即采取措施结束交易。当然了，他们要结束交易，只能反向操作，于是，在这个过程中加速了假突破的形成。

是什么导致假突破比市场上其他陷阱或骗局更危险（从那些陷入陷阱或骗局的交易者的角度来说）？答案是假突破的外形。尤其当它试图突破趋势时。看法一致的交易者越多，逆势交易的成功概率就越高。当然，是在某种程度上。但是它们通常也足以让我们从市场上"刮走"另一个 10 点。

看看这两个 SB 结构，它们为我们明确指出了这个市场上阻力最少的路径。

当你可以交易它们的时候，为什么要弃之不顾呢？

注意：这幅走势图也很好地说明了为什么对市场方向有偏见会对超短线交易产生可怕的影响。在走势图的左边，第 1 个 SB 结构出现的 10 分钟之前，市场看起来要进入上升趋势（价格已经处于 20 期 EMA 之上）。我们无法通过这幅走势图判断 1.4020 的价格区域是否是前期的一个阻力，但是让我们暂时假设它不是。那么这幅走势图就为超短线交易者提供了一个位于 20 期 EMA 区域的范本式的 DD 结构（1）。很显然，这次交易的结果是失败的。聪明的多头会立即转为中立立场，接受亏损然后继续等待下一次交易机会。但是如果是一个有偏见的超短线交易者，在被止损出场之后，会对这次小小的失败感到不爽。他认为价格应该上涨，结果却是下跌到更低点，所以感到不满，并埋怨市场怎么会犯这种错误。其实，如果这个超短线交易者能够调整心态，及时从看涨转为中立再到看跌，就可以抓住几分钟之后出现的第一个 SB 结构交易机会。这才是我们要抓住的关键。

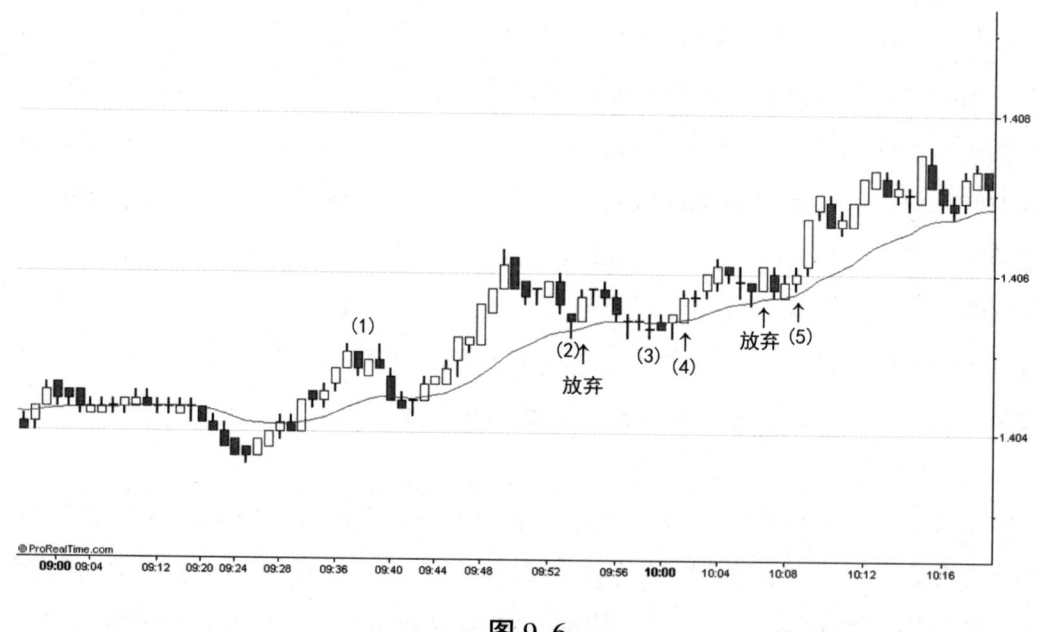

图 9.6

图 9.6 在这幅趋势波动较缓的走势图中，第 1 个 SB 结构的入场蜡烛线（4）突破了之前聚集的 5 个具有相同最高点的十字星。这几个十字星（3）的最低点

也很好地测试了首次突破前信号蜡烛线（2）的最低点，而这个最低点（2）也是对几分钟之前被突破的以"50"结尾的价格水平的测试（1，阻力位变成了支撑位）。

注意：测试某个价格水平不一定非要在相反的方向。在图9.6中，十字星的最低点（3）测试了首次突破前信号蜡烛线（2）的最低点，而信号蜡烛线的最低点（2）测试了前期的一个最高点（1）。

这时，敏锐的读者朋友一定已经注意到，这波趋势是按照有序的、阶梯式的方式从一个价格区域波动到下一个价格区域的。在这种技术动力学方面，我们的70笔交易走势图为我们提供了一个奇妙的视角。我们可以非常清楚地看到，这幅走势图精确地描绘了大部分价格水平被攻击、守卫、攻破、测试和废弃的方式。而且还不只如此。技术走势图分析专家还有机会数一数多次出现在这幅走势图中的很多常见的技术形态。这些技术形态有看涨旗形、看跌旗形、三角形、通道、双顶、三角旗形、头肩形态、杯柄形态和三重底形态——它们一直在不间断地出现。

在这个案例以及到目前为止展示的所有案例中，我们没有漏掉什么吗？为什么这些走势图上没有描绘趋势线或者形态边界？

这个问题的答案甚至比这个问题本身还简单——因为不需要。你所需要的已经呈现在你的走势图中。它很简单、有效，并且非常具有盈利性。所以，还要其他的做什么呢？

对人类来说，屈服于简单并没有那么容易。即使这种愿望非常强烈时，也是如此。事实上，它是一种艰巨的争斗，就像一种仪式，某种形式的仪式。它是一种必须独自参与的旅行，在个人见解上保持独立。也可以称其为一次信心的大跳跃。但是相信我，一旦交易者穿越了这扇大门，就会享受到一种可能在几天前还似乎遥不可及的自由之感。

图9.6中的第2个SB结构是一个小得不能再小的形态，但是它仍然具备

一个完美"W"形态所需的全部元素,并且受到了平缓上升的 20 期 EMA 的很好支撑。你几乎可以想象这条均线是如何像一个茶杯一样将价格线包裹其中的。这条均线为价格提供了足够的推力,帮助价格突破当前位于 1.4060 的阻力位。

但是这种情况也为我们制造了一个早晚会在显示屏上出现的经典困境——在持仓的情况下如何处理新形成的结构(5)。

由于第 2 个结构的外形绝不少见,所以我们必须仔细思考一会,看最好的解决办法是什么。在交易中,统计上合理的、实际上偏好的和逻辑上需要的,这几个之间存在着一些有趣的冲突。

首先,让我们看一些在出现第 2 次交易机会但却已经在第 1 次交易入场时的常见选择:① 放弃新的交易机会。② 把这次新的交易机会当做独立事件,分开管理两次交易。③ 放弃这次新的交易机会,但是将当前头寸的止损位和目标价位调整为新交易的水平——就像选择了新交易一样。

交易者甚至可以选择其他办法,比如在下一次突破前先兑现当前头寸的利润,然后当第 2 次交易机会出现时再次入场。如果不考虑点差和成交滑移价差的话,这种办法听起来也不错。

如果我们仅仅从统计学的角度来看这个选择,就只有很少的空间讨论什么才是适当的做法,我们只需要接受任何有着高胜率的交易。

但是要继续这次交易,光靠这一点还不够。要合理评估我们的选择,我们还必须将每一个潜在的因素考虑在内——身体上的、精神上的、技术上的和财务上的。理论上讲,这些因素都会影响我们的交易。

比如,当选择调整当前头寸的目标价位和止损位时,必须同时更改两个订单,这可能是一次富有挑战性的任务,即便是经验丰富的交易老手也不例外。

要在数秒之内正确调整止损位和目标价位,在任何市场几乎都是不可能的事情,更不用说在一个波动如此快速的市场。更糟糕的是,人工操作还可能导致意外建仓。为什么呢?因为很多交易者都是通过反向订单来平仓。例如,当要了结持有的多单时,不是点击"平仓"键(在很多交易平台上,要平仓需要经过多次操作),而是点击"卖出"键。通常情况下,这种一键式出场方式是很方便的,因为在市场触及自动止损单之前,大部分交易都有充足的时间来手动出场。但是,如果交易者因为第2个头寸与第1个头寸重叠,开始匆忙调整止损水平,交易者就可能失去采取适当行动的那宝贵的几秒钟,然后发现平台捷足先登,先把自己踢出场了。结果就是交易者新建了一个并不需要的头寸。

即使是在平静的市场上,不调整任何价格水平同时接受第2次交易,不管是对账户来说还是对交易者的心理承受力来说,都可能是一个沉重的负担。

换句话说,原本井然有序的事情可能在数秒内就变得一团糟。原因就在于,只管统计上的优势,没有考虑到实际情况。

我是在这里勾勒了一幅很糟糕的画面,还是我所说的都是现实?这可能要取决于这个交易者自己、平台的复杂程度、账户的规模、在市场上的经验或者其他因素。

至于我个人的喜好,或许你已经猜到了,就是不管发生了什么情况,坚持原来的交易,直到这笔交易结束。首先,在市场上"刮头皮"有很多的可能性,没有必要因为想获得额外的几个点而使事情复杂化。此外,我放弃第2次交易机会,除了想要保持简单之外,还有一个理由。它被称为每笔交易的最大风险。

虽然我们会在后面的"账户管理"部分更加详细地讨论这个问题,但是我们还是先简单地讲一下,以澄清几个常见的误会。首先,存在保证金方面的问题。保证金就是交易者要交易一定量(单位)标的资产,账户中必须持有的最小量资金。不同的经纪商,保证金要求会不一样,但是外汇经纪商通常为交易者提供了极高的财务杠杆，从最低的 20∶1 到最高的 400∶1 不等，有的甚至还超过了这个杠杆。100∶1 的财务杠杆就意味着交易者只需要账户中有 1000 美元作为保证金，就可以交易价值 100 000 美元的标的资产。那么，这到底与不能持有双倍头寸有什么关系？——读者朋友可能会这样问。一个持续盈利的交易者，特别是选择了极高财务杠杆的交易者，如果账户中没有足够的资金，还可以在第 2 次交易机会出现时再次建仓吗？这个问题的答案或许与资金没有什么关系。

对于那些不懂什么是适当账户管理的交易者来说，这里有一些问题必须先搞清楚。首先，一个常见的错误就是混淆保证金和允许的风险量的概念。高达 1000∶1 的财务杠杆或许代表了一个理想的交易环境，但是在实际交易中，采用这么高财务杠杆无异于自杀。但是风险并不是由经纪商的保证金要求决定的。聪明的交易者在任何一笔交易中都只会拿固定比例的资金来冒险。然后，他会根据这个风险额度来调整他的成交量。如果他一笔交易的止损是 10 点，而另一笔交易的策略要求止损设置为 20 点，那么第 1 笔交易的成交量就应该是第 2 笔交易成交量的 2 倍。虽然两笔交易的成交量不同，但是每笔交易承受的风险是一样的。这是一个需要掌握的重要概念。即使是那些在较长一段时间都能持续盈利的交易者，也不能超过这个每笔交易允许的风险额。如果他们不遵守这种保护账户的普遍法则，那么很可能从一开始就不会到达这种持续盈利的状态。任何事情都有可能发生，即使是最好的交易者也不例外，所以任何时候，交易的首要法则就是保护自己的账户。很多交易老手在单笔交易上所冒的风险都不会超过资金的 2%。总的来说，这是一个合理的比例，或许也适用于稳定盈利的超短线交易。不过，这里的关键问题在于持续、稳定。任何还没有熟练到可以持续（连续几个星期）从市场"刮走"利润的超短线交易者，在进入市场时，最好还是多几分审慎，在每笔交易上所冒的风险最好不要超过资金的 1%。但是，不管选择什么资金风险比例，只要交易者确定并认可了每笔交易的最大风险额，就应该在不违反这个风险额的基础上，充分地利用杠杆并以最大的成交量进行交易。这就意味着当已经持有仓位时，就不能再建新的仓位，因为已经达到了允许的最大成交量。再次建仓会严重违背每笔交易风险定量的原则，会使风险达到之前允许风险的 2 倍。当然了，有人会说这第 2 个头寸是单独的一次交易，所以成交量可以和第 1 个头寸一样，但是这种想法是完全错误的。在市场上同时持有两个方向相同的头寸，实质上等同于分两次建一个仓位。成交量、杠杆和风险之间的关系还有许多东西要说，这将在后面"账户管理"部分的第 16 章进行讨论。

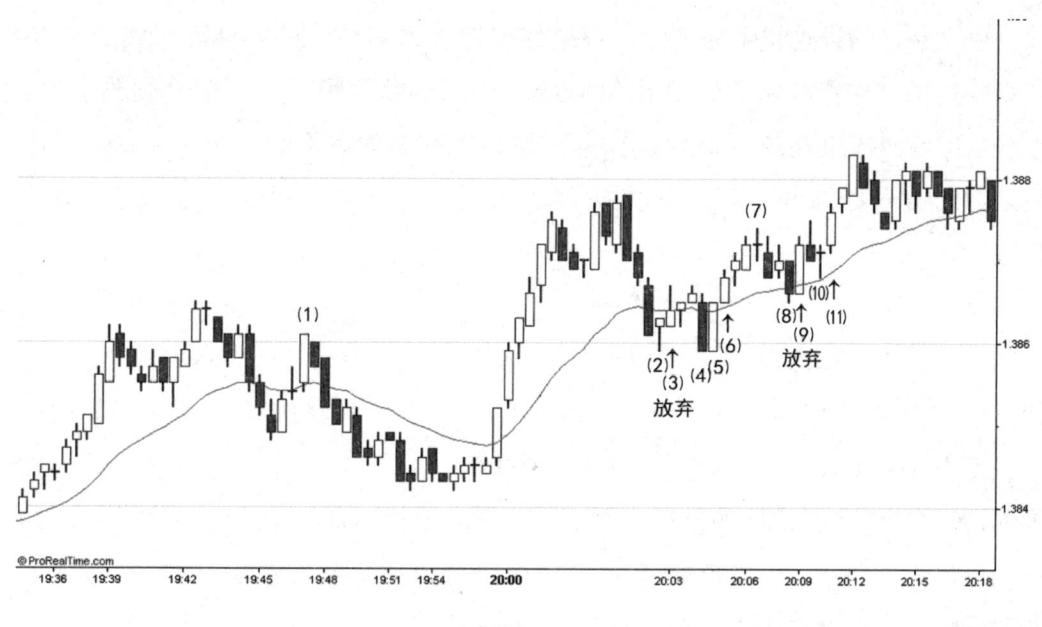

图9.7

图 9.7 中的第 1 个 SB 结构，一眼看去稍显凌乱，但是仔细观察，你会发现它实际上达到了一个完美"W"形态的所有要求（2 和 4 测试 1）。很明显，这条均线很难跟上价格突然上涨的步伐：首先是突然狂热地买入（20∶00 左右开始的一连串白体蜡烛线），之后 3 根急剧下跌的蜡烛线（长长的黑色实体蜡烛线）吞噬了之前上涨幅度的约 50%。但是，看看这次回撤是在什么价位停止的，是在前期位于 1.3860 的阻力区域（现在变支撑位）。

如果不是因为回撤没有达到要求（它是分两步下跌的，基本上形成了一个双顶形态），那么这波急剧的上涨趋势其实产生了一个极好的 FB 结构（3）。但是没有理由失望，因为超短线交易者永远有 B 计划，就是耐心等待更大的突破出现（6）。

图中那根强烈看跌的蜡烛线（4）是多么有趣啊！它精确测试了之前的最低点（2），形成了"W"形态的第2个底，之后立即被一根差不多长的看涨蜡烛线反转，并且这根看涨蜡烛线刚好收于20期EMA之上（5）。这可能是支撑位在发挥作用。如果你不知道一根强烈看跌的蜡烛线被同样强烈看涨的蜡烛线反转，到底意味着中立还是看涨（相对而言），那么，试着将它们想象成一根蜡烛线，也就是说假设这幅走势图的每根蜡烛线记录的不是70笔交易，而是140笔交易。这样，你就得到了一根开盘于最高点，然后一路下跌，似乎强烈看跌，但最后又收盘于最高点的蜡烛线，也就是一个完美的看涨十字星——就像首次突破前的信号蜡烛线一样。回撤底部的这两个十字星，就构成了一个"W"形态！

注意第2个SB结构交易（11）的技术构造与第1个SB结构是多么类似。第1个结构的两个最低点（2和4）构成了"W"形态的底部。第2个结构的两个最低点（8和10）也构成了"W"形态的底部。现在，市场平静了下来，20期EMA再次游走在结构的最低点之下。从技术上说，这两个最低点在前一个结构的最高点（第1个"W"形态的最高点）找到了支撑。总之，这是阶梯式上升的价格行为，对多头来说非常有利。

一个漂亮的看涨十字星（10）成为接下来突破的信号蜡烛线。但是刚刚已经讲过，当已经在之前的SB结构入场建仓时，第2个SB结构就应该放弃。但对于仍然在场外观望的交易者来说，这提供了一个入场建仓的很好机会。话虽这么说，但是场外观望的交易者在认识到自己错过了几分钟前一个更好的入场机会后，很可能会对在第2个SB结构入场感到不爽。这在某种程度上也是可以理解的，但是请记住，入场建仓从来不是价格的问题，而是概率的问题。

让我们再回头看看第1个SB结构。如果我们从这次交易的入场点（6）开始追踪，我们可以看到价格在上涨了8点以后，突然掉头，并且在回到20期EMA（8）的过程中回吐了之前所有的利润。很少有交易者能够完全不受此次剧变的影响。看到一笔交易几乎快要达到目标，之后却像纸牌屋一样倒塌，这种情况常被视为一种人身攻击，一种卑鄙下流的市场报复行为，认为市场完全不顾努力工作的交易者对利润的渴望。不用说，这种想法会悄悄地触发各种负面情绪，而失去、不公平和欺骗的感觉则排在这些负面情绪的前几位。

这种与市场的战斗，把市场看作一个实体、一个鲜活的有机体、一个强大的对手——只是交易者的错觉，这种错觉不只是交易新手才有。像往常一样，这里的敌人显然不是市场，而是你在市场中的恶习。如果你在场外时，能够从技术分析的角度，以沉着冷静的态度来看待市场，但当陷入一笔交易，特别是那种似乎踟蹰不前的交易后，就失去了所有的客观判断力和冷静的情绪，那么你别无选择，必须进行深刻的自我反省。你想从交易中获得什么？你期望市场为你提供什么？你期望自己能实现什么？是什么让你一次又一次扭曲自己面对亏损或收益时的真实感受，从而阻挡自己通往成功的道路？为什么你不能从统计学的角度来看待市场？或者这样问更好：为什么你在事后可以从概率的角度来思考，但是处在交易中时却做不到？

或许有一个问题可以囊括所有的问题——你到底在害怕什么？

无疑，对于这个问题，不同的交易者有不同的答案，并且交易者可以从几乎无限个答案中挑选。这里简单举几个例子：害怕被嘲笑，害怕犯错，害怕亏损，害怕落入陷阱，害怕错过机会，害怕承诺，害怕无聊，害怕压力，害怕失败。并且，天晓得，还有人会害怕成功。

不幸的是，当交易者处于压力之下时，如何让交易者远离这些阻碍思维清晰的各种杂念，还没有现成的解决办法。即便叮嘱交易者要有概率思维一百遍，但是当大脑还没有做好结构性改变的准备时，就很容易忘记甚至是最好的建议。就好像告诉正陷入梦碎悲伤的人要忘记痛苦重新振作一样，这需要一个过程。

然而，令人感到欣慰的是我们知道它是可以做到的。最终，交易者会逐渐认识到，除了在交易中将情绪抽离，其他别无选择。只有这样，才能开始仅仅将他的交易看作是执行一个经过精心设计的计划。这个思维转变过程可能需要花一些时间，可能数周、数月，甚至数年。很多时候，这个转变是潜移默化的，以致有些交易者甚至都没有察觉到。有些时候，又可能非常意外地发生。交易者甚至可能听到"咔嗒"一声，脑袋突然开窍了，谁知道呢。

第 10 章　箱体突破

如果将所有结构形态分为顺势、横盘和逆势三大类，那么到目前为止我们讨论的 DD、FB 和 SB 结构无疑都是属于顺势一类。这三个结构不仅承认趋势的存在，还试图抓住趋势获利。只要细想一下，就知道这是有道理的。虽然关于其定义的意见各不相同，但是对趋势的偏爱基本上是一样的。几乎任何一种交易方法都包含几个巧妙的介入或退出一波趋势的计划。

不幸的是，任何图表分析专家都会承认，事情很少以理想的方式实现。市场上经常出现大量横盘整理，即使是一波非常明显的趋势也会出现，这会破坏顺势结构交易的成功概率。这是交易游戏的一部分。但是，很多时候，在这种情况下机会并不一定就完全失去了，如果加上一点运气和耐心，我们还可能拿到一张王牌：普遍适用的箱体突破结构（简称 BB 结构）。

这种结构会以很多种造型或形式出现，如果我们随意概括它的外形特点，可能无法掌握它的本质。这个结构的特点是一群蜡烛线紧密地聚集在一个狭窄的价格区间内，这可能是关于这个结构的最简单描述。这个价格密集区最好是由几根极值相等的蜡烛线组成，也就是说这个形态的顶部和底部明显代表了阻力位和支撑位。有时候，这群蜡烛线可以在数秒内出现并被打破，这要取决于市场的速度，但是这个形态本身最好是看作一个小型的交易区间。

如果我们画一个矩形将构成这个形态的蜡烛线都框起来，呈现出来的就是一个独特的价格区间——在这个价格区间内换手大量（相对）合约，价格却没有怎么发生变化。但是其中的压力是存在的，就像一股势被放弃的微弱力量压制着的弹簧一样。如果价格最终在阻力最小的方向上发生突破，我们就立刻入场。突破的价格水平就成为我们入场的信号线（不是之前反复提到的信号蜡烛线）。如果价格在不太有利的那个方向发生突破，就不要采取行动。

如果在20期EMA区域的回撤的潜在末端遇到这样一群蜡烛线，那么在趋势的方向上发生突破时采取的行动就和普通DD或者SB结构突破时的行动类似。事实上，如果我们还能画一个矩形将构成DD结构的几个十字星圈起来，那么我们还得到了一个微型的BB结构。对于SB结构来说也同样如此，虽然这个结构的入场点常常在整个形态的最高点或最低点被突破前出现。

不过别搞错了，我们这里的BB结构并不只是在回撤的末端采用另一种方式来顺势交易而已，虽然这个BB结构也可以这样用。这个结构之所以独特，是因为它具有普遍适用性。这个结构基本上可以在走势图的任何地方出现，并且还达到了可交易结构的所有要求。由于大量存在，所以这个结构是一个适用于任何市场，不管是单边市还是震荡市的好工具。

在我们认定这个结构有效之前，还有几个因素需要评估。我们不能随便交易任何BB结构，然后期望市场在我们选定的方向上至少波动10点。就像其他任何结构一样，这个BB结构也应该被视作一个在市场已经被确认为适合交易的情况下进入市场的辅助工具。如果把这个结构当做一个最喜爱的结构而很少或根本不考虑市场状况，那么就犯了一个大错。

但是，最有利的市场条件是什么样的呢？

我们已经注意到，趋势中的回撤也没有多少需要讨论的空间。但是，如果是一个刚刚绘制了一个双底形态，并且形态的底部在升高的横盘整理市场，又如何呢？如果是一个发生了强力突破，以致逆势交易者根本无力制造一个显著回撤的市场，又如何呢？如果是一个有明显阻力信号（比如顶部在降低的双顶）的上升趋势市场呢？又或者是一个不管从哪个角度看起来都比较混乱的市场——除了它已经完全放弃突破一个整数位区域外？

以上的情况都只是随便选的几种情况，相互之间完全不同，但是它们有一个特别的共同点：与其说绘制了一幅多头和空头之间永恒冲突的生动画卷，不如说它们向我们展示了当前谁正处于上风的情况。市场可能会奋勇战斗，正如它打算做的那样，但是最终，价格除了屈服于力量最强的那一方，其他别无选择。对交易者来说，只是何时以及如何将其找出来而已。但是，如果知道屈服之前通常是一组被压制的准备突破的蜡烛线，你可能会很高兴。

由于BB结构有太多变化，所以最好是走进走势图亲自看一看。在我们走进走势图之前，先了解一下这种结构最可能出现的地方。基本上有三个地方：①在回撤末端形成一组密集的蜡烛线。如果这个回撤历时非常长，那么这个结构有时会呈现逆势交易的特点。②强劲趋势中的水平回撤。这种价格密集区通常在一波非常剧烈的波动中出现，看起来都不像回撤。典型的回撤似乎应该是逆着趋势的斜向波动，而这个回撤仅仅是水平的波动，形成一个狭窄的价格阻力区间，并且之后在趋势的方向上发生突破。③非趋势市场的价格密集区。这种价格密集区可以在价格筑顶或筑底的过程中找到，甚至还可以在横盘整理期间找到。它既可以被用于顺势交易，也可用于逆势交易。

正如我们将在后面三章的区间突破中看到的那样，BB结构也可以出现在更大形态（区间）的突破中，但是我们最好是在熟悉了这个BB结构之后，再研究它们之间的关系。

在接下来的走势图中，我们可以看到所有BB结构都被框在一个矩形中，这样有助于识别每个价格密集区内的最高点和最低点。虽然在真实市场中不一定非要画上这种矩形，但是至少这种矩形可以标出信号线的位置。这样，我们就可以轻易地识别出精确的突破点，因为构成信号线的这些最高点或最低点之间隔着几根蜡烛线。

注意：观察走势图时，交易者很容易把注意力集中在变化的价格行为，以及可交易结构可能的发展上。但是，最应该关注的是整体的市场状况。无论当前的蜡烛线在怎样形成，但它的价值都源于它与整体市场的关系。正是这种在价格行为上更大局的观点最终决定了我们的结构是有效还是无效。通常来说，查看一个半小时的价格行为就可以了。要保持警惕且不丧失焦点，就要反复提醒自己要在当前市场状况下评估价格行为。你是否看到逐步抬高的价格底部，逐步降低的价格顶部，水平的突破，整数位区域的战斗？市场是在走单边，向阻力位逼近，还是正在测试支撑位？追踪20期EMA是评估市场当前力量的一种方式，而且是一个很好的方式。但是走势图上最高点和最低点的整体排列才是判断整体市场力量的关键。底部越来越高比顶部越来越低更显著，就说明当前的市场力量是向上的。顶部越来越低比底部越来越高更显著，就说明当前的市场力量是向下的。如果两者交替出现，则说明当前的市场力量是均匀分布的。

图 10.1

第一眼看去，你可能不会想太多，但是老实说，你几乎找不到比在这个形态向上突破时入场更好的"搭便车"机会。首先，看看图10.1这幅走势图的左边部分，我们可以看到市场正处于明显的上升趋势。警觉的超短线交易者可能已经从中赚了一些利润回家了。当价格最终在06：00前不久跌到20期EMA之下时，可能回吐了一部分利润。这没有关系。但是，一定要密切留意做多的交易机会。在这样的市场状况下，从多头转为空头还为时过早。认定市场正处于上升趋势，不是因为市场创造了这么多点收益（涨幅大），而是因为市场以平稳的方式不断创新高,价格在上升过程中几乎没有遇到阻碍。即便低于 20 期 EMA,逆势交易者的活动也保持在最小量。这就是强烈的看涨信号。但是由于当前价格低于 20 期 EMA,所以我们应该如何为趋势的潜在延续做准备呢?

这时,箱体突破(BB)形态就可以提供解决办法。让我们看看为什么这个箱体会画成这个样子。首先,在看涨结构中,这个箱体的下边线并不是关键的价格水平,因为我们已经识别出整体市场力量是向上的,我们不会交易向下的突破,至少这段时间不会这样。尽管如此,用两根水平趋势线将这个形态的上下两边标出来(或者用一个矩形把它框起来),交易者就可以对这个箱体内发生的情况一目了然——它向交易者展示了阻力位和支撑位这两个关键价格水平。

想知道为什么要这样绘制这里的上边线——潜在的信号线,我们需要带着一点技术分析的思维。它的第一个顶部是价格筑底(3)后形成的第一个价格顶部(4)。当然,我们也只能在价格从这个点再次折返以后才能确认其为价格顶部。到这个时候,还没有形成完整的 BB 结构,但是至少我们现在已经有了一个区间最低点和一个区间最高点可以追踪。

接下来的几根蜡烛线测试了事先确定的最低点和最高点(5 和 6),这种情况非常有利,特别是测试了那个区间最高点。虽然有没有测试那个最低点,并不是那么关键,但是对等待机会做多的交易者来说,也是一个有利信号。而测试那个最高点就非常关键了。如果我们的第一个最高点被精确测试并且没有被突破,那么我们就获得了两个相等的蜡烛线最高点,这样,我们就可以绘制出顶部的阻力线。后来每一根触及但没有突破这条顶部阻力线的蜡烛线,都是对这个结构的进一步确认。它的前提很简单——这个阻力位坚持得越久,价格最终突破时反应就越激烈。

虽然这个箱体中的价格波幅只有 5 个点,但是从技术上来说,多头和空头之间的战斗也体现得淋漓尽致。箱体中最高点是对前期支撑位(2)的测试。而箱体的最低点是在前期的一个小型看涨旗形(1)的最高点找到支撑。在这个箱体的几个蜡烛线最低点就位之后(4 个最低点均触及矩形的底边),市场给了我们另一个强烈的信号——箱体中出现一个较高的价格底部(7)。是的,仅仅升高了1个点，但是在超短线交易中，这也是关键信息。

的确，在这个案例中市场对突破（8）的最初反应并没有那么强烈，甚至可以说是非常犹豫（9）。虽然很多BB结构的突破是非常剧烈的，但是这种犹豫的情况也不罕见。谁又能说得清楚在价格突破箱体的那一刻交易者们在想什么呢？谁知道是假突破还是真突破呢？特别是在清淡的市场，价格总是一副慢吞吞的样子。如果在持仓过程中遇到这种情况，一定要保持冷静，即便蜡烛线再度回到箱体内，也不要乱了方寸。这是突破交易的一个正常现象。

在持仓过程中，密切关注20期EMA的动向，或许能让心态保持平和。尽管这条均线在箱体的大部分时间都在横向波动，但是一旦箱体被突破，它就会跳入趋势模式，并且表现出引导价格的强烈倾向。你可能会对它在实际突破中发挥作用的频率感到惊讶。事实上，最可靠的突破是发生在均线逐步将蜡烛线推出箱体的情况下。想知道这个结论是否管用，就看看下面的这幅走势图吧。走势图10.2很好地向我们展示了这种现象。

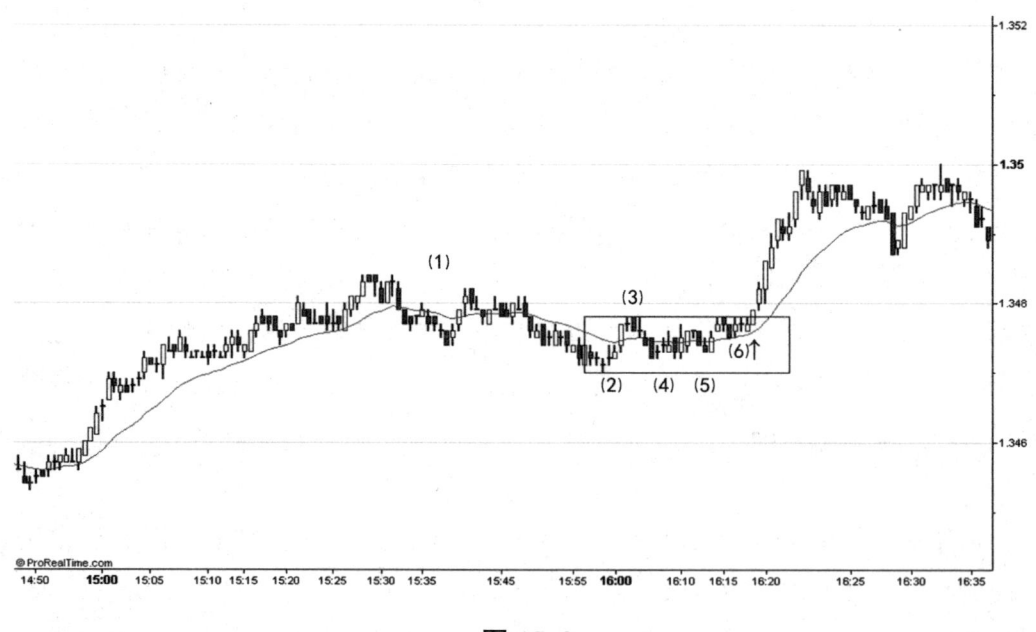

图 10.2

图10.2 这幅走势图是市场的魔法之手在仅仅20分钟之内绘制出来的。图中

的 BB 结构看起来似乎不太可靠。但是，这个形态可能代表了近乎完美的 BB 结构，如果存在完美结构的话。

让我们看看这个形态是如何赢得我们的认可。在之前，这波上升趋势在 1.3480 的价位（1）受到了些许阻碍。在小幅震荡之后，价格在接下来的 30 分钟内走出了新低（2），并且这个低点成了目前为止（就这幅走势图而言）最显著的低点。当然，我们只能在多头开始再次入场做多并推高价格之后，才能确认这个低点。由于我们在这幅走势图上的主要目的是入场做多，所以必须耐心等待阻力位形成。并且之后等待这个阻力位被突破。它的首个信号是在最低点（2）出现之后形成的首个显著的最高点（3）。这个价位给了超短线交易一个绘制信号线的潜在价格水平。

现在，我们有了一个最高点和一个最低点可以追踪，就只需要等待出现任何可交易的机会。当然，我们希望看到很多根蜡烛线的最高点触及这个潜在的信号线，但是市场不会总是善良到达成交易者的每一个愿望。如果价格立即突破，那就太糟糕了。不过，有很多方式可以在这个市场上玩，如果交易者必须放弃某个结构形态，那他可以继续等待下一个可交易的结构。在本例中，价格一直在这个最低点和最高点的区间内波动，并且 7 次测试了这个最高点，所以，哪一种情况更适合交易呢？信号线越显著，发现这次突破并且做出反应的交易者就会越多——不论是入场还是出场。

在这个结构中，可以看到几个逐步升高的低点（4、5 和 6），这就进一步提高了价格向上突破的预期。随着这个弹簧被压缩到最大，随时可能爆发。我们可以假设其为信号线，但是我们这种聪明的超短线交易者是永远不会抢在前面去当炮灰的。

注意图 10.2 中的 20 期 EMA 是如何温柔地引导这些蜡烛线突破箱体上边线的。它逐步将这些蜡烛线推出这个箱体。突破前的 6 根蜡烛线中有 5 根具有相同的最高点，这代表了我们将提到的典型的突破前压力（6）。我们可以说它是箱体中的微型箱体。这次突破后的反应是剧烈的。随着 1.3480 的阻力位被突破，价格好像被吸入真空一样迅速上升，直到遇到 1.35 的整数位。

注意：与之前的图 10.1 有点类似，结构的上方有一个前期形成的小型阻力位（1）。这个阻力位需要担心吗？对于一个小小的 DD 形态来说，可能需要好好研究下。要穿越头上的那个阻力位，结构中十字星内聚集的压力还太小。但如果是 BB 结构，就不一样了，它蕴含的力量都表现在形态上。此外，BB 结构形成的主要原因就是头上有那个阻力。这也是它突破后反应剧烈的原因。一旦守卫者投降并让出了路，那么之后很长一段路都会畅通无阻的。

有较高追求的超短线交易者如果慢慢喜欢上了这个方法，建议再仔细研究一下图 10.1 和图 10.2 中的箱体特点以及它们的倒置形态。在一个交易时段内的走势图上，像这种发出强烈信号的形态一般都会以这样或那样的方式出现。但是，永远不要忽略了市场的整体力量，因为这才是价格未来方向的决定因素。显然，要评估一幅趋势走势图上的整体市场力量，不会给交易者增加很多麻烦。但如果是在大部分时间处于横盘整理的走势图上，这个过程就要复杂一点，比如，就像图 10.3 这幅走势图一样。

图 10.3

如果粗看一眼图 10.3，05：00 之前的盘整行为可以解读为普通的横盘整理。

毕竟，价格仅仅在围绕着水平移动的 20 期 EMA 上下舞动，并没有对哪一个方向表现出特别偏好。尽管如此，机警的超短线交易者可能已经发现，在横盘的过程中，价格的底部一个比一个高（1、2、3 和 4）。在那第 4 个较高的底部形成后，出现了很多根蜡烛线聚集的现象，事情开始变得有趣了。比较一下从第 2 个底部（2）开始的那波急剧上涨和从随后聚集蜡烛线构成的价格底部（3 和 4）开始的那波上涨。虽然它们在市场力量方面看起来非常相似，但是第一次上涨在穿越 20 期 EMA 前几乎没有犹豫，而第二次在穿越前聚集了好多根蜡烛线。虽然它们的区别看起来这么微小，但是从技术分析的角度来说，这就是非常显著的区别。两次波动看起来似乎是一样强劲，但是源自密集价格区的那次波动比第一次波动更可能守住战果。不仅是因为它源自一个更高的底部，还因为它突破的是一个价格密集区，这在当前市场的下方构筑了一个坚实的基础。这意味着如果价格打算再度回头，就像之前做的那样，那就很可能止步于之前突破的那个价位（阻力位变支撑位）。毕竟，对价格来说，要通过一条有聚集蜡烛线阻挡的路比通过一条几乎没有阻挡的路要难得多。这个潜在支撑位是如此之强，市场甚至没有感到有测试其有效性的必要。

突破的力量也以类似的方式在走势图中的第一个 BB 结构内部形成。在市场最终向上突破之前，这个箱体内有 7 个蜡烛线最高点触及了箱体的上边线。注意价格突破后仍然接近水平波动，并在几根蜡烛线之后再次触及信号线并反弹，这也明确地向我们展示了聚集蜡烛线形成的支撑位的力量。

看看箱体突破前的 3 个非常小的十字星（5）。它们也展示了类似但较微小的突破前压力，就像走势图上更大更完整的那个箱体一样（将 04∶16 到 05∶16 之间价格行为的最高点和最低点框起来的箱体）。冒着被指责过于啰唆的风险，我将这一点指出来，其实也是有非常合理的理由。如果你学会训练自己的眼睛去发现真实市场环境中这些微妙之处，这将对你非常有利。价格上上下下并不是因为有人在转动幸运的摩天轮。市场上有实实在在的人在依据各种观点实实在在地交易，他们能感受到实实在在的痛苦以及实实在在的快乐。你可能永远无法确切知道在某个时点是什么在激励着他们，但是有一件事你可以确定：他们的行动是对其他交易者的行动的反应，这也是市场上大部分时间事情都是以重复的方式出现的原因。正如经常提到的那样，市场可以是随性的，但是交易者一定不能随性。

尽管市场整体力量是向上的，但是下方聚集的价格行为以及上方整数位的阻力，让顺势交易者在突破之后很快阵亡。最终，这笔交易不得不止损出场（具体在什么地方结束一笔失败的交易，将在第14章的"临界点技术"中进行讨论）。

虽然多头在这一回合以失败告终，但是我们认为此时的他们不会一蹶不振。鉴于之前的底部逐步升高，他们一定会在更有利的价位将仓位补回来。要重新挑选新合约，最合理的价格区域应该在1.3480的支撑位区域。但实际上，他们没有等待价格精确触及这个价位（7）就急着入场了。

由于多头的这个购买行为，价格再度上移了几个点，从下方触及了20期EMA，这为空头提供了一个更有利的入场价格，使空头变得激进起来（8）。确实如此，空头这次将之前的最低点往下方推进了一个点（9）。但是，他们几乎没有时间享受这次成功，因为大量在场外观望的多头在这一刻迅速涌入了市场。这是必要的提醒信息，让交易者对另一次多头进攻保持警觉。

由于有6个蜡烛线最高点接连对这个价位进行了测试，所以对于在哪里绘制第二个箱体的信号线，超短线交易者不需要过多考虑。

那么第一个箱体和第二个箱体之间的主要区别是什么呢？第一眼看去，第一个箱体处于一个更有利的位置（高于20期EMA），而第二个箱体则与20期EMA平行。然而，请记住，市场不会在意我们的20期EMA在什么地方。它只是我们个人交易工具箱中的一个工具。事实上，在横盘整理的市场环境下，在这条均线的上方做多可能比在下方做多更危险。因此，从技术分析的角度来说，这两个形态在本质上是非常相似的，都是盘整行为，强力的支撑，力量蓄积之后爆发。请留心观察第二个箱体突破前的两个小小的十字星（10）。我们可以在整本书中多次看到这种情况。它们代表了典型的突破前压力——那些与当前市场力量对抗的交易者想要阻止箱体突破的最后尝试。但是，一旦这层窗户纸被捅破，多空双方都会立即展开行动。在第一个箱体形态中，可以找到3个这样的十字星紧靠在一起（5）。它们不仅是这个箱体中更高的一个价格底部，而且也表现了信号线下力量在蓄积。

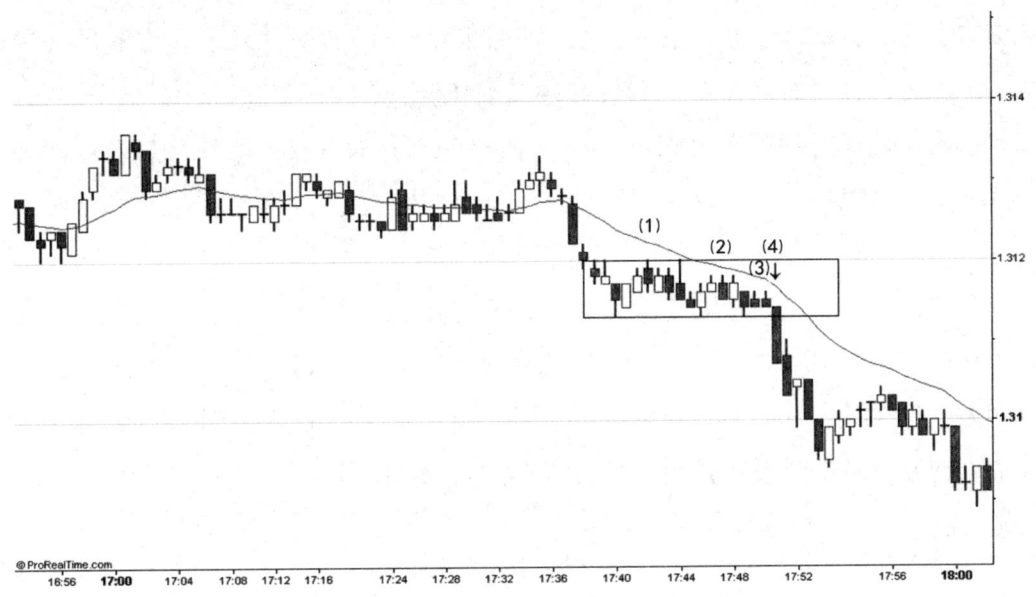

图10.4

为什么图10.4这次做空机会极有可能让交易者轻松赚到10点？脑袋里会立即冒出至少6个理由：①市场放弃了一个坚持了非常久的支撑区域（这幅走势图的前半段时间）。②逆势交易者缺乏测试前期的支撑位的热情（1）。③在这个只能被描述为水平回撤的走势中，绘制了一个较低的价格顶部（2）。④出现了两个代表突破前压力的小小十字星（3），它基本上也是另一个较低的顶部）。⑤坚固的信号线屈服于下跌的压力（4）。⑥下方的整数位（1.31）已经失去了对价格的魔力作用。

偶然发现这种接近完美的交易结构，会令人非常愉快。这个结构也对成交量与可预测性这个话题提出了有趣的挑战。如果我们为每一笔交易分配一个等级——通过统计放弃和接受一个结构的有效理由数量——并得出任何结构的成功概率不是恒定不变而是可变的结论，这会不会迫使一个很好的交易策略要根据可预测性的程度来改变每笔交易的成交量？

你可能还记得，我之前曾强烈建议在任何一笔交易上（当持续盈利时）都不要拿超过总资本的2%来冒险。我还说过，为了将我们的优势发挥到最大，我们要在这允许的2%的资金内，将交易量最大化。因此，不管一个交易机会看起来多么诱人，我们都不能随意提高交易量，因为我们已经投入了允许的最大资金。可能有人会说如果存在一个较好的交易机会，那么一定也存在一个较差的交易机会（然而仍然拥有成功的预期），那么当选择后者交易时，交易者可不可以降低交易量呢？

那些把正态曲线和标准差当饭吃的统计学家，可能会被普通大众对概率的看法吓住。事实的确如此。不过，他的科学计算结论在真实市场环境下是否站得住脚，什么时候事情并不像它表面看的那样，什么时候犹豫不决的情绪会在评估成功概率时扮演重要角色，什么时候他的概率法则会被成就它的那个力量否定，这些都还有待观察。

再说一次，我讲这个问题并不是在探究每一笔交易结果的复杂性，而是想说任何时候都应该让事情保持简单状态，要有大局观。在市场上开始稳定盈利后，即使是最低限度的稳定盈利，交易者最好还是以适当的激情，并且以允许的最大成交量交易每一个有效的结构形态。即便我们认为自己具有某种"优势"，但每一个结构都应当受到同等的重视，不管它外表看起来多么隐晦或者多么鲜明。这就是说，每笔交易都要选择最大的成交量，以充分利用正期望值原则获胜。

注意：与通常的看法相反，你所有交易中最不重要的交易就是当下的这一笔。你之前所有的交易中单独一笔交易本身也不重要，只是具有统计学上的相关性。它们加起来，才决定了你方法的优势有多大。另一方面，你当下的这笔交易还没有在历史的道路中留下脚印。它只是一笔进行中的交易。它到底是成功还是失败，完全没有关系。事实上，在一个已经经受了时间考验的且能够持续盈利的交易策略中，一笔亏损的交易只是一次错误的假设。为什么这么说呢？不妨按照下面的思路细想一下：如果1000笔交易总共赚2000点，而你下一笔交易亏损6个点，那你会说你亏了6个点，还是从总体来说又赚了两个点？的确，像拥抱一笔成功的交易一样拥抱一笔失败的交易，是夸张了一点。但是，这主要是为了展示正确理解游戏中概率分布的重要性。所有单笔交易的结果都只是数据。唯一重要的是你在市场上所有超短线交易的总体结果。

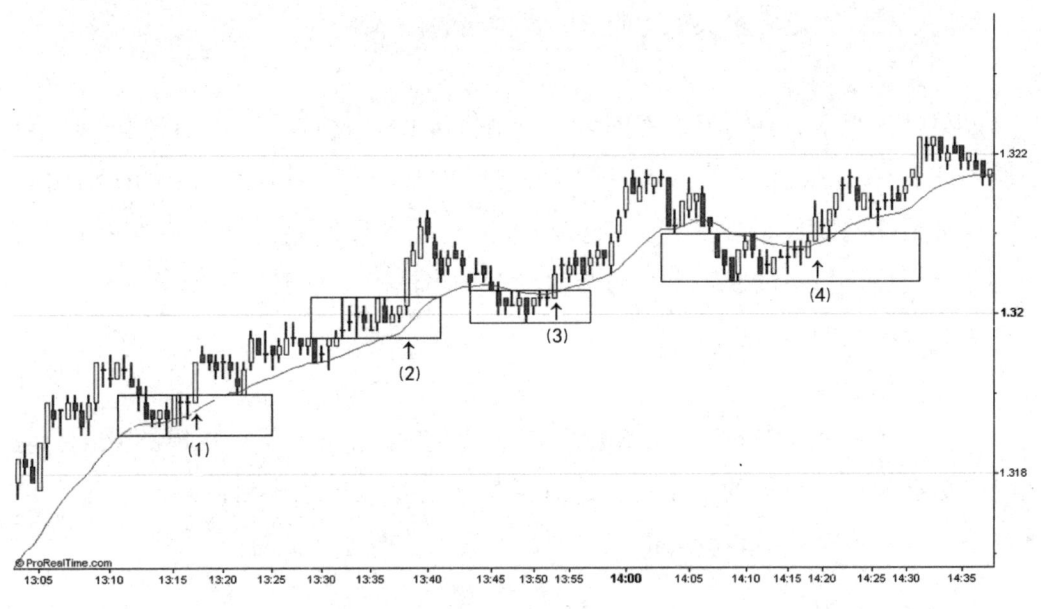

图 10.5

图 10.5 这幅走势图提供了一个极好的案例，它向我们展示了超短线交易预先设定盈利目标的好处：交易者没有压力，并且能以最小的风险敞口参与任何强劲的波动。他不需要考虑在什么价位兑现利润。他唯一关心的是如果是一波显著的趋势，如何再度回到市场中。有了适当的交易结构，加上价格很少直线上升或下跌这一事实，精明的超短线交易者在如何重新建仓上不会遇到太多麻烦。在这幅走势图上，一个小时以内至少可以找出4个箱体突破结构。诚然，在箱体2和箱体3建的头寸可能会重叠。但是，交易者仍然可以从这幅走势图中轻松"刮走"30点利润，这几乎就是市场从第一个BB结构（1）开始到走势图最后的整个上涨幅度。

将走势图上的箱体稍微往右边延伸一点，你可以清楚看到市场在开展下一波上攻之前几乎都会测试之前的突破区域。看到价格对之前突破区域的测试精确到了突破的那一个价格点，也并不奇怪，比如就像这幅走势图中的第1个和第4个箱体一样。请记住，市场是不会关心这些箱体是在上升的移动均线上方形成，还是在水平移动的均线下方形成。要判断市场未来是否继续处于上升趋势，快速看一下箱体中价格底部的走势，就足以做出正确的判断。在这幅走势图中，每一个价格底部的位置都比前一个价格底部的位置高。只要看到这种情况，我们就可以判定出多头更为激进，而空头将陷入麻烦。

如果仔细观察，我们可以看到第1个箱体（1）中包含了一个DD结构。在这个箱体被突破之前，市场上警觉的超短线交易者已经采纳了这个DD结构交易。这种情况向我们证明了，如果交易者因为某种原因错过了一次交易机会，市场还是会提供另一个进入市场的有效机会。当然了，它也可能给予一些惩罚，也就是一个较差的入场价。

接下来的箱体（2）中，在整数位区域，多空双方进行了小规模的战斗。请注意突破前的两个小小的十字星。最好的情况是这两个十字星的最高点触及箱体的信号线，但是并不是所有情况必须达到完美状态才能交易。

第3个箱体（3）是一个在整数位区域和之前的价格行为构成的双重支撑位区域进入市场的好机会。它或多或少将箱体2内的聚集蜡烛线当做了支撑。技术交易者可能会在这个箱体中识别出一个头肩底反转形态。突破前两个小小的十字星（右肩）触及了信号线，它们蓄积了极强的突破力量。

第4个箱体（4）中，多头将价格推高，不允许空头再度精确测试之前的整数位（箱体4将箱体3当做支撑）。市场在箱体4中绘制了逐步升高的价格底部，逐步靠近箱体的上边线。这是另一个非常典型的突破信号。

注意：不管你如何看待突破交易，只要在适当的市场正确地操作，突破交易是非常具有盈利潜力的。之所以有这么多交易者害怕突破交易，害怕遇到假突破，很多时候只是因为他们对拥有"优势"到底意味着什么，还不甚了解。确实，假突破时不时会出现。但是，当整体而言交易策略的成功概率高于失败概率时，还有什么好害怕的呢？你曾见过哪个赌场老板在轮盘赌面前痛苦得发抖吗？他爱每一个轮盘的旋转，不管是输还是赢。只要你充分发挥你"优势"的作用，在交易市场上也是一样。所以没有什么需要担心的。真正应该感到害怕的是那些为你提供对手盘的交易者，以及那些也会交易突破行情，但是缺乏识别不利市场条件能力的交易者。再次看一下第1个和第3个箱体。两个箱体的最低点都代表了典型的向下假突破。一根蜡烛线仅仅低于其临近蜡烛线1个点，你可能不会太过在意，但是在超短线交易走势图上，它们就代表了假突破。有交易者交易这类假突破，否则走势图也不会绘制这些价格。

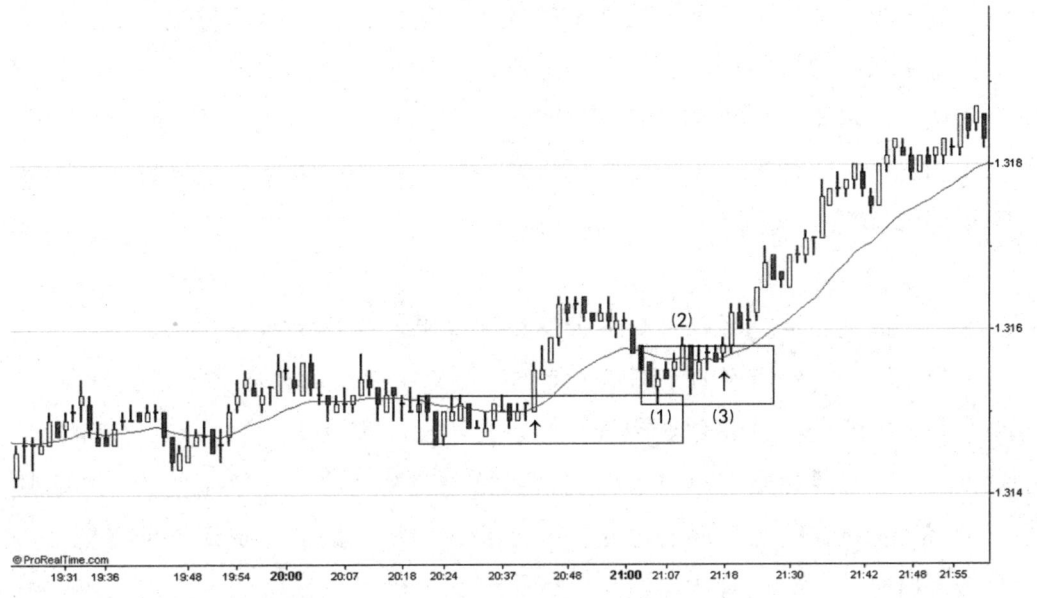

图 10.6

当面对一个沉闷并且非常漫长的非趋势市场时，就像图10.6这幅走势图的前半段情形一样，交易者可能就会开始经历一些混杂着急躁、厌烦，甚至焦虑的负面情绪。在这么长时间里都只能按兵不动，希望入场交易但是什么都不能做，这对交易者的心理是一个极大的挑战，特别是对那些将他们的交易平台看作娱乐场里的老虎机的交易者而言。在这里要提出一个警告，因为这种区间盘整特别喜欢将交易者引诱进两个典型的错误陷阱中。

第一个错误就是在没有找到入场理由的时候仍然入场。那些内心狂躁、不采取行动就感到不适的交易者最容易犯这种错误，并且在失败后还会埋怨市场。除了偶尔也会成功一两次外，越来越多的失败交易会吞噬了他之前的利润，他迟早会有一种被他试图惩罚的市场惩罚的不安感。不用说，对交易持这样的态度，早晚会吃大亏。当真正需要展开行动时，这个交易者能否及时振作起来，还很难说清楚。

第二个典型的错误是那些在市场盘整期间看起来似乎非常沉着冷静的交易者犯下的。你不会逮到他们有任何非理性的行为（比如做一些愚蠢的交易），你也不会看到他们对市场发火或者把个人意志强加给市场。他们可以悠闲地看着市场像铺草坪一样似乎无休无止地平铺过去。他们将当前市场的优柔寡断看作是需要被更强的力量清理一下。他们会坐在一旁等待，直到突然有一刻被无聊的感觉淹没。出于一些他们自己都不知道的原因，他们突然开始起身打电话，做运动，看电视新闻，甚至还会出门闲逛一下。总之就是做任何远离电脑显示屏和市场的事情。

虽然不像其他情况可以对交易者的整体结果产生不利影响，但是在长时间等待后却屈服于突然爆发的无聊感，就等于放弃了一个即将有大发展的投资品。如果交易者抱着交易趋势是唯一选择的观念不放，那就太遗憾了。可能与通常的观点相反，我认为震荡市也可以提供极好的交易机会，原因很简单——市场最终会突破，就像趋势最终会停止，甚至反转一样。然而，我们不可能精确确定趋势市何时进入盘整阶段。但是，震荡市却也可以发出市场即将进入趋势阶段的强烈信号。

我们在图10.6中就可以找到这种可预测的突破的好例子。走势图前一个小时的价格行为显示市场正处于盘整阶段。这段时期的移动均线在水平移动，蜡烛线围绕着这条均线上上下下。没有太多特别的信息。这是在缺乏明确刺激的情况下，在整数位区域（1.3150）的"拔河比赛"。但是有一点我们可以确定：除非是在国假期间，星期五晚上或者冷清的亚洲时段的午饭时间，否则价格不会连续几个小时待着不动。迟早有一些人会给市场注入力量，而那足以激起其他人做出反应。

第 10 章　箱体突破

　　诀窍就是识别常常出现在它之前的力量蓄积形态。这就是一定要熟悉突破前压力的原因。一个比较有帮助的做法就是，绘制或者想象一个将任何可能导致突破的聚集价格行为框起来的箱体。可能需要经过一段时间练习，才能正确识别可以绘制这种箱体的价格形态，但是这种价格形态也没有太多变化。例如，图 10.6 中的第 1 个箱体几乎是图 10.5 中第 4 个箱体的翻版。

　　如果把信号线往右延伸，我们可以看到突破后的回撤成功测试了这个突破价位同时也是整数位的 1.3150（1）。这一定导致了很多空头拱手认输。同时，大量多头也迅速涌入市场。但是，尽管存在这种双重压力，市场也不会总是立即飙升。在这幅走势图中，空头仍然进行了适当的抗争，这从聚集的蜡烛线（3）上看出来。这些犹豫的蜡烛线最终构成了第 2 个箱体。

　　如果仔细观察，你可以看到第 2 个 BB 结构的上边线没有穿过这个结构的真正最高点（2），而是低于这个最高点 1 个点。它的位置正好穿过连续 4 个相等的蜡烛线最高点。当然，这根信号线最好不要被之前的蜡烛线突破，但是，我们也不是只在这种箱体达到完美状态时才交易。当你对实际的突破价位存有那么一点不确定时，最好根据技术逻辑来做出判断。在这幅走势图中，将信号线绘在 4 个相等的蜡烛线最高点上，似乎比绘在左边创出的高 1 个点的价位上更合理。一直等待这个最高点被突破，也显得过于谨慎。但是，让我们先暂时不管这个结构，看看关于这一点，市场是怎么说的？市场在两个小时以内，形成了一系列越来越高的价格底部。它打破了一个整数位区域并且之后成功对其进行了测试。它聚集了向上突破的力量，并且现在它突破了几根有着相同最高点的蜡烛线。我想它在告诉我们——可以行动了。

　　尽管市场之前处于强劲的上升趋势，但是很难不注意到图 10.7 中位于 1.36 整数位的强大阻力位。一个三重顶形态，一个"M"形态，一个较大型的头肩顶形态——不管你怎么称呼它，在 05：12 到 05：30 之间的价格行为是空头阻止多头进攻的奋力尝试。这种情况是否意味着多头真的已经完蛋，而我们应该在第一个逆势结构发出信号时入场做空？

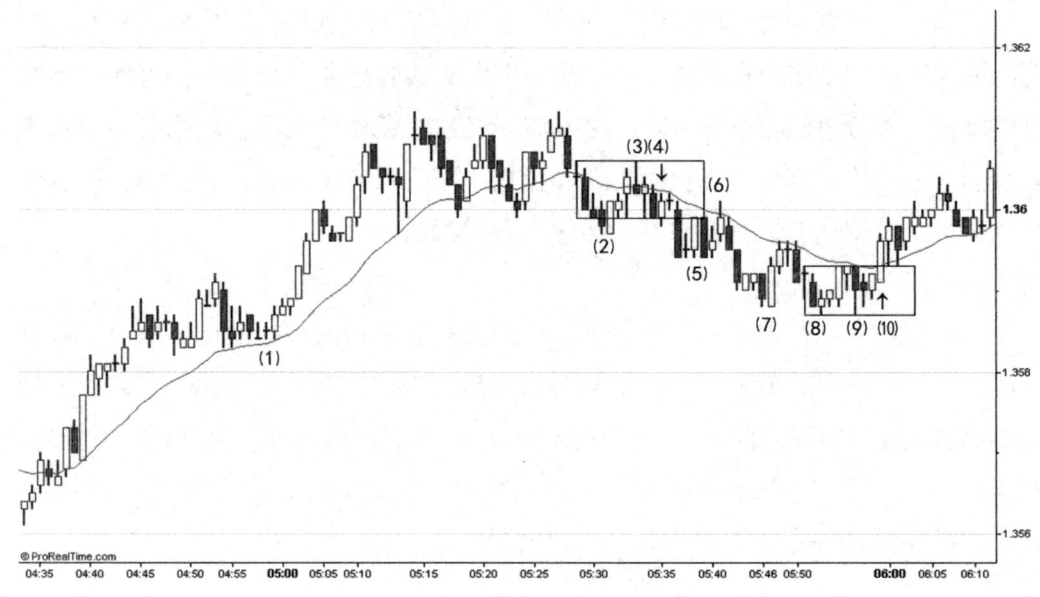

图10.7

现在,你可能已经知道,我不是很喜欢逆势交易。但是有些时候,一个与趋势对抗的结构仍然像其他有效结构一样值得交易。不过,由于这种交易要承担更高的风险,所以一定要小心评估整体市场状况,因为仅仅一个结构传达的信息是不够的。

判别一个可疑的结构是否有效,一个简单的方法就是权衡市场上各方力量的利弊,然后看天平是偏向激进一方还是偏向谨慎一方。将这个方法运用到图10.7中,当考虑做逆势交易时,我们首先需要考虑这个箱体的准确突破点。理想情况下,我们希望看到突破立即发生在一些关键的支撑位被跌破之后。虽然我们只想从市场中快速"刮走"10点利润,但是由于逆着强烈趋势,越推后入场时机,我们就越难实现盈利目标。对于处在强劲上升趋势的市场来说,在未来某一个时刻,一定会被买入。当逆势交易时,一定不要搞错交易的方向。逆势交易者在入场和出场时都应该像夜里的小偷一样敏捷谨慎。毕竟,如果趋势是非常强劲的,那么逆势波动的"预期寿命"会非常短。因此,逆势波动的有效性,特别是它的入场点,最好是根据它最近的价格行为情绪做出判断,而不是基于整体市场状况,简单地认为这是在与趋势对抗。如果事实的确如此,那么最好是选择顺势交易,至少从超短线交易者的角度来说是这样。逆着趋势从市场中快速"刮走"10点利润,就是逆势交易的目标。

那么,我们能给出什么理由来支持逆势超短线交易的想法呢?之前三重顶形态之后越来越低的价格顶部(3)算是一个理由吗?带着一点想象(加上一点自欺欺人),之前的三重顶在多头看来仍然可以解读为上升趋势在做临时停顿。虽然真正的技术交易者对这种看法不以为然,但是有一些东西可以支持这种看法——趋势仍然是站在多头这边,并且趋势将继续而不是反转。的确,如果一个BB结构在三重顶区间的上边线下方形成——就像在这个三重顶区间的下边线形成的BB结构一样——那么超短线交易者很愿意交易这个向上的突破。然而,从技术角度来说,在三重顶之后,逐步降低的价格顶部是最可能出现的情况。没有注意到同伴的力量在削弱(逐步降低的价格顶部就是信号)的多头,如果决定继续待在多头阵营,那一定会在痛苦中猛然觉醒。幸运的是,在交易行业中没有所谓的荣誉、责任和道德义务。大部分多头在看到逐步降低的价格顶部出现后都会丢盔弃甲逃离而去,其中很多人还会开始加入另一方阵营。

我们还可以从这幅走势图中获得什么信息呢?我们绘制的箱体的下边线不仅与它之前的一个重大支撑位重合,也与一个整数位区域(1.36)重合。看到它在下行压力中崩溃,我们可以想见有大量多头了结了他们的头寸。

从受困者的角度来说,对形态突破的反应通常有三种。反应最快的交易者几乎在突破的同时就了结了他们的全部头寸。如果市场非常宽容,再次造访之前的突破价位,那么另一拨交易者会在这一刻抓住解套的机会。还有一些感到有一点迷惑和意外的交易者,根本没有解套计划,他们会一直坚守亏损头寸,希望市场能够回头。确实,有时也会出现这种奇迹,但是在饱受折磨的交易者放弃他最后持有的头寸之前,这种奇迹通常不会出现。

解套就分以上三种类型,而那些想要交易突破行情的交易者也按这样的节奏进入市场:(a)立即入场,(b)较为保守,(c)最晚展开行动。请记住,行动最快的交易者不见得就是笑得最甜的交易者,因为他们也可能是最快落入假突破陷阱的交易者。因此,为了将一笔成功交易的潜力最大化,我们必须以狙击手的精准度来选择我们的入场点。在选择交易机会的过程中，适当的力量蓄积永远是我们最好的伙伴。

没有什么例子能比之前穿越1.36的那个假突破（2）更能说明这个问题的重要性。价格从这个形态的顶部直接跌到了这个形态的底部，之后几乎立即跌破了这个底部，中间完全没有力量蓄积的过程。之后，价格快速回升。这是一个经典的看跌陷阱。

我们还有什么理由可以支持这次逆势交易计划呢？比如，在交易的方向上将遭遇的第一个重大支撑位是位于入场点10点以下，这个理由怎么样呢？从技术分析的角度来看，我们可以认为聚集的价格线（1）将为市场提供支撑。这个位置离得比较近，但是在预期的买入力量破坏我们的做空兴致之前，我们有足够的空间来实现盈利目标。

这就好像一次在必须做出操作决定的压力下，权衡逆势交易利弊的任务。然而在实际情况中，事情可能会比想象的更简单。只要想想你在过马路时无数的信息涌向你的情景。各种交通工具和声音从四面八方向你涌来——慢慢滑动的汽车、飞驰的汽车、自行车、步行的老者、喇叭声、一大群小孩、滚过来的球、正在卸货的卡车——然而你的大脑仅在瞬间就处理完了所有这些信息，你不用放低速度就可安全过马路。在市场上，只要你也训练出大脑自动过滤遇到的所有信息的能力，你也可以像过马路一样轻松交易。当达到理想的熟练程度后，你常常会发现结构本身只是你几分钟之前做出的判断的最后印证——它更像是你整个分析的最后点缀，而不是在突破的最后期限前需要处理的一个新的信息。

让我们来看看这个BB结构，看这条信号线是如何确定的。之前的假突破（2）基本被忽略了，所以这条信号线应该画在上方高2个点，也就是5个相等的蜡烛线最低点处——这个从逻辑上说最合理的价格水平，刚好也与之前"M"形态的最低点相重合，并且只低于整数位1个点。

分析完所有技术方面的因素，现在可以肯定地说这次逆势交易是一次完全有效的交易。但是它还缺乏一个受欢迎的因素——适当的突破前压力。整体而言，任何箱体都代表了较大格局的突破前压力，而箱体内部微小的突破前压力才是压力最终释放的预兆。因此，如果蜡烛线（4）的价格没有跌破信号线，而是在一两根蜡烛线之后才跌破，就更好了。你能想象如果20期EMA将两个以上的十字星挤出箱体，该有多好吗？

不幸的是，就像之前说过的那样，市场不会总是善良到按照最理想的方式绘制我们的结构。保守的超短线交易者在无法确定一次交易的赢面是否较大时，总是会放弃这次交易。而较为激进的超短线交易者已经快速递出了空单，以抓住这次逆势交易的机会。然而，当价格在突破后决定再度回到箱体内时，交易者也必须保持头脑冷静。当你也遭遇这种情形时（你会遇到的），首先需要注意的是20期EMA的位置。只要这条均线还覆盖着这次假突破并且之后开始慢慢将蜡烛线再次推出箱体（只是一种形象的说法），这次交易还是有很大的概率获得成功。遇到这种情况时，不要因为发生了小小的亏损，比如1到3个点，就急着出场。其他结构也一样，在入场点附近发生一些小震荡也是突破交易的一个正常现象。

最后再说一下第一个BB结构。在市场第2次突破这个箱体时，固执的多头仍然试图将价格推高，但是这一次他们的努力最多只是对之前突破价位进行一次测试（5）。所有这些都是非常标准的价格行为，如果不是最后一次多头尝试——几根蜡烛线之后的一次穿越1.36的假突破（6），我可能不会注意到它。多么经典的一个多头陷阱！这样的多头交易要获得成功，价格必须向上穿越前期形成的一个巨大的阻力墙（之前的三重顶形态及其之后逐步降低的价格顶部）。除了"任何事情都有可能发生"这种定律可以作为支持外，就概率而言，交易这种突破是一种亏本生意。当然了，市场整体趋势是向上的，但是在这个时候入场做多就等于是选择了一条有着最多阻力的路径交易。

另外再提示一下，很难确定这次逆势交易是否能实现盈利目标。如果没有，就一定要平仓。即使交易没有实现盈利目标，警觉的超短线交易者也能在第2个箱体的入场价位（10）获得少量利润。但是，在目前阶段，我们还不需要考虑出场价的问题。

如果你仔细观察，走势图中第2个箱体实际上是一个三重底反转形态(7-8)的一部分。这个三重底形态基本上是之前三重顶形态的一个小翻版。看到一个"W"形态在之前的支撑位形成，而且这个价位很可能处于回撤的末端（位于一波显著趋势50%的回撤位），警觉的超短线交易者应该再次将雷达转向做多，密切关注价格的行为。

如果我们观察从"M"形态顶部到"W"形态底部的整个回撤，我们可以发现价格顶部在逐步降低。这是下跌趋势典型的波动特点。但是由于这波下跌趋势实际上只是前一波上升趋势的回撤，所以可以肯定有大量精明的交易者正在场外耐心等待再次入场做多的机会。他们只是需要一个有效的刺激因素。

从某种角度来说，识别出这个底部形态（价格底部不再逐步降低）可能就是多头建多仓所需的刺激因素，因此，价格在这个区域（第2个箱体）止住了跌势。但是大部分交易者也不会仅凭着这种预感立即采取行动，他们要等待之前的价格顶部发生典型的突破。毕竟，那才会彻底否定顶部逐步降低和底部也逐步降低的看跌形态，从而为空头和多头提供更大的技术支持。这时，空头出场，多头入场（10）。

注意：如果你在第1个箱体做空，之后不得不在第2个箱体突破时出场，那么最有利的做法就是点击"买入"键两次，这样在了结空仓的同时又建立了多仓。

由于无法知道市场会对任何单独的一次突破（不管是显著突破还是小型突破）做出什么反应，所以对市场抱有何种期望其实没什么意义。那只会带来失望、困惑，更糟糕的是还会导致偏见。交易者所能做的就是跟随价格行为并根据自己的方法来操作。不管市场准备了一些什么样的骗局，对于恪守纪律的交易者来说，都是一样的。市场上没有什么奥秘需要解开，也没有什么意外需要避开，更没有什么怪物需要打败。只有源源不断的蜡烛线排列在走势图上。

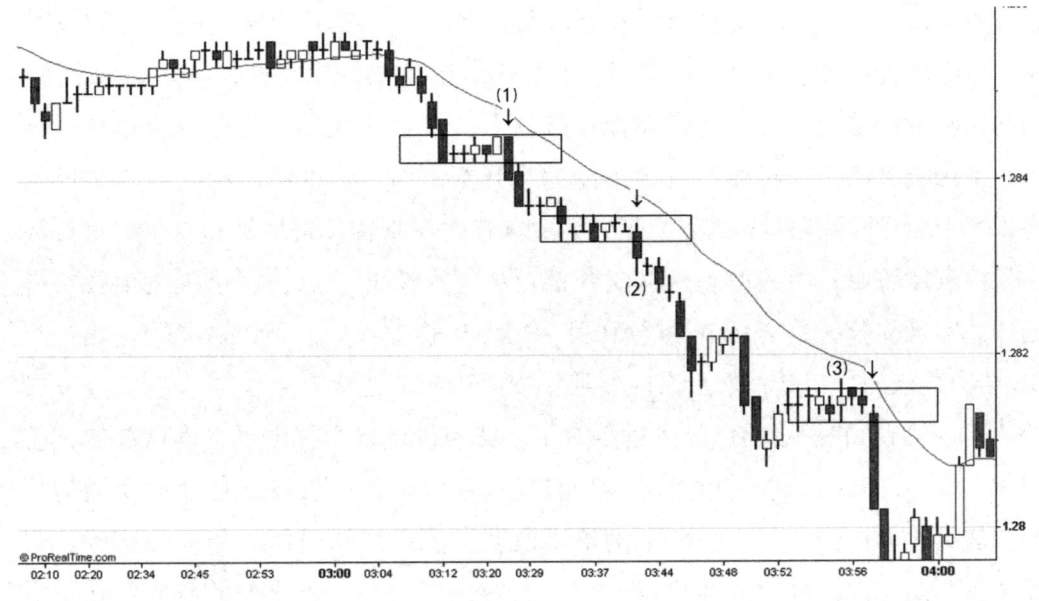

图 10.8

超短线交易者能够预测图 10.8 中的趋势像图中那样暴跌吗？无论如何也做不到！那么，在这个市场做空并从这波暴跌中获利 20 点（如果不是 30 点），也非常难吗？一点也不难！这个交易者会因为他只获得了这波下跌趋势一半的收益而生气吗？他当然不会！他只能根据市场提供的信息来操作。

图中那几个 BB 结构是一目了然的。这几个箱体的波幅均在 3 到 4 个点，箱体中的蜡烛线别无选择，只能以十字星的方式呈现出来。我们很容易画一个箱体将它们框起来，或者在较多相等的蜡烛线最低点处画一根水平的信号线。

这里有两个地方需要注意。第一个是非常实用的特点，并且有必要指出来，就是这些 BB 结构都是在非常相似的情况下规律地出现。正如我之前提过的，我的目标是将意外因素从这个游戏彻底清除出去。所以请允许我提出下面的假设。假设你在第一个箱体突破时（1）入场做空。当市场开始表现出盘整意向时（形成第二个箱体），你当前的利润大约是 6 个点——具体要看你的入场执行价是多少。为了方便讨论，我们假设当前的利润是 8 个点，这非常接近我们的目标价格。在出现略水平方向的回撤后，你很可能要面对另一个 BB 结构。假设你允许的资金都投入到了第一个头寸中（就像我们之前讨论的那样），如果第二个箱体也发生突破，那么这次交易就没有任何疑问了。当你第一个头寸触及了目标价格，你的保证金现在又可以使用了。但是这并不意味着你在是否参与第二个BB结构突破的问题上别无选择。在操作技巧上，你必须灵活一点。你可以这样做：在市场突破第二个箱体并且向下滑动了几个点时，你的第一个头寸肯定已经实现了10点的盈利目标（2）。此时不要急着欢呼或者长长地舒一口气，最好还是保持高度警惕，因为市场任何时候都可能再回来几个点，甚至就发生在突破箱体并实现你第一笔交易10点盈利目标的那根蜡烛线内。那时就是参与第二个BB结构突破的好机会，而且有时候还不需要因为"迟到"而支付一些罚金（较差的入场价）。我们之前已经见过多次了，突破价位常常被测试，而这些测试会提供一些很好的入场点。但是，有个前提就是价格行为没有改变这次交易的预期。这是一个重要的区别。举个例子来说明，假设你错过了一笔空头交易，市场现在开始在你错过的入场价下方7个点的位置绘制一个小型的双底结构，之后市场又回到了你箱体的底边位置，那么这次情况就大不一样了。现在，你的空头交易要实现盈利目标，就必须穿越一个潜在的反转形态（双底），这就大大降低了这笔交易获胜的可能性。一般情况下，在错过的突破之后的几根蜡烛线内（有时甚至就在那根入场蜡烛线内），再度出现的入场机会会像最初突破时的入场机会一样好。但是在其他很多情况下，最好是重新评估一下市场状况，就像交易者在最初突破时，也必须评估是入场交易好还是继续观望好一样。无论如何，当前头寸的目标价格非常接近下一笔交易的入场信号时（或者偶然发生重合），一定要保持警觉。如果运气好的话，你还可以抓住第二次交易机会。

这幅走势图中第二个有趣的地方在于它的技术特点，这与趋势中的第3个箱体有关。你有没有想过当市场已经下跌了这么多并且下跌这么快时，是否应该继续向下做空？我的建议是不要受到这些无谓猜测的影响，你看到了什么就交易什么。实际上，"这波趋势已经到头了"的看法正是这些趋势如此顽固的主要原因。我敢肯定那些激进的多头会在第3个箱体向上假突破（3）时入场，当他们不得不止损出场时，恰恰强化了他试图对抗的这波下跌趋势，这是多么讽刺啊！他们听到我这样说一定会抓狂的。

第11章 区间突破

我在写作本书之初时就打算不只为读者提供在市场某些时候有效的结构,我要为读者提供完整系列的超短线交易技术。只要正确运用这些结构,它们可以在任何市场状况中(趋势、回撤和非趋势)发挥作用。但是,交易者应该记住,这个复杂的超短线交易的关键不仅在于识别这些结构的能力,更在于真正理解它们相对于整体格局的角色。不在意这些微小区别,甚至完全忽略这些微小区别,很可能意味着勉强盈利和取得非凡成就的差别。例如,在一个不允许趋势立即继续的市场环境中,交易一个非常好的回撤结构,可能会严重影响超短线交易者的交易表现,并且这个交易者还不知道为什么。

特别是在横盘整理市场中,超短线交易者对技术是否熟练,很容易暴露出来。交易新手普遍认为从震荡市中获利的难度要比从单边市中获利的难度高。不管是因为感觉不适、恐惧、犹豫,还是仅仅因为没有理解价格行为的原理,这些交易者甚至决定连这些区间一起放弃。

虽然这也非常容易理解——毕竟,单边市一眼就能看出来,但是禁止在市场非趋势期间交易是完全没有必要的。事实上,区间市场的渐进式特点可以提供比单边市交易更高的收益,因为它为超短线交易者提供了更多的时间来评估当前的价格行为,并且以狙击手的精度来选择入场时机。

不管交易者的偏好是什么样的——复杂的还是简单的,快速的市场还是缓慢的市场,单边市还是震荡市,逆势还是顺势——他最好能精通所有能够获得的交易技术,这样才能获得最好的交易表现。毕竟,连续很多个小时一直等在场外，等待着自己偏爱的结构出现，这不是超短线交易的初衷（虽然有时候不得不一直傻等着）。

在研究了 DD 结构、FB 结构、SB 结构和 BB 结构之后，现在是时候看看这个非常有趣的区间突破结构（简称 RB 结构）了。不管你是否相信，我们的大部分交易都会以这样或那样的方式与某种横盘形态相关。比如，之前的箱体突破结构（BB 结构）就是交易一个小型的区间突破结构。即使是出现在回撤末端的两个十字星，也可以被视为一个区间突破结构，只不过是微型的区间而已。这全取决于交易者是用望远镜看市场还是用显微镜看市场。

为了方便我们讨论和理解，区间可以被定义为一个持续时间较长的震荡阶段，这个阶段内的所有价格似乎被包括在两根水平的边线之内。理想的情况是，这两根水平边线非常明确，并且至少有两个相等的价格顶部和两个相等的价格底部触及它们。但是在实际情况中，我们常常发现这些区间并不像定义的这么完美。尽管如此，这种区间应该很容易被发现，它的主要特点就是没有趋势。一个非常宽幅的区间中间很容易存在一些小趋势，但是除非它们的最高点和最低点在我们的走势图上明显可见，否则我们超短线交易者会完全忽略这些宽幅区间的存在。在 70 笔交易走势图上，区间形态的持续时间通常从 15 分钟到数小时不等，而一个小时是最适合的。

区间最显著的特点即是超短线交易者最想利用的特点，就是区间最终会被突破这一事实。区间持续的时间越长，区间的两条边界就越明确，发现相同突破价位的交易者就会越多，这就会提高必要的"跟进动作"（一个用于在新事件方向上明显的市场参与的术语）的可能性。但是，不是所有突破都是一样的。就像 BB 结构一样，突破前压力会使突破更可靠。在第 10 章的"箱体突破"中，我们已经观察到这种有趣的现象——信号线下几个小小的十字星常常会成为即将发生突破的先兆。在区间突破中也同样如此，唯一的区别就是区间突破需要更多的蜡烛线蓄积足够力量来作为突破的保证。然而这些事件背后的价格行为原理是完全一致的。如果你抓住了 BB 结构的原理以及它突破的典型方式，你就会理解这个区间以及它突破的特点。

第 11 章 区间突破

但是那会使区间突破像较小的箱体突破一样可以识别和交易吗？在大多数情况下，的确是这样的。但是，还有一些事情需要考虑。首先，在绘制最适当的 RB 结构信号线时，也必须像绘制 BB 结构的信号线一样灵活。区间中大部分相等的蜡烛线最高点低于区间绝对最高点一两个点，或者大部分相等的蜡烛线最低点高于区间绝对最低点一两个点，这都很正常。换句话说，超短线交易者在选择最具战略性的最高点和最低点画区间边线时，要从技术逻辑角度考虑，并且灵活一些。一般情况下，区间内的绝对最高点和绝对最低点应该作为我们的首选。但是，我们稍微缩小区间的幅度，常常可以找到更好的区间边线位置。这个策略在波动率较高的市场更有效。在这种波动率较高的市场上，区间绝对最高点和绝对最低点都比较突出，左右两边都没有一根蜡烛线到达这个价格水平。如果波动较为缓慢或者说区间的波幅较窄，就应该选择绝对最高点和绝对最低点，而不是选择比这个绝对极值更优的价格点（就入场来说）。

区间边线的起点通常是市场创出的显著的价格顶部和价格底部。随着区间逐步形成，市场也会绘制出新的价格顶部和价格底部。这些新的价格顶部和价格底部通常非常接近（甚至等于）我们之前确定的价格顶部或价格底部。随着市场逐步绘制出一系列更为显著的价格顶部和价格底部，调整我们区间边线的位置也是非常正常的。通常来说，大部分区间都非常明确，在绘制它们的边线方面几乎不存在争议。即使哪条边线存在争议，但它仍然可以提供一个可交易的入场机会，特别是在市场的根本力量将作用在交易的方向上时（也就是在阻力最少的路径上"刮头皮"时）。总体而言，只要有那么一点经验，灵活的交易者在确定适当的绘制区间边线的极值方面不会遇到太大的困难。通常情况下，将要交易的可能被突破的那条边线会较为明确，而区间的另一边就会非常不稳定，甚至会出现没有哪两根蜡烛线的最高点或最低点相等的情况。

但是，就交易区间突破结构而言，超短线交易者的最大挑战不是如何绘制理想的区间边线，而是能够及时识别出两种非常复杂的现象。这两种现象对那些还没有学习区间突破技术的交易者来说是个灾难。其实，这两种现象就是两种经常出现的交易陷阱，超短线交易者最好还是额外花些时间来研究它们。

第一个是众所周知的假突破陷阱，第二个虽然影响没那么坏但仍然是具有欺骗性的陷阱，我称之为"捉弄式突破陷阱"。

让我们先来看看假突破。读者可能还记得前一章曾讨论过这个假突破【图10.7，（2）】，当时市场从形态的最高点直接跌落到形态的最低点，并且几乎同时跌破了那个最低点。那确实是一种可怕的突破方式，并且往往会制造一个非常经典的陷阱。由于几乎没有突破前压力，价格在突破形态的边线后很可能已经耗尽了力量。这为逆势交易者提供了行事的极好机会，从而促成这次假突破。这些逆势交易者只会在某种情况下获得成功，但是他们的行为通常足以动摇一大帮突破交易者的信心，迫使他们仓皇离开市场。

陷入假突破是任何执行形态突破策略的交易者都会担心的事情。毕竟，永远都有两股相反的力量在对抗——预期边线将被突破的交易者与那些在相反方向上交易、认为边线即便暂时被突破但终将守住的交易者。好的地方在于双方不需要追逐价格就可互相买卖合约（他们只是交换相反的观点），糟糕的是肯定有一方会站在错误的市场方向上。

但是在这个混合了各种策略、时间框架、观点和认知的大熔炉中，什么是对的，什么是错的呢？当然了，我们只能从我们自己走势图的角度来看待这个问题。但是，即使我们选择了正确的市场方向（根据整体市场力量），但如果我们的入场时机没有选好，也可能是选择了一条阻力最多的路径交易，这当然是需要避免的愚蠢行为。在面对任何摇摆不定的交易时，止损幅度较小的超短线交易者肯定比那些交易同一个突破，但是在较大时间框架上的交易者或者止损幅度较大的交易者更危险。这就是正确的入场择时对任何超短线交易者来说，都很关键的原因。在市场上，选对了市场方向但是选错了入场时间，也会让你付出昂贵的代价。

我们之前已经讨论过，在突破之前出现突破前压力，是我们在突破交易中的最佳伙伴。不仅是因为它将导致价格逐步跳出箱体，通常还因为它会阻止市场突破之后再度回来（起到支撑作用）。毕竟，对价格来说，再度回来穿越突破前聚集的那些蜡烛线，比通过前方几乎没有阻碍的路要难得多。这种突破前压力的形成在走势图上是这样清晰可见，所以基本上不用担心陷入那种几乎没有经过力量蓄积，或者只蓄积了很小力量的突破中。我们不交易这种突破就是了。

然而，需要注意的是我们不可能完全避免假突破。即使是那种看起来最完美的交易最后也可能以失败收场。但是，我们没有理由让自己陷入那种明显的陷阱中。

捉弄式突破陷阱虽然不像典型的假突破那么危险，但是也要极力避免。这种突破几乎包含了有效交易的所有要素，但是从技术上说，交易这种突破也属于过早入场的范畴。然而，有时候，它与有效突破之间也只有一线之隔。虽然突破之前蓄积的一些压力会发挥作用：一些蜡烛线悬挂在区间的上边线之下（对于做多来说），或者停驻在区间的下边线之上（对于做空来说）。但是，这幅走势图缺少了一些东西，使得这个突破沦为了捉弄式突破陷阱，这个东西就是适当的挤压——价格逐步夹在 20 期 EMA 和区间边线之间。如果很多根蜡烛线都夹在这两者中间，那么潜在的突破就蓄积了很好的力量。还要再提醒一句，突破前压力不会总是以最理想的形式显现，有时候我们不得不接受介于捉弄式突破和真正突破之间的中间形式。

有时候，在可能完全错过一个区间突破和过早入场之间，存在着微妙的选择。但是，捉弄式突破陷阱的危害较小（与假突破的危害不同），是因为市场通常更容易原谅过早的入场。这种突破通常不会像假突破那样猛烈折返。实践告诉我们，即使价格可能非常接近超短线交易者的保护性止损位，但是这种摇摇欲坠的交易也极有可能实现预期目标。不管怎样，我们应该极力避免陷入这种捉弄式突破陷阱。

我们在讨论 BB 结构时就已经讲过，20 期指数移动平均线（EMA）不仅可以很好地协助价格穿越箱体边线，还可以阻止价格在突破箱体之后再度回到箱体内。在 RB 结构中，这根 20 期 EMA 往往也能发挥同样的作用。当然了，并不是 20 期 EMA 具有这样神奇的力量，只是这种视觉上的错觉让人印象太深刻了，以致忘记了这条均线只是这些蜡烛线已经为我们呈现出来的内容的一个反映。

我敢肯定，读者一旦熟悉了这个区间突破结构，就会发现我上面讲的那些都是有道理的。仔细研究接下来的几个案例是有好处的，我们可以肯定在任何24小时的时段内会多次发生这种区间突破。还要注意接下来所有走势图的纵轴，因为以00和50结尾的整数位往往会在区间的形成和突破中扮演重要角色。

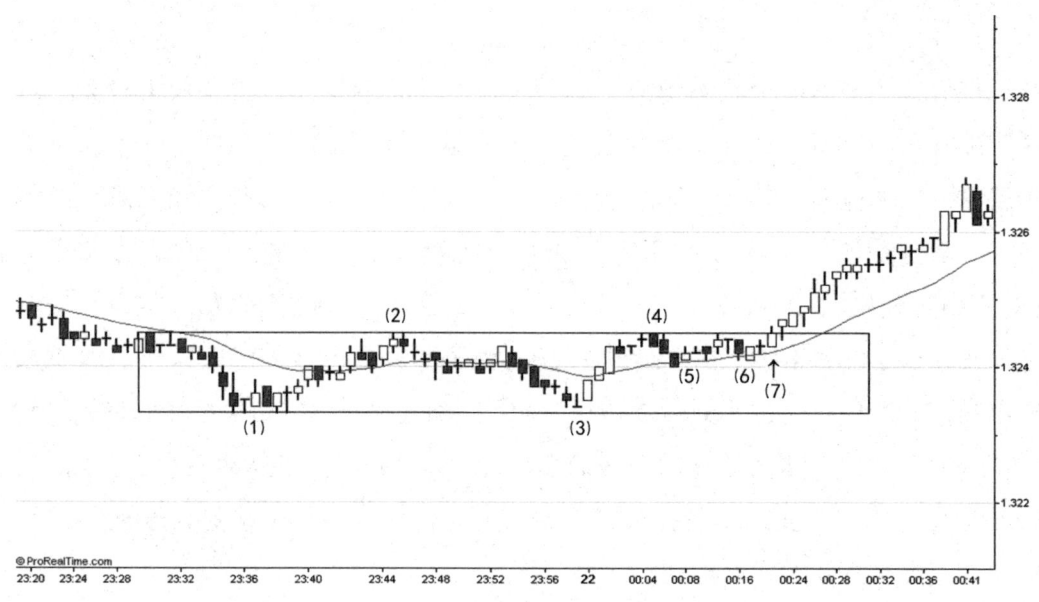

图 11.1

让我们从一幅几乎达到完美状态的走势图开始。图 11.1 中有一个非常常见的区间形态。这个区间箱体包括大约一个小时的价格行为数据。我肯定你已经知道为什么要像图中那样绘制这个区间的边线。当你在市场上看着这个区间形态发展时，你当然无法提前知道市场会以这样有序的方式形成一个区间形态。在很多时候，最初标记为区间边线起点的极值不会坚持到最后，所以超短线交易者在绘制区间边线时要灵活多变，一路要做好调整边线位置的准备。

在图 11.1 中，最初确定的区间边线受到了极大的"尊重"，没有被调整。图中最先确定的是区间的下边线。超短线交易者可以在价格从第一个最低点向上折返后，就在这个最低点处绘制区间的下边线，但是只有在价格再度回头测试这个价位并且再度向上折返后，这条下边线才真正获得了显著性（1和3）。区间的上边线已经在第一个价格顶部（2）出现时初步确定，但是只有在另一个价格顶部（4）与之前确定的价格顶部重合时，这条上边线才得到进一步的确认。除了两个最高点确定了区间的阻力位，两个最低点确定了区间的支撑位外，没有多少关于市场未来方向的信息。我们所能做的就是以开放的心态关注着价格行为，让市场按照它的计划来走。价格不会永远在区间的上边线和下边线之间来回震荡。如果它们没有在一波过于急切的单方向进攻中跳出区间，那么在某个时候，它们要么开始停驻在上边线之下，要么开始逗留在下边线之上。

当市场在第二个顶部之后平稳下来，但无法再次穿越20期EMA时，胜利的天平开始倾向多头一方（5）。其他的不说，至少有一点很明确，价格现在保持在区间箱体的右上角，指向一次向上的突破。现在多头获得了比空头更多的优势。如果让价格再次下跌穿越这条均线，或许就是弃权，那会赋予第二个价格顶部更高的显著性。事实上，走势图在整数位（1.3250）下方绘制了一个看跌双顶形态，这在多头看来，可能就没那么可爱了。这个形态可能极大地激励新的空头开始更激进地卖空。

所以，多头的任务是将价格维持在区间箱体顶部，并且最好是一直处于均线之上，然后再慢慢移出那个区间箱体。而空头有他们自己的任务，就是阻止这一切发生，并且越早越好。

正如你看到的，当突破方向上的区间边线显著性很高时，就很容易判断RB结构交易的入场点（7）。

空头有什么方法可以阻止这个突破发生吗？当然有。他们只需要在卖出时比多头的买入更激进。但是很明显，图中有什么东西阻止了他们这样做。

是因为出现了"挤压"（6）吗？谁知道呢？技术交易者可能已经识别出了在区间后1/3部分（3~7）形成的杯柄形态———一个看涨形态。再回过头来，他还可能已经发现了一个狭长的"W"形态一直从区间箱体的左边延伸到箱体的右边。其他交易者还可能注意到，市场在走势图之初下跌到"50"结尾的整数位区域后，缺乏必要的"跟进动作"，这意味着市场的做空兴趣较低。

不管这个结构对交易者是多么有用，但一定不要忽略了市场的整体状况。只有当这个结构与市场上更大的力量相符合时，才能考虑交易。

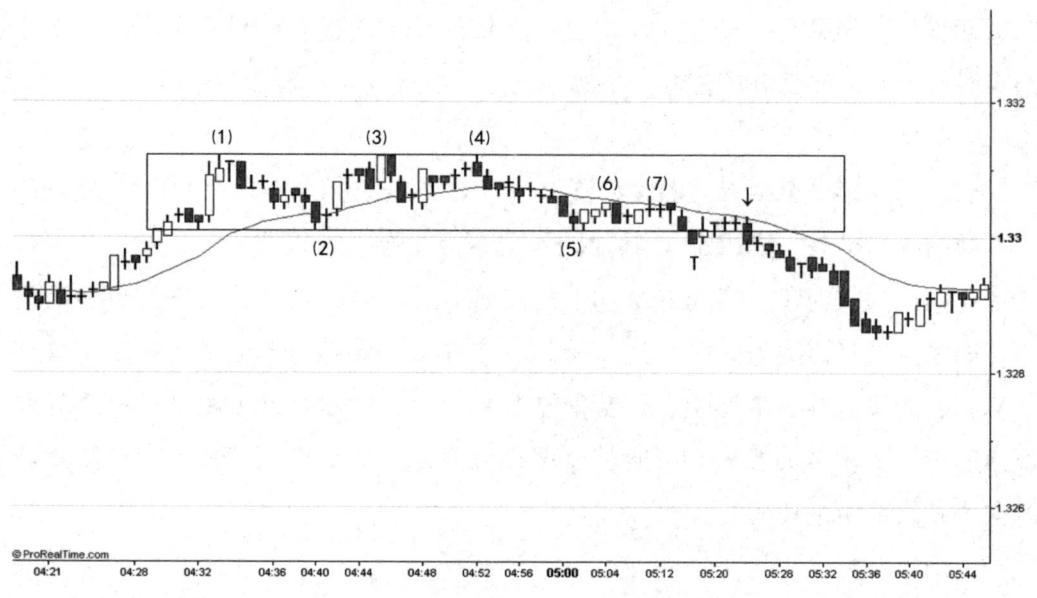

图 11.2

图 11.2 这幅走势图几乎是前一幅走势图（图 11.1）的翻版。整数位区域的突破再一次将交易者引入了错误的市场方向。前一幅走势图是一个向下的突破，不久就转为向上的突破，而这幅走势图是一个向上的突破，之后很快转为向下的突破。

这些整数位突破失败是有什么原因吗？可能只是因为缺乏"跟进动作"。在非常清淡的市场上，或者在那种整数位更多是一个符号，并没有代表真正支撑位或阻力位的情况下，交易热情消退也实属正常。在这些情况下，可以肯定没有太多止损单布设在这些价位周围。因此，价格依然保持平静。就像那些持仓的交易者没有看到平仓的必要一样，那些场外观望的交易者也不会就这么仓促地进场。

比指出这些理由更实用的做法是问自己，是否能够预测这些失败的整数位突破并且加以利用。有趣的是，在大部分情况下，确实有一种形态可以识别。这些整数位首次被突破时，常常要经过艰难的斗争。突破之后不久，突破价位常常会被成功测试。看到这一情况，大量交易者会涌入市场，认为他们会大赚一笔。之后，因为某种原因，这场游戏像火焰熄灭一样结束了。交易者任何时候都能以市场允许的更优的价格买入或卖出，但是如果没有新的交易者认同他们在市场方向上的想法（缺乏跟进动作），他们就会陷在错误的方向上。这种情况发生在非常接近整数位的一个明显的区间内也并不奇怪。超短线交易者的任务就是从技术分析的角度指出这种窘境何时难以承受。当然，这个观点就是利用他们逃跑的本能。

所有事情在事后看来都是非常简单的，然而，如果你能抓住导致图 11.1 中向上突破的市场各方力量的概念，我肯定你也能明白为什么这个区间半路上开始表现出向下突破的兴趣。

让我们再仔细看看价格在走出第 3 个高点（4）以后是怎么发展的。几根蜡烛线之后，在 20 期 EMA 区域，市场对这个高点的反应（一次小小的反向波动）并没有被新的多头接受，这就开始对多头们不利。那可能是一次将价格推高的好机会。在那个地方，他们可以屈服于看跌压力，从而形成一个很好的"挤压"状态，然后迫使价格向上穿越区间箱体的上边线。事实上，之前的三个价格顶部（1、3 和 4）构成了一条极好的区间上边线，可以在这个价位交易向上的突破。

但是，向上的突破并没有出现，市场转向再次触及了区间的下边线（5）。现在，甚至形成了一个典型的三重顶形态。这些都不是看涨的信号。

但是，希望仍然是有的。毕竟，整数位区域之前曾被突破并且之后被成功测试，这都能够说明一定的问题。如果新的多头在 1.33 的整数位上方激进地买入，激励更多的多头跟随他们的脚步，将价格再次推高到区间的上边线，那么这幅走势图就会在整数位区域呈现一个明确的双底形态（2 和 5）。那就会是一个强烈看涨的信号。

有时候，它只需要一根蜡烛线就可将美好的希望打破。那个上影线高于其左边价格顶部（6）1个点的小小十字星（7）怎么样呢？在看涨市场中，在整数位区域形成一个双底形态后创出一个更高的高点，会吸引新的多头加入市场。到底是什么原因阻止了他们行动呢？我们可以假设是因为左边的三重顶形态。但是解释其他交易者行动或不行动的原因，并不是我们的工作。所有一切都只是信息而已。

作为敏锐的超短线交易者，我们的任务并不只是追踪一幅走势图，还要从中寻找线索。我们搜集的信号越关键，我们就越能预测市场上哪一方力量将获胜。有时候，这些信号会非常明显，就像三重顶形态和其他众所周知的反转形态，但是有时候也会非常隐蔽，就像1个点的假突破。判断一个走势图事件的价值的最佳方法，是考虑它在走势图上相对之前价格行为的位置。比如说，如果市场没有在不久前绘制那个三重顶形态，那么图中那个向上的小小假突破（7）的指示性就会大大降低。

随着现在价格已经被压制在20期EMA之下，市场已经处于向下突破区间下边线的边缘。

这就将我们引向了一个有趣的地方，可能你已经发现，就是价格首次向下突破区间的下边线。为什么我要将这种突破称为捉弄式突破呢（T）？

的确，这反映了一种死里逃生的情况，我也不会与那些认为它是一次有效突破的交易者进行争论。就我个人偏好来说，我更希望看到价格在向下突破前发生一点"挤压"。如果市场在区间下边线的地方绘制几个十字星（就像BB结构一样）就更好了。但是一定要声明一点，采取保守的立场绝对不会永远都是最成功的做法。

如果我们能在这些假突破，特别是这些捉弄式突破上总结出一些经验法则，就太好了，但是可惜的是，这常常取决于当时的市场状况。这里的市场波动及其缓慢，价格行为也受到极大的压制（几乎每根蜡烛线都是一个十字星）。这让我想等待一种更好的情况，比如一个稍微快速波动的市场。但如果是波动非常快速的市场，我可能因为太过保守而完全错过这次突破。

注意：说到假突破陷阱和捉弄式突破陷阱的区别，我们先假设05:00的那个最低点（5）穿过了区间下边线1个点。那就不是捉弄式突破，而是之前价格底部（2）的假突破。为什么呢？因为价格是直接从形态的最高点（4）跌到形态的最低点，并且立即发生了突破，期间没有任何力量的蓄积。那代表了一个经典的假突破（就可能性而言，当然，任何突破都可能发现"跟进动作"，从而证明自身的真实性）。而在捉弄式突破中，区间的突破通常不会以源于形态的顶部或底部的波动开始，更多的是从形态的中部开始，至少是从20期EMA区域开始。例如，在一次向下的突破中，在突破之前，价格通常先触及区间下边线，然后反弹，在20期EMA区域走出一个处于形态中部的高点。之后，在均线和区间下边线之间发生一些"挤压"，但是通常不会考虑它是否蓄积了足够的力量来促发一次可交易的突破。最好能够看到价格在区间的下边线和均线之间来回震荡好几次，直到它们最终被"挤"出去。这样说是有道理的。在"挤压"期间换手的合约越多，一旦支撑位跌破，发现自己处于错误的市场方向上的交易者也会越多。并且他们中大部分人不得不卖出刚刚才在区间下边线买入的合约。另外，大量场外观望的空头会急切地进入市场，这就创造了我们理想的双重压力，因此，我们跟着冲进市场（这就是所谓的"跟进动作"）。

有些时候，这种小小的连锁事件是很容易预期的。有些时候，对这种"挤压"状态的评估就非常微妙，它会让超短线交易者不知道是否应该交易，特别是当20期EMA和区间边线之间的距离只有几个点时，这种捉弄式突破与有效突破之间很难进行区分。

如果你遭遇了这种捉弄式突破，或者其他表现得像捉弄式突破，但却是真正突破的突破，也要像在BB结构中遇到价格突破了箱体但后来又回到箱体中的情况一样，保持冷静，不要惊慌。正如我们在之前讨论的几个案例中看到的，20期EMA仍然可以将价格引导向对交易有利的方向，就像上一幅走势图中那样。在很多时候，它也是市场最终突破的决定性刺激因素。

比较一下这幅走势图中突破之后的一连串黑体蜡烛线和图11.1中突破之后的一连串白体蜡烛线。这两个波动代表了什么呢？它们明确显示了那些陷入错误市场方向的交易者在仓皇出逃。例如，在图11.2中，所有在区间内选择做多合约的超短线交易者，在价格跌破1.33之后，都遭遇了亏损。这一连串黑体蜡烛线就代表了他们的窘境和恐慌，所以也意味着他们在快速平仓，将手中持有的多单卖回市场。而正在场外观望的敏锐的空头，自然已经嗅到了血腥的味道，他们很愿意快速将合约卖给仍然看涨的人。对下跌来说，这个行为无异于火上浇油。当然，即使是单边下跌的市场，也永远可以找到准备做多的人。但是这些多头也不会急切到不需要等待更低的价位入场。所以，价格会一直下跌，直到市场最终平静下来，此时多头比空头更愿意入场交易。简而言之，这就是供给和需求的原理，只不过是以相同的方式在不同的方向发挥作用。我们的任务就是在它发生之前预测到它。对于新手来说，这似乎是一个艰巨的任务。然而，那些善于观察、研究并学习的交易者很可能已经注意到它的重复特性。很快，他们就会利用这些特性。

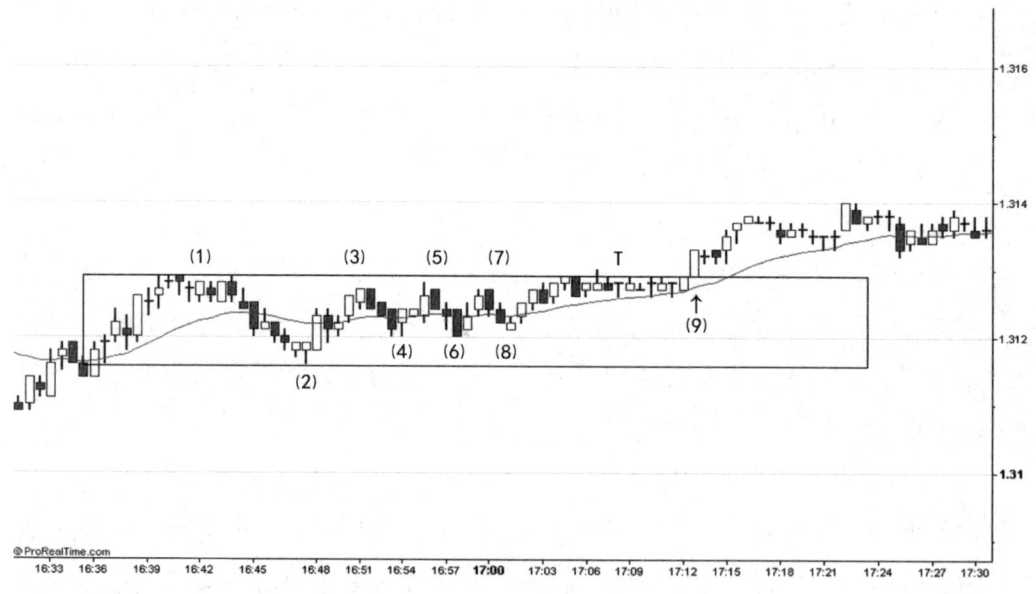

图11.3

只要研究过欧元/美元货币对的日内走势的交易者，一定会注意到这个货币对的波动方式通常是以 20 点为一个阶梯。例如，在图 11.3 中，1.3120 的价位被向上突破，然后被测试，之后，市场的下一站很可能是 1.3140。这种模式一直不断地重复着，不难想象有多少日内交易策略只是为了利用这一现象。确实，市场对这些整数位如此着迷，真是令人称奇。当然，作为超短线交易者，我们只对一件事情感兴趣：可以为我们所用吗？

心理学家让我们相信这种普遍存在的整数效应（在生活的其他领域也非常明显），其实与价值没有什么明确的关系，它只是人类大脑过滤噪音防止信息超载的一个方式。从实际的角度来说，它还有一种强烈的自我实现倾向——如果我们都相信这些整数位是关键价位，那么我们在这些整数位区域采取的行动也会赋予这些整数位重要性。不管怎样，抛开其他不谈，这些整数位以有序的方式将价格行为框起来，也有很好的作用，就好像在这些区间上绘制了边线，为我们明确了阻力位和支撑位。当提到"20"价格水平（以 00、20、40、60 和 80 结尾的价位），你可能已经注意到，我已经在这幅走势图中用软件标示出了这些价格水平。但是我只是把它们当做参考，不会把它们当做绝对的阻力位和支撑位。它们在那一刻也可能提供有效的阻力和支撑，但是我还是让价格自己来证明。坦白地说，出于对简单永无止境的追求，我曾经试图在一幅干净的走势图上交易，也就是说没有添加"20"价格水平的支撑阻力线。但是没有这些支撑阻力线将价格行为框起来，我的大脑感到有一点不适应。这可能只是一个个人习惯，所有超短线交易者都可以尝试最适合自己的方法。最后要提一点，价格从"40"结尾的价位波动到"60"结尾的价位的过程中，以及反方向的波动过程中，事情可能会比较复杂。不管你是否喜欢，外汇交易是一个大型游戏，"50"结尾的价位通常是它们最喜欢的价位。不像"00"结尾的整数价位，"50"结尾的价位不是一个"20"的价格水平。因此，在"40"结尾的价位和"60"结尾的价位之间，价格有时会比较混乱。但是，不要在这些价位抱有任何期待，只要保持警觉就好了。要密切关注任何价格行为，但是也要特别留意"00"和"50"结尾的这两种关键整数位。这两种价位通常也是较大时间框架走势图关心的价位，因此，我们才能看到这么多区间出现。

让我们看看图 11.3，看图中那个 RB 结构是否容易发现。到走势图中部时，交易方向还是不明确。超短线交易者要继续保持耐心，少安毋躁。为了明确支撑位和阻力位，他可能已经在第一个价格顶部（1）绘制了一条水平的区间上边线，之后在第一个价格底部（2）绘制了一条水平的区间下边线。提示：你不一定需要绘制一个完整的箱体，绘制一条穿越较多蜡烛线最高点的上边线和一根穿越较多蜡烛线最低点的下边线就可以了。

任何时候都有三种眼睛在看一幅走势图——多头的、空头的和中立者的。不用说，从中立者的角度来看价格行为才是正确的。但是，很多交易者会不由自主地从他们当前的立场（或者愿望）来看市场，所以要么是从多头的角度要么是从空头的角度。这有点像一个新棋手在进攻对手时，只是四处移动他的棋子。这种棋手对布阵没有什么概念，甚至完全没有注意到自己的防御中存在很多漏洞。

当存在上涨偏见时，多头就会将三重底形态（4、6 和 8）视作一个强烈看涨的信号，认为市场正在蓄积向上突破的力量。这种看法是有道理的。市场在 1.3120 区域受到了明显的支撑。如果这种底部逐步升高的形态继续，那么从技术角度来说，价格最终向上突破区间是最符合逻辑的结果。

但是如果从空头的角度来看这个市场，交易者会欣喜地发现图中有一个三重顶形态（3、5 和 7）出现在比之前的价格顶部（1）略低的位置。

作为中立的超短线交易者，我们只要静坐一旁，看市场双方各增加了什么砝码。如果你将手指按在走势图上，挡住 17：00 之后的价格行为，你可以看到市场并没有做太多努力来让这幅走势图看起来更倾向空头。价格向下突破 1.3120 价位几个点只是制造了一个恶作剧。然而，有件事很重要，就是此时一定不要因为无聊而离开电脑显示屏。如果此时多头能表现出更多的耐心，特别是当市场进入了潜在的"挤压"阶段时，我们很可能在几分钟之内就会获得一个极好的交易机会。

区间上边线的首次突破应该归类为典型的捉弄式突破（T），因为它之前并没有经过适当的"挤压"。如果希望市场发生一次更可靠的突破，那么最好能够看到价格再次测试 20 期 EMA，然后以力量蓄积的方式进攻上边线。事实上，这次捉弄式突破之后的价格行为，完全是一次完美的"挤压"，从而提供了一次极好的 RB 结构交易机会（9）。

如果这些捉弄式突破在折返回来之后，如此频繁地受制于 20 期 EMA 并且最终能够发生真正的突破，那么我们能不能干脆将这种突破视作有效的突破，并且直接交易呢？这是一个非常好的问题。到目前为止的几个案例都显示交易的结果倾向于这种选择。但是，从我的观察来看，在大多数情况下，多一点耐心也一样可以抓住成功的机会。换句话说，因为保守而错过一次区间突破交易的概率要比你想象的要低。其次，还需要考虑交易保护的问题。我们在后面的"交易管理"一章中可以看到，"挤压"可以提供极好的止损位。相反，捉弄式突破从本质上说是一次较为仓促的突破，它在设置止损位方面，很少提供如此明确的指示。在交易突破时，耐心真的是一个优点。因此，我的建议是尽量避开那些没有经过力量蓄积的突破（假突破陷阱）和那些只有很少力量蓄积的突破（捉弄式突破）。

注意：如果价格在捉弄式突破之后再度回到区间内，之后不久又像一个有效 RB 结构一样发生真正的突破，那么就没必要一直等到这个捉弄式突破的极值也被突破后才入场。通常情况下，只管像没有发生过捉弄式突破一样直接交易。也就是说，在价格突破原来区间边线的那一刻，就可以入场了。有个例外情况就是，如果连续出现多个捉弄式突破，形成了一条新的阻力线或支撑线，那么建议从新的区间边线的角度来重新评估交易状况（后面图 11.6 中有一个好案例）。

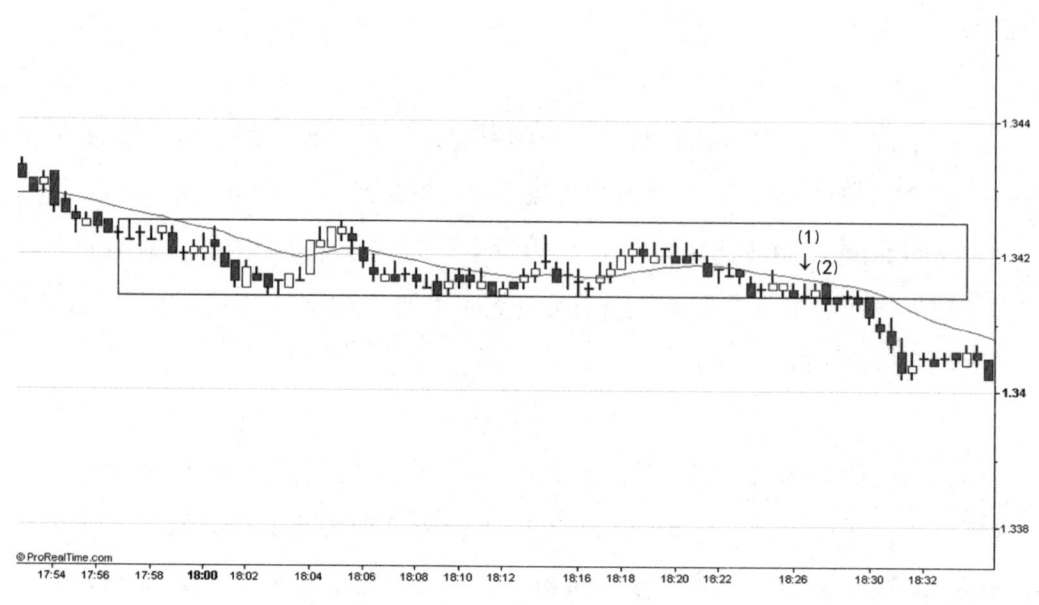

图 11.4

在较大的时间框架上，这种价格行为可以视为价格在继续下跌前做的短暂停顿。例如，不难想象图中从 18：00 到 18：30 的价格行为在 15 分钟走势图上只是两个小小的十字星。有时候交易者禁不住会去注意一些对他的方法没有价值的信息。一个好例子就是超短线交易者偶然在日线图上发现了一个巨大的反转形态。这种信息很容易导致他在接下来的时间里带着强烈的方向偏好，即便只是在潜意识层面。超短线交易者不要认为自己可以避免这种情况。怎么才能保护自己免受这种直觉偏好的影响，我个人的看法是我承认我也是人，难免不犯这种愚蠢的错误。所以，一个对策就是我不会去看其他人的市场观点，并且避免任何不必要的信息——我让我的 70 笔交易走势图只显示差不多两小时的数据，这差不多是这本书中所有走势图尺寸的两倍。一般说来，绘制几百根蜡烛线已经可以很好地满足我们"刮头皮"的需要。就个别蜡烛线而言，你可以拿它与任何日线图上至少 9 个月的价格行为做比较。

然而，9 个月的日线图是否能够绘制一个像这幅图中那样完美的区间形态，还有待观察。在价格最终屈服于下行压力之前，有 12 个相等的极值构成了这个区间的下边线。

第 11 章　区间突破

你很可能已经看出来这里为什么不需要因为担心捉弄式突破而延迟入场。这里经过了一个完美的"挤压"（1），因此，空头可以直接入场交易。永远没有办法预知市场这种不愿意接受最可能的命运的情绪（2）。无论发生什么，只要发生了，不管是在场内还是场外，我们都必须接受。然而，接下来几根蜡烛线也紧紧靠在均线下方，正如经常出现的那样，由于没有新的多头来营救，最终价格选择了阻力最少的那条路（下跌）。

区间下边线之下约 12 点的整数位一定也对这次成功的向下突破做出了贡献，因为它拖曳价格穿越了它上方的"真空地带"。为什么那是"真空地带"？你会发现在上方有着如此强大的阻力位（突破的区间），下方又面临一个整数位的情况下，没有太多交易者愿意入场做多。他们想等待这个整数位被测试，甚至被超过。因此，所谓的"真空地带"仅仅是市场暂时缺乏做多兴趣而已。

注意：在面对一个几乎完美的整数位附近的"真空"交易时，会出现一个贪婪的小问题，或许现在就是解决这个小问题的好时候。为了便于讨论，我们假设我们的入场空单在"00"结尾的整数位上方 13 点的地方被执行。由于在通常的突破中，价格很可能触及那个整数位，所以，将我们 10 点的盈利目标增加两个点，以抓住那很可能出现的 13 点的波动，是明智之举吗？

让我们做个计算，看我们是否能够得到一个满意的答案。如果这个策略奏效了，我们就获得了额外的两个点收益。但如果价格下跌 10 个点之后，开始掉头，最后不得不止损出场，假设止损两个点（较轻微的止损），那么算下来就是 12 点的损失（10 点错失的收益+2 点的亏损）。所以，这个策略只要失败一次，交易者就需要重复这个贪婪的行为至少 6 次，才能将损失补回来。并且这还只是从冷静分析的角度来弥补损失。不难想象最初这个亏损还会影响我们的情绪，这种情绪上的损失也需要补回来。毕竟，不再坚持一个交易计划，然后看着与预期完全相反的结果才是真正的痛苦，远远超出了实际的损失。

当然，你也可以改变这里的数字并且再试一次。但是请记住，你最初的盈利目标每增加 1 点，交易获胜的概率都会跟着降低一分。

我的建议是最好还是坚持原本已经很好的交易策略，不要因为想从市场中获得额外的收益而改变已经很好的交易策略。随着时间推移，甚至是最好的交易方法也可以得到改进，但是这些改进常常是因为对方法越来越了解而逐渐出现，不能源于想要多赚几个点收益的冲动。当可以持续从市场中获利时，随着账户资金增长，成交量自然也会跟着提高。当一个持续盈利的超短线交易者能够相应提高每笔交易的成交量，当然也就不需要冒着更高的风险去贪图那额外的几点收益。

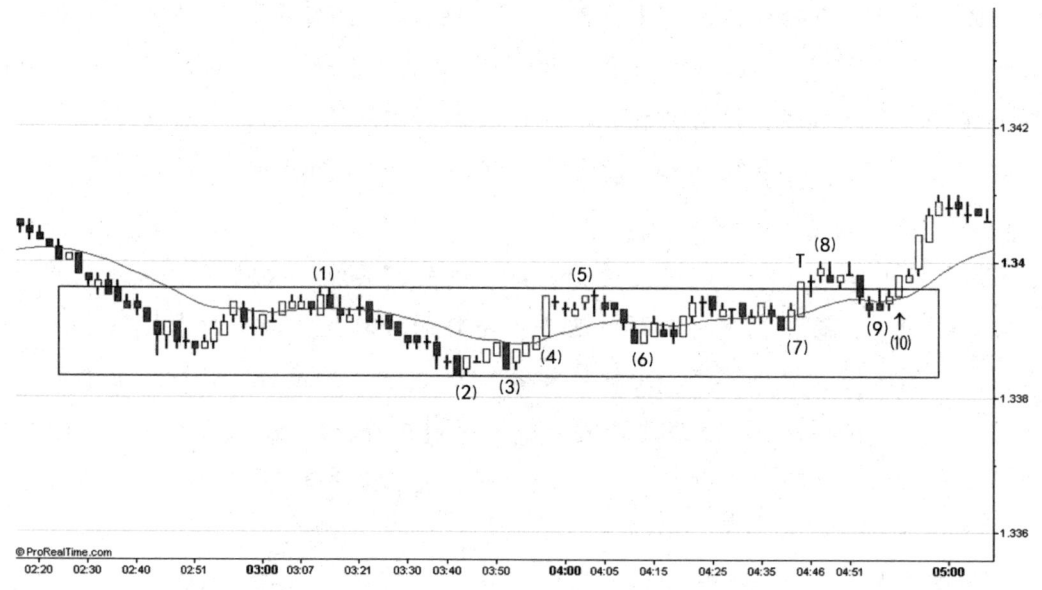

图 11.5

整体而言，图 11.5 这幅走势图并不是一幅非常生动的市场行为走势图。市场几乎是懒洋洋地绘制出了图中的这些蜡烛线，并且图中的区间花了两个半小时才发生了突破（超过了平均时长的两倍）。但是我们不时会遇到这样的情况，特别是在亚洲交易时段。我们研究一下其中技术细节，看是否可以从中学到些什么，也总归无妨。

在走势图之初，几乎没有太多的阻挠，市场就穿越了 1.34 的整数位区域。正如之前讲过的，这并不一定意味着这个整数位已经被彻底放弃。但是从技术分析的角度来说，我们应该这样认为，除非出现了其他证据。最初，市场上的多头似乎不太愿意去证明这个突破是假突破。多头首次并且是非常微弱的尝试将价格推高回到了 20 期 EMA 区域（1），打算测试 1.34 的整数位。之后不久，市场又缓慢下跌到比之前最低点更低的价格水平（2）。在第二轮的较量中空头获得了胜利。

尽管在缓慢下跌的市场上出现一个更低的价格底部，算是技术上的一个刺激因素，但是空头几乎没有"跟进动作"。这是一个有趣的信号，并且不会被市场上永远存在的逆势交易者所忽视。对他们来说，这可能刚好就是一个促使他们再度将价格推高的刺激因素。

在市场上，其中一方想"光复失地"最好的办法就是以循序渐进的方式展开行动。比如，多头在价格低于 20 期 EMA 的情况下激进地入场买入，致使价格快速穿越空头的防卫区域，通常就是一种愚蠢的做法。这样做，只会快速地耗竭自己的力量，是在自寻死路。这种冲动型的进攻最后往往演变成一次假突破。

想要拿回市场方向控制权的第一步应该是攻克 20 期 EMA。对多头来说，要说服场外观望者加入逆势交易的行动中（并且迫使顺势交易者出场），一个较好的办法是首先在 20 期 EMA 下方绘制某种可以作为支撑信号的技术形态。这种形态可以是一个非常小型的双底形态，一个升高的价格底部，一个非常显著的十字星，或者是表示价格止住跌势（至少暂时止住）的任何东西。这里就绘制了一个升高的价格底部（3）。

下一步就是试着穿越 20 期 EMA，这是逆势进攻的关键步骤，因为顺势交易者常在这个区域展开趋势方向上的新一轮进攻。重新掌控这条均线肯定会获得技术上的优势，至少会说服一部分人了结多头头寸，另一部分人入场建立空头头寸。在这幅走势图中，在出现升高的价格底部之后突破 20 期 EMA 的首次尝试就相当具有说服力（4）。只需要看看那根强烈看涨的蜡烛线——超过了它临近蜡烛线长度的两倍——你就会承认这个步骤的关键性。这是一个向市场表明空头已经完蛋的信号吗？不是的。但是这确实削弱了下跌的动量，并且也拿走了空头具有的"价格处于 20 期 EMA 之下"的这一优势。

试图立即进攻前期的最高点，显得有一点贪婪（5）。较明智的做法是在20期EMA上绘制几根蜡烛线，将重新征服的20期EMA作为一个支撑，然后再展开进攻。这主要是为了慢慢说服其他人加入，过于仓促的进攻往往会非常快地耗竭己方力量。然而，这次失败的尝试也为市场呈现了一个相等价格顶部，确认了由之前的价格顶部（1）确定的阻力位。假如区间是向上突破，超短线交易者现在就有了判断突破价位的标准——连接两个独立价格顶点的区间上边线。

如果市场波动较快，超短线交易者可能已经将他的区间上边线绘制在低于区间最高点1个点的地方，即便在04：00之前，这个价格水平似乎都比高于它1个点的区间最高点更合理更重要。尽管如此，在一个像图11.5一样波动这么慢的市场上，超短线交易者也不要试图抢在实际极值被突破前入场，即使只抢1个点也不行。假如交易者选择将上边线绘制在低于图中上边线1个点的地方，之后一个新的最高点（5）击穿了它，但这也不是一次有效的突破，更多的是介于潜在的假突破陷阱和捉弄式突破陷阱之间（说假突破，是因为突破前的波动是始于区间的底部，说捉弄式突破，是因为价格在向上突破之前确实曾尝试蓄积一点压力。）

接下来是围绕着20期EMA展开的差不多半小时的战斗（6-7），最终多头一方获得了胜利。他们不仅让20期EMA一直上升，还制造了两个逐步升高的价格底部（6和7）。

总的来说，区间内的价格行为虽然拖沓一点，但是慢慢也开始透露其真实意图。技术交易者可能已经识别出整个区间箱体内是一个非常常见的、独立的头肩底反转形态。无疑，这个形态的反转含义一定激发了不少看涨热情，在没有适当力量蓄积配合的情况下（没有经过"挤压"），多头仍急切地想要突破区间的上边线。结果就是，一个我们可以归类为捉弄式突破的假突破，因为这次波动是始于20期EMA区域（T）。

如果在区间上边线之下经过了足够的力量蓄积，那么位于区间上边线之上几个点的那个1.34的预期阻力位就不会阻碍交易者交易这个RB结构。但是，期望一次从10点以下的地方（7）开始的上攻能够突破一个区间，并且不会在

1.34 的整数位耗竭力量，就等于是要求一个冷清的市场释放一些它根本就没有的力量。最后，它确实突破了，但是在几根蜡烛线之后，价格还是再度回到了区间内，证实了这一次假突破。

很显然，这并没有令多头感到灰心。虽然价格回到了区间内，但它们还是紧紧贴着区间的上边线，形成了另一个升高的价格底部，作为技术支撑（9）。20 期 EMA 没有像在之前几个案例中那样很好地将蜡烛线"挤"出区间（10），不过也没什么关系。这主要是因为价格在之前的捉弄式突破之后是犹豫地回到区间内。连续 6 根蜡烛线收盘于区间上边线之上，均线只能跟随它们的脚步上升。不过请记住，均线的辅助作用虽然有时非常显著和准确，但并不是交易的必要条件。我们的交易决策要永远基于价格本身。

即使作为超短线交易者，这些漫长的区间也是避免不了的。然而，一定不要让急躁的情绪影响了你的分析能力或者让你对市场感到厌烦。你不需要一直交易。其他交易者也不会让市场以满足你的超短线交易需求的方式波动。他们需要介入市场的合理理由。如果你都没有看到这种理由，为什么他们看到了呢？

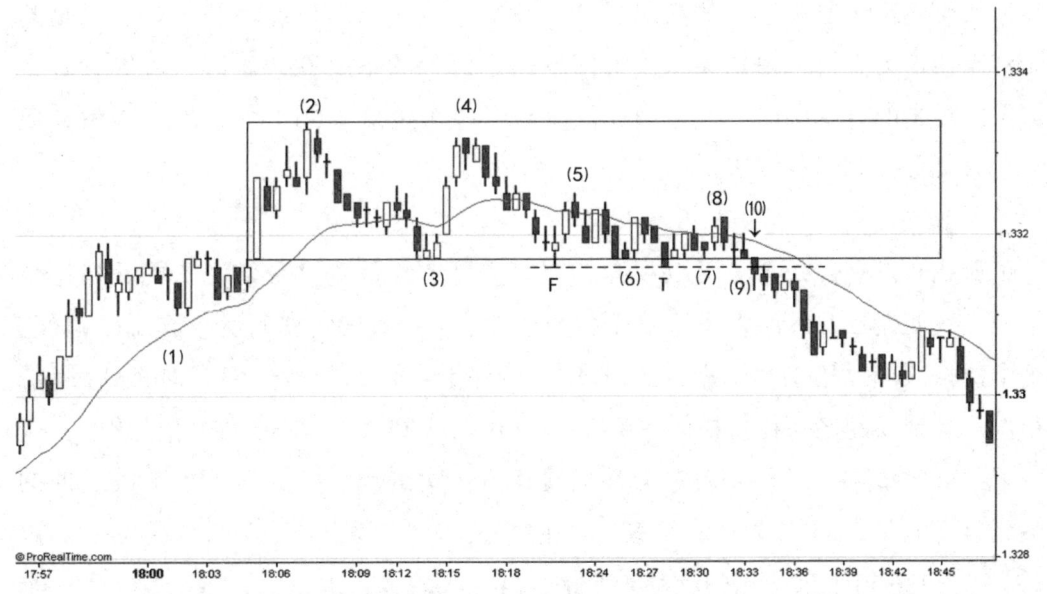

图 11.6

在研究这个 RB 结构入场（10）之前，我们先看看图 11.6 这幅走势图前半部分的一些关键技术点位。很显然，局面开始对多头有利。不仅因为价格以非常勇猛的方式突破了 1.33 的整数位，而且这些蜡烛线都没有发生显著的回撤。价格只是横向波动，形成了一个典型的看涨旗形（1）。这个形态以典型的方式被打破，但是在新一波做多力量衰竭的那一刻（2），逆势交易者立即展开猛烈的进攻，希望获得可观的收益。虽然价格试图在第一个"20"价位反弹，但是下行的压力一直坚持不懈，直到市场回去测试那个视野内唯一有效的支撑位——看涨旗形的上边线（3）。那个价位不仅是一部分逆势交易兑现收益的好位置，还为场外观望的多头提供了一个入场顺势建仓的好机会。我们甚至可以肯定，敏捷的超短线交易者不仅在价格去往支撑位的过程中获得了很好的收益，还在之后的技术反弹中作为顺势交易者再次获得了收益。对那些敏捷的、技术高超的交易者来说，超短线交易是非常有趣的。

推测其他交易者是如何谋生的，并不是我们的工作。我们的任务是从我们的角度观察价格行为，然后看是否出现任何可交易的信号。到目前为止，事情都是以非常符合技术特点的方式在发展。在看涨走势图中（就像图 11.6 这样），我们的雷达应该搜索做多的交易机会。不要把这与方向偏好混淆了。它只是基于对当前市场力量的评估结果。想知道这个区别的重要性，我们只需要看看走势图的后半部分就可以了。它为我们呈现了一个极好案例：强劲的单边市如何在短短几分钟时间内停滞并且完全转向。

那么有没有什么方法可以帮助超短线交易者预估到这种转变？要回答这个问题，我们先看看市场走出第 2 个价格顶部（4）后的价格行为。在那个时候，这个价格顶部低于前一个价格顶部几个点并不是什么问题。但是对多头来说，很乐意看到新的多头在价格回撤到 20 期 EMA 区域时进入市场。这个价格水平是一个很好的垫脚石，可以以它为基础展开另一次进攻，并且很可能突破之前的最高点。但是结果却是，价格第二次回到支撑位，甚至还低于支撑位一个点（F）。空头获得了这一轮的胜利。但是，后加入的空头立刻发现自己陷入了一个典型的假突破陷阱（F）。但是他们只能受到责备。因为在价格跌破支撑位之前根本没有任何力量蓄积作为支持，要在那个价位做空一个看涨的市场，获胜的机会非常渺茫。这个时候，聪明的多头根本不会犹豫做何选择，于是，市场再次快速上升。多头又获得了一轮的胜利（5）。

但是对后者来说，情况很快又变得很糟糕。要回答是否可以识别动量从看涨转为看跌（至少能够及时交易这个突破）的问题，我们只需要在它接下来十分钟的发展中跟随着价格行为。的确，尽管多头遭遇阻力，他们仍旧在支撑位不断买入，这显示了他们乐观的态度和对之前趋势的信心。但是空头不断在越来越低的价格水平卖出，这也明显表示他们坚持自己的信念。事实上，在20期EMA区域出现的一系列逐步降低的价格顶部，慢慢形成了一个很好的"挤压"状态（虽然稍显粗糙），市场迟早要做出最后抉择。要么多头放弃守护他们心爱的支撑位，要么空头逐渐认识到他们做空的行为是多么愚蠢。

请允许我再深入探究一下这个"挤压"，因为可以从中发现一些有趣的小线索，或许对将来的交易有帮助。你可以看到，最初的区间箱体可以在与第1个价格底部相等的第3个价格底部出现时绘制出（6与3相等）。那个时候，没有其他最低点可以与假突破的最低点（F）相连接，所以忽略这个假突破的最低点，将区间边线绘制在高于其1个点的地方是合理的。

之后不久，在20期EMA区域的另一个较低的价格顶部之后，第4个价格底部触及了支撑位（T），并且这个捉弄式突破的最低点与之前假突破的最低点（F）相等。这太有意思了，因为在最初的区间下边线之下出现了两个相等的蜡烛线最低点，而且连接这两个点形成的新的区间下边线，也明显受到了市场的重视。坦白地说，这种情况明显向我们呈现了一个考虑逆势交易的棘手问题——如果趋势确实强劲，交易者会继续在支撑位做多，甚至还会在低于这个支撑位的价位做多。因此，很难说出真正突破和捉弄式突破的区别。

这个捉弄式突破成功测试了之前的假突破之后，将这个价格水平看作支撑位，或许是明智之举。可以肯定地说，真正的极值（F和T）已经得到了市场的重视，足以证明将区间下边线移到图中虚线的位置是合理的。

虽然要警惕市场发生向下的突破，但是我们也不要低估多头的力量。只要他们的支撑位还能守住，他们也极有可能将价格慢慢推出那个"挤压"状态。事实上，在价格从虚线反弹后，他们也制造了一个有趣的小"壮举"：一个较高的价格底部（7）及随后一个较高的价格顶部（8）。

这也为我们带来了另一个值得思考的技术问题。当多空双方暂时陷入僵局时，市场通常需要一个刺激因素，无论以什么方式，只要让那些持仓的交易者和那些场外观望的交易者相信当前的对峙已经结束了。这可以是一次显著的突破，一个反转形态，一次突然的价格波动，一个假突破，缺乏"跟进动作"等——基本上可以是任何情况，但基本上不是"显著事件"就是"偶然事件"。

在面临潜在顺势突破的情况下，这种显著事件的表现就非常不错。比如回撤逐渐结束，之后在顺势方向上发生突破就是一个好例子。但是当考虑进行与较强劲的趋势对抗的逆势交易时，能先看到偶然事件违抗显著事件就最好不过。为了便于解释，请允许我做一个假设。假设趋势是下跌的并且价格在 10 的价位找到支撑。之后价格上升到 13（逆着趋势），再回到 10，再上升到 13，再回到 10，再上升到 11，再回到 10，并且继续下跌到 9。在 9 入场做空可能是一次极好的顺势交易（显著事件）。这里没有什么问题。现在假设趋势是上升并且价格再次在 10 找到支撑。之后，价格上升到 13（顺着趋势），再回到 10，再上升到 13，再回到 10，再上升到 11，再回到 10，并且继续下跌到 9。从某种程度来说，这似乎与前一次做空非常类似，但是由于现在趋势是上升的，所以这次突破（跌破 10）不像之前的顺势突破那样，很可能是一次假突破。因为它是一次逆势波动。现在，让我们再谈谈偶然事件的情况。假设趋势还是上升的并且价格再次在 10 找到支撑，之后价格仍然是上升到 13，再回到 10，再上升到 13，再回到 10，再上升到 14（注意），再回到 10，再上升到 11，再回到 10 并且继续下跌到 9。其他都一样，只是那个上升到 14 的突破后来又回来了，成为一次趋势方向上的假突破（偶然事件），所以我现在进一步确认在 9 做空的逆势交易。还有另一种方式，纯粹是从技术分析的角度，就是当显著事件失败时，随后那个不是那么显著的事件看起来就更可信。这句话的意思就是，假设在看涨情况下，如果一次向上的突破失败了，价格回落了，那么向下的突破可能会获得更多的"跟进动作"（成功的概率提高）。

这倒不是说在考虑逆势突破交易之前，必须先看到这种偶然事件。当然不是这样。任何可靠的反转形态都可以作为逆势交易的依据。关键是不要把逆势交易看得和顺势交易一样，觉得只是方向不同罢了。顺势交易不像逆势交易那样需要那么多的技术支持（或者说线索）。毕竟，从定义上说，逆势交易有一个重大不利条件，但是价格总有一刻会逆着趋势波动，这是不可否认的事实。

总而言之，普通交易和超短线交易都要从走势图中获取线索。我们获得的线索越多，对当前市场状况的评估就越准确。例如，这幅走势图中，多头终于将价格推出了当前"挤压"的状态（8），但是随后又立即回到原来的位置（偶然事件），这就是一个很好的线索，警示所有超短线交易者需要把注意力放在向下的突破上。这样的事件，即使很微小，仍然可以重重挫伤多头的士气。这可能就是市场最终放弃那个支撑位的刺激因素。

在这种情况下，很容易确定 RB 结构交易的入场时刻（10，在虚线之下）。但是如果区间下边线突破之前最近的那个价格底部（9）没有从虚线反弹，而是立即穿越了它，会怎么样呢？那也会是一次有效的空头交易吗？

这样考虑问题才是公平的，因为我们的目标应该是研究可能出现在真实市场上的所有情况，所以我们必须考虑这种突破的可能性。如果价格穿过了那条虚线（9），我们也不能说那些将其视为捉弄式突破的交易者就是错的。另一方面，更为激进的超短线交易者可能会立即入场做空，特别是根据最近那个线索——向上的假突破。所以就这一点来说，谁是对的呢？不幸的是，没有一个超短线交易方法可以永远区分有效和无效。因为即使是采用类似交易方法的交易者，也还有激进和审慎的选择。很难说哪个方法长期下来能够占据上风。特别是当面对区间时，事情不会总是这么明显，比如在 DD 结构中，两种类型的交易者很可能在同一时刻触动入场按键。

交易典型的区间突破，比如，就像之前图 11.1 中的一样，即使交易新手也不会出现多少困惑。但是当面对的是一个稍微凌乱的区间时，还是保守一点，直到你真的对交易感到信心，这才是明智的做法。宁愿交易绝对极值的突破，也不要过早入场。并且要等待一些额外的力量蓄积，不要交易那种只有很少力量蓄积的突破。请记住,即使市场力量指向非常明显的方向,但是区间边线也可以非常有弹性,特别是当区间边线的位置还存在争议时。只有当你明确具有优势时——明确的区间边线,经过很好的"挤压",并且市场根本力量处于交易的方向上——你才能交易你的区间突破。请记住,你不需要一直交易。超短线交易者的真正优点更多的不在于他能够确定何时入场,而在于他知道何时应该待在场外观望。

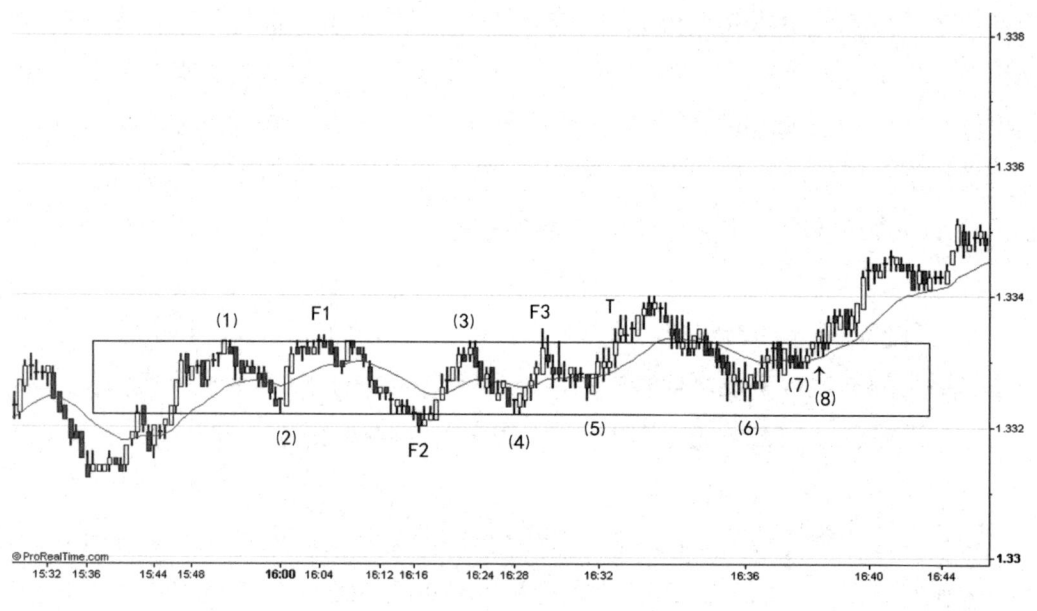

图 11.7

这个区间可能看起来有一点凌乱,但是总体来说,区间边线还是很好地框住了价格行为。尽管期间有很多假突破,但是我们不会陷入任何一个假突破陷阱中。事实上,在出现与第一个价格顶部(1)相等的价格顶部(3)以及与第一个价格底部(2)相等的价格底部(4)之前,超短线交易者都不会开始绘制他的区间边线。这时就已经避开了两个假突破(F1 和 F2)。

这幅走势图明显显示市场有一点紧张。如果你仔细看走势图下面的时间刻度,你可以看到区间后半部分绘制蜡烛线的速度几乎是前半部分的 3 倍。单凭这一个信息,就可以肯定,市场在中途受到了新发布消息的刺激。新消息发布有着将走势图搞乱的很强潜力。当然,最害怕它们的是那些仍然持有仓位的交易者，因为没有办法提前知道市场的反应到底有多强。新消息冲击市场的第一个信号就是市场加速波动。这意味着合约的换手率高到这些蜡烛线好像要跳出屏幕外。看到市场绘制蜡烛线的速度是平常绘制速度的 10 倍，也并不奇怪。这时，你才会真正意识到交易笔数走势图和时间框架走势图的区别。即使是最狂热的市场，交易笔数走势图仍然可以将市场热情的兴衰起伏表现出来，然而如果是时间框架走势图，比如 1 分钟走势图，就只会呈现一根巨大的 1 分钟蜡烛线。新消息冲击市场的第二个特点是阻力位和支撑位在瞬间消失，不管它们之前是多么显著。并且之后有可能出现大幅波动，甚至波动 50 点以上。这些"死神之箭"不仅可以让众多交易者迅速被止损出场，它们通常还会引发大幅的成交滑移价差。这种突然的价格爆发常常是很短暂的，不过，这对那些被止损出局的交易者来说，没有任何安慰作用。总体而言，新消息发布导致的突破对超短线交易来说是危险的。想要避免遭遇这种意外，交易者可以查看经济数据发布日历（可以在网上免费获得），看重大数据（比如利率决议和非农就业数据）发布的准确时间。如果不幸遭遇了这种意外，并且没有被立即止损出局，也要保持冷静。从技术角度寻求出路。运气好的话，市场会先朝盈利目标方向波动。如果市场朝另一方向而去，那么也有我们设置的自动止损单可以防止更大的损失。这个止损单在执行时可能有一些成交滑移价差，但是交易行业就是这样的（这也会让我们下次更加小心）。

但是市场对新消息发布的反应不规则还不是唯一担心的地方。那些通过零佣金零售经纪商交易的个人交易者，最好查看一下那些经纪商的点差政策，因为有些经纪商会在消息发布期间将点差扩大到 10 个点。当然，交易者一开始就应该避开这种经纪商。但是话说回来，通过零售经纪商交易是一种平等互换的游戏。如果经纪商在其他各个方面都不错，可以提供一个稳定可靠的交易平台并且在你 99% 的交易时间内保持 1 个点的点差，那么这种经纪商还是可以接受的。要避免这种偶然的点差扩大的简单方法就是，不在重大消息发布期间交易。那些没有任何特别理由就偷偷摸摸扩大点差并且持续几个小时的经纪商，才是绝对要避开的经纪商。即使他们只在两边各增加少数几个点，但是对于甚至是最好的超短线交易策略来说，也具有毁灭性的作用。

说到混乱，图 11.7 这幅走势图中市场对新消息发布的反应受到了极度压制。

但是不是没有恶作剧。首先出现另一个向上的假突破（F3），价格在突破之后非常迅速地回落。接下来是遭受了同样命运的捉弄式突破（T）。

我们必须给多头加把劲，不要当场就认输。多头打出了最后一张王牌，他们没有允许价格下跌超过区间内最近一个价格底部（5），从而将市场力量继续保持向上。这一招非常奏效。新的价格底部（6）与前一个价格底部（5）相等，形成了一个双底形态。之后不久，价格再一次向区间上边线发起进攻（7）。注意市场的"挤压"状态以及之后 20 期 EMA 是如何将价格引导出区间箱体的。在所有穿越区间上边线的突破中，只有这一个堪称真正的区间突破（8）。

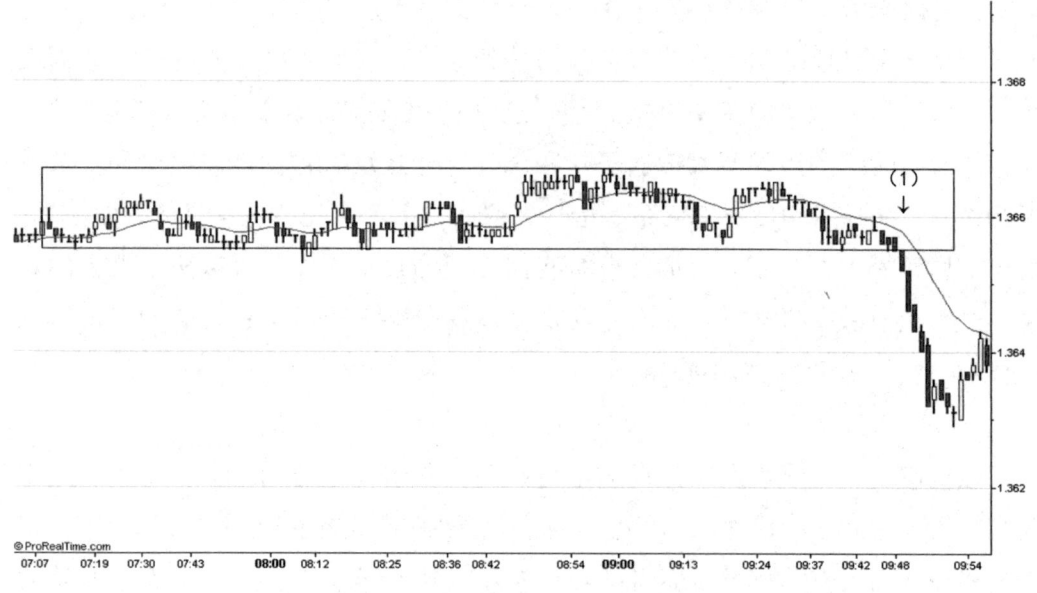

图 11.8

图 11.8 这个区间几乎是一目了然的。你可能已经注意到当价格接近或者突破整数位时，市场不一定精确地测试这些整数位。你常常可以看到在整数位区域出现这样一种区间，这种区间的上下边线非常明确，并且高于或低于整数位几个点。但是，它们的技术含义是相同的，这意味着我们应该试着交易这种区间突破，不管几个点之外的那些整数位是否可能产生一些阻力。例如，在这幅走势图中，1.3650 整数位低于这个区间下边线 4 或 5 个点，但是那不会阻止盈利目标为 10 点的超短线交易者交易这种非常有效的区间突破。你细想一下，这

是有道理的。这幅走势图中真正的技术支撑位，无疑是在区间的下边线，而不是在区间下边线之下几个点的整数位。或者你也可以这样来看：假设你在区间内某个点建了多仓，在市场突破区间下边线之后，你还会继续坚守这个多仓吗？随着你的亏损逐渐增加，你真的在希望并祈祷场外观望的多头在下边的整数位营救你？或者当下你就会了结你的多仓？

如果你可以看到超短线交易者在区间突破那一刻做空的理由背后的逻辑，那么不管价格下方有什么（1），你都可以应付自如并做空这个市场。

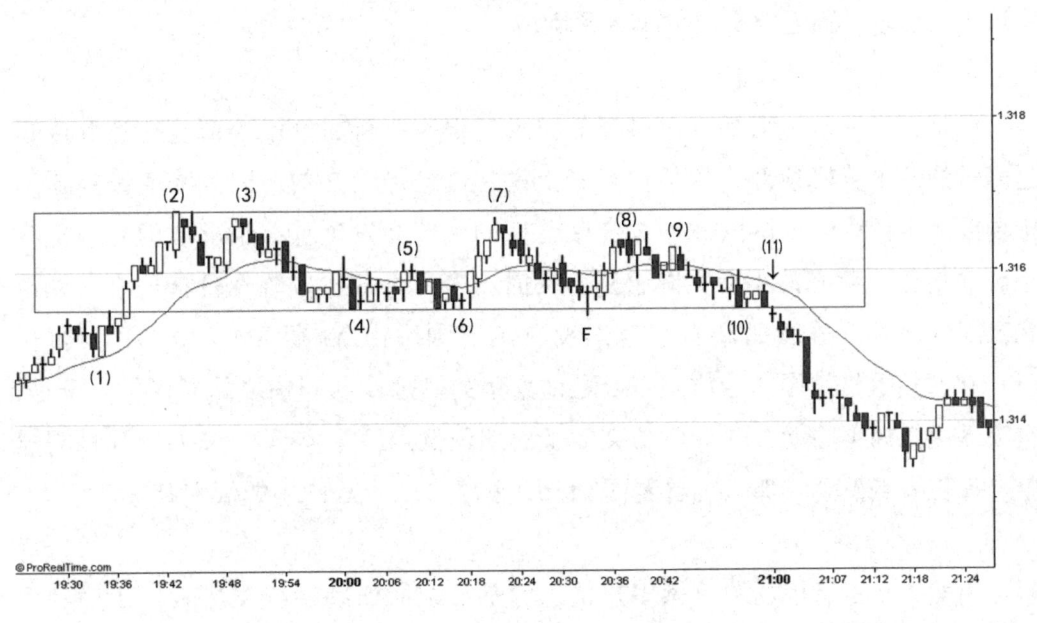

图 11.9

图 11.9 是一个非常典型的区间。让我们简单看看其中的技术线索，看看这个形态是否容易交易。

走势图之初就立即呈现了两个典型的技术形态——看涨旗形（1）和双顶形态（2~3）。第一个形态被视为持续形态，是价格在恢复趋势之前做的短暂停顿。而双顶形态就预示着潜在的反转。这样的形态不一定会彻底扭转趋势，但是仅仅它的存在也足以起到减震缓冲的作用。这为我们带来了第 3 个技术事件：回撤到支撑位（3~4）。这个支撑位是由看涨旗形的上边线提供的。

尽管现在价格已经抵达了支撑位，但是多头很难令价格从支撑位反弹。不是因为这个价位无法吸引到足够的"跟进动作"，就是因为空头在这个价位更激进地卖出。空头将多头困在了 20 期 EMA 和支撑位之间（从 4 到 6）。此外，他们还阻挡了一次多头的进攻（5），导致了后面更可怕的顺势假突破。但是多头也还没有被打败。只要他们守住了支撑位，他们仍然很可能突破重围，予以空头狠狠还击。

看看从 6 到 7 的波动，价格逃开了"挤压"状态。但是这一次，不是将多头赶出了市场，而是空头自己陷入了困境。

但是，之后多头犯了一个典型的技术错误——新的价格顶部没有达到或超过之前的两个价格顶部。从某种意义上说，这是很正常的，因为我们都知道当市场以无可持续的单方向波动去突破前期的极值会发生什么情况。但是当这次冲破"挤压"状态的小型突围感到力竭时，多头真的不应该让价格再度一路滑到区间的底部。这真的暴露了他们没有热情利用由 20 期 EMA 和 "20" 价位（以 20 的整数倍结尾的价位）以及之前聚集的蜡烛线共同构成的支撑位。于是，空头迅速把握了主动，并且成功突破了前期最低点一个点（F）。如果你觉得这整个过程有点熟悉，那么再看看图 11.6，看看那幅走势图中的假突破（F）。

当然了，尽管市场缺乏做多热情，但是守纪律的超短线交易者一定已经看出了这次向下突破的危险性，因为这次向下的突破没有经过任何形式的力量蓄积。但是不是所有超短线交易者都认识到了这一点，那些陷入这个假突破的交易者立即要为他们的莽撞付出代价，因为价格又一路上涨形成了另一个较低的价格顶部（8）。

在这个时候，市场真的可以往任一方向波动。在图 11-9 这幅走势图中，我们已经绘制了一条穿越两个价格底部（4 和 6）的区间下边线。在区间另一边，潜在的区间上边线可以绘在穿越两个相等价格顶部（3 和 7）的位置，或者也可以像图中那样绘在高 1 个点的地方。当然，作为中立的超短线交易者，我们对未来的突破方向没有任何偏好。不可否认，随着区间发展，出现了一系列逐步降低的价格顶部（2、3、7、8 和之后不久的 9）。但是，支撑位还是很好地守住了。现在，超短线交易者可以静静地在场外看着市场发展。

虽然，最终价格以典型的方式突破了区间，并且应该吸引了很多超短线交易者入场交易（11），但是有两种可能性需要讨论：如果位于 6 的那根蜡烛线向下突破了区间下边线，会怎样？如果位于 10 的那根蜡烛线没有反弹（为了更好地"挤压"），而是直接向下突破了区间下边线，又会怎样？

让我们先讨论第一个假设的位于 6 的突破。显然，蜡烛线困在 20 期 EMA 和区间下边线之间，形成了很好的"挤压"（甚至因为 5 的向上假突破而得到加强）。现在我们只需要解决一个问题——这时候的技术线索是否足够支持一次逆趋势方向的交易。要回答这个问题，我们先比较一下这幅走势图中（2）到（6）的价格行为与图 11.6 中（2）到（9）的价格行为。很明显，这两个价格行为是非常相似的。但是，前一幅走势图中的下行压力要更显著，尽管它的上升趋势也非常强劲。例如，那个双顶形态非常巨大，因此可能导致大量潜在多头选择继续观望。而且那个"挤压"的力量似乎也非常强大和坚决。而击穿最初那个支撑位的假突破和随后的两个捉弄式突破都没有将市场抬起来，这无疑都是空头坚持不懈的信号。回过来，这幅走势图中的下行压力虽然也存在，但是缺乏某种向下突破（6）所必需的激情，来说服交易者进行逆势交易冒险。尽管之前出现了向上的假突破（5），增加了向下突破的可能性（在图 11.6 后边讨论过这种偶然事件与显著事件的原理），但是在这个阶段入场做空似乎非常冒险。然而，如果我持有多头头寸，那么这个突破一定会促使我平仓出场。

现在，我意识到这个答案不是没有好的依据，而是它的出现可能不会明显到令超短线交易者留意它。但是，请允许我补充一句，在超短线交易领域，放弃突破交易和选择突破交易之间的界限可能非常模糊，即使我提供一个关于这个问题的更满意的答案。不管超短线交易者的技术熟练程度如何，他都永远有他自己看待问题的方式。在一个人看来确信不疑的东西，另一个人看来可能就是可疑的。幸运的是，当面对这样的问题时，有一个简单的解决办法，就是只交易那些绝对不存在任何争议的突破。这个交易可能对其他交易者来说仍然是可疑的，但是这与交易者的个人视角无关。

第二种可能是位于 10 的潜在突破，这个突破比较容易拒绝。如果那根蜡烛线穿越了区间的下边线，我会将其视为一次捉弄式突破。不过，有时候判定为捉弄式的突破，结果只看到市场一骑绝尘而去不再回头，是有一点令人沮丧。但是请记住，只有在走势图也提供了有利结构形态的情况下，市场才有利于交易。而这个典型的捉弄式突破在这方面就不合格。所以拒绝它才是正确的选择。

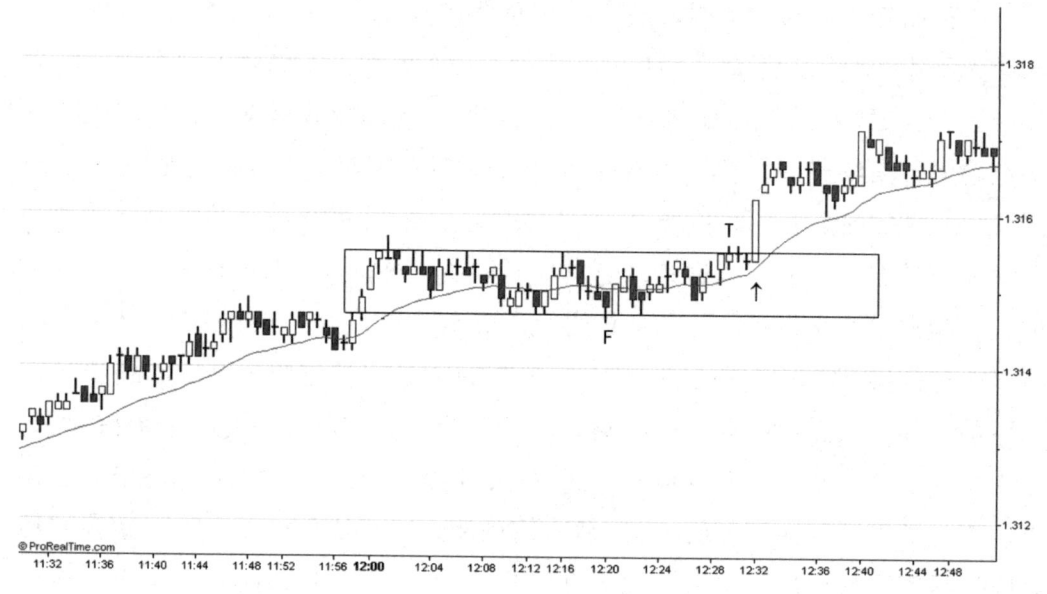

图 11.10

在本章的最后，我们再来看一个非常常见的区间（图 11.10）。这个区间应该不会存在难以确定 RB 交易正确入场点的问题。与之前我们讨论的大部分区间比起来，这个区间持续了大约半个小时，更像是介于区间和较大的箱体之间的一种形态。这里不需要太多技术洞察力，就可以将这种区间划为持续形态一类。当价格在单边波动之后开始水平区间震荡时，常常预示着区间震荡之后的波动会复制区间震荡之前的波动。事实上，在这幅走势图中就很容易出现我们称为"趋势=趋势"的现象，意味着价格突破区间之后的波动很可能是之前趋势的延续。这种现象可能比你想象的更常见。所以，我们可以肯定大量交易者，不管是持仓的还是观望的，都会紧密地跟随着市场的下一个脚步，特别是因为当前的横盘整理是围绕着 1.3150 的整数位展开的（很可能有大量止损单布设在这个区域上方）。

价格如此频繁地在整数位区域停滞，不仅仅是因为那些喜欢逆势交易的交易者在这种价位大批涌入市场。那些盈利的顺势头寸在兑现利润时，平仓的行为也会导致市场发生停滞，甚至反转。例如，在上面那幅走势图中，不难想象有大量盈利的多头将浮动盈利变成了真正的利润——如果不是在价格触及阻力位的那一刻，那么肯定是在价格开始盘整的那个区域中的某个点。到底是谁导致了市场呈现这样的状况，这个问题是一个典型的"鸡生蛋还是蛋生鸡"的问题。到底是因为空头入场，多头才出场，还是因为多头出场，空头才入场。这是一个不错的谜题，其中不乏讽刺意味。毕竟，从交易的角度看，出场的多头从本质上说就是一个空头，而出场的空头也是一个多头，即便他们在出场之后不再持有任何头寸。市场无法指出交易者平仓和建仓之间的区别。不管是平仓还是建仓，对市场来说，都只是另一笔交易。

除了这种技术上的倾向性，还有什么方法可以预知走势图中的区间将发生向上的突破——至少比向下突破的概率更高呢？要回答这个问题，让我们先分别整理对多头和空头有利的各种线索。对多头有利的线索有：①趋势是向上的；②区间的下边线处于一个关键支撑位（在 12∶00 之前 12 分钟内形成的看涨旗形）；③价格紧紧围绕着整数位上下波动，但是无法真正地跌破它；④区间箱体表现出极强的支撑力（很多个相等的最低点），甚至还有一个假突破（F）确认了它的有效性；⑤整个区间是一个被压缩但是确定无疑的"W"形态；⑥在突破前有一些突破前压力（虽然不是很强，但是在捉弄式突破之后出现的那个小十字星还是很不错）；⑦移动均线将价格引导向区间箱体的右上角，基本上快将蜡烛线推出区间了。

对空头有利的线索是，整数位可能提供阻力。除此之外，无法再找到其他线索了，真的！

虽然有这么多看涨信号指向向上的突破，但是一定不要莽撞，还是要耐心等待适当的建仓时机。因此，守纪律的超短线交易者（除了那些非常激进的交易者外）可能已经略过了那个稍显仓促的捉弄式突破（T），不管当时市场看起来多么像要发生突破。

注意：在这种情况下，不交易那个捉弄式突破的最主要理由，不是因为害怕受到逆势攻击而被迫止损出场。这只是为了不让你养成"抢跑"的坏习惯。如果你允许自己这样做，因为技术信号有着强烈的指示而一时兴起脱离了自己的交易策略，那么之后，你很可能会经常这样做，最后只要它失效就埋怨自己。在交易中坚持交易计划并且保持内心平静，是非常关键的。如果你因过早入场而脱离了自己的交易计划，那么你的急躁就打败了你的冷静。反之，如果你因为不交易一个有效的突破而脱离了你的交易计划，那么你的冷静就要受到恐惧的挑战。不管是哪种情况，你的做法只是试图通过预测一个有效的结构何时失败，以及一个无效的结构何时有效，来打败原本很高的胜率。如果我们只是将所有有效的结构视为有效，所有无效的结构视为无效，事情不是可以更简单吗？为什么不把自己从这些徒劳的预测工作中解放出来，把事情都交给高胜率呢？

第 12 章 区间内突破

这个区间内突破结构与前一章讨论的 RB 结构,以及在前一章讨论的 BB 结构具有很多共同特征。它们都是利用震荡市场的可能性获利。到目前为止,我们讨论了这些区间如何形成以及当区间的边线将要被突破时如何交易。但是,如果我们能知道在哪种情况下区间的边线可以守住,又会如何呢?如果我们能找到交易这种情况的方法,不是很棒吗?比如,在区间的中部寻找交易机会,或者在价格还没有接近区间边线的情况下就先入场交易一个潜在的突破,又如何呢?正如我们将看到的,这个 IRB 结构可以在很多方面满足我们的要求,并且它对所有深入研究过它的超短线交易者都有好处,因为很难想象在一个交易日内,走势图上没有出现这种形态的情况。

IRB 结构的一个功能就是利用价格在一个确定的区间边线内来回震荡的倾向。从技术分析的角度来说,这是符合逻辑的,因为这些区间边线提供了明确的阻力区域和支撑区域。它们会受到市场上所有交易者的重视,是走势图上很难被忽视的价格水平。比如,我们已经多次看到市场在区间的上边线激进地卖出,在区间的下边线激进地买入。市场如此小心地计划突破整个区间,是有原因的。可以肯定,在市场这种"殷勤"维护下,典型的区间更倾向于继续而不是被打破。

不可否认,上述观点是一个悖论,因为任何具有到期的东西最终都会走向其生命的终结,这非常具有讽刺意味。趋势也是同样的道理,走势图上的趋势越强劲,趋势就越可能继续,同时必然出现的趋势反转也越可能到来。不管超短线交易者如何看待这些事情,他的决策制定过程都绝不能受到变化无常的个人看法的影响，或者建立在其基础上。不可能有哪个区间或者哪波趋势持续的时间太长，因为这些事情不是由交易者的个人意愿来决定的，是由市场来掌控。超短线交易者应该坚持自己的任务，就是在有利的市场环境下寻找并交易适当的结构。因此，强烈建议对所有有效的结构一视同仁，不要去思考每笔交易是否安全或者安全性有多高。

善于观察的技术交易者可能已经注意到，如果交易者不运用一个非常激进的策略在阻力位做空在支撑位做多，那么即使是最明确的区间边线反弹也很难把握，并且更难抓住。这确实是真的。但是，正如我们即将讨论到的，即使是保守的超短线交易者，也有很多办法利用区间上下边线之间潜在的"回旋镖效应"获利。就像之前那样，诀窍就是保持耐心，等待市场状况变得对你有利。

与普通 BB 结构中的价格行为非常类似，IRB 结构中的蜡烛线常常也被有序地压缩在一个较小区域内，并且有很多个相等的蜡烛线最高点或最低点兜住了未来突破方向上的力量。就像在 BB 交易中一样，交易者也可以用一个矩形将这部分价格行为与其他价格行为隔离开来，为突破交易提供明确的信号线。例如，当这种箱体——本身也是一个小型的区间——出现在较大区间的上边线区域时，其中的压力常常会再度将价格推向区间下边线的方向。反之亦然，当同样的箱体出现在区间底部区域时，也会起到相同的作用。这就是"回旋镖"原理。虽然所有结构都有自己独有的特征，但是我们通常可以将其看作是"挤压"失败后朝另一方向突破的结果。在 IRB 结构的突破中，超短线交易者也可以放心入场，并且像其他任何有效结构一样交易这个形态。

当然了，我们希望在通往我们盈利目标的路上尽可能没有阻力。因此，当我们选择这种"回旋镖"游戏时，区间的价格幅度需要比较大，这样，价格才能自由地在其中波动。如果我们从区间的整个幅度中减去这种结构的平均幅度，还有足够的空间让我们获得 10 点利润，那么这种区间的价格幅度要接近 20 点或者更多。

利用 IRB 结构的另一个方式是，不用太过在意区间的边线，只像一个普通的 BB 结构一样交易这种形态。我们之前已经观察到很多次，区间内的价格不只是从区间的上边线波动到下边线，然后再回到上边线。区间的价格幅度越大，这种情况就越明显。我们常常可以看到蜡烛线在区间的中部或者附近聚集。当这种形态在小心地形成并受到市场根本力量的支持，超短线交易者就可以绘制一个矩形将其框起来，然后像其他 BB 结构一样交易它。价格一旦突破了箱体，常常会加速朝最近的区间边线而去。

在那些较宽的区间内，可能不需要突破区间的边线就能实现盈利目标，但是这不是说较窄的区间就不行。事实上，这种结构的第 3 种也是广泛运用的，功能就是预测真正的区间边线突破，这不是从区间边线开始的突破，而是从区间内某个地方开始的突破。这意味着价格要实现盈利目标，路上必须突破区间边线的阻碍。这的确会对交易构成一些威胁，但是当技术信号强烈指向有利于交易的方向时，也没必要那么担心。另外，有时候，IRB 结构可能是超短线交易者抓住区间突破的唯一机会。换句话说，比起必须突破强大的阻力才能实现盈利目标这一缺点，这个结构还有一个有趣的优点，就是很可能抓住一次在其他地方就不能交易的好机会。

这个假设的更危险的 IRB 结构的另一个优点是区间边线自身的磁力效应。就像整数价位的"真空地带"原理一样，在价格触及区间边线之前常常也会出现一些买入或卖出的空当。毕竟，当区间边线非常明确时，交易者理应在市场反转之前尽可能地等待。当有一个这么明确的交易价位时，交易者当然不需要因为害怕错过而抢先交易——就像交易者在遇到强劲的趋势时通常的做法那样。大部分聪明的区间边线交易者要么在精确的区间上边线卖出或在精确的区间下边线买入，要么就不交易。这样，他们的止损单就可以设在非常靠近入场价的地方（区间外一点）。因此，在区间中部某个地方入场的交易，可能会欣喜地看到价格逐步被吸入靠近最近边线的真空中。在价格到达时，这些区间边线可能会重新焕发生机，甚至能将价格反弹到令你当前所有利润全部回吐的程度。但是当一笔交易已经获得了几个点时，那么它往往会实现盈利目标。或者它也可能导致一部分损失。总体来说，这种交易可以在瞬间出错，然后导致一些不可避免的损失，但这已经是这种交易最昂贵的代价了。

不用说，预期到区间边线突破而在区间内入场，应该是这个 IRB 结构在一系列明确对交易方向有利的技术条件支持下做出的决定，而不是因为缺乏耐心或者贪婪而抢在边线突破前行动。

就像已经讨论过的其他所有结构一样，这个 IRB 结构不需要多高的技术分析水平就可以识别。毕竟，超短线交易的所有事情都应该是简单的。我们不会将我们的交易建立在一些神奇的感觉上面，也没有必要加入一些现在的标准图表工具包所包括的指标、趋势线、回撤线、多重时间框架或者其他什么工具和诀窍，来将事情搞复杂。变换各种走势图，计算价格水平，评估市场动量，权衡各方力量，就好像在建造一个建筑杰作一样，这可能会令倔强的技术分析者感到满意，但是熟练的超短线交易者会清除他走势图上的其他所有东西，只剩下光溜溜的蜡烛线。他所需要的只是图中的蜡烛线而已。稍微奢侈一点的，可能会加上一条移动均线，但都只是为了起到视觉辅助的作用。总而言之，超短线交易者的任务就是通过很少的信息聆听市场的节奏。在超短线交易者的世界里，减少其实就意味着增多。

然而，我们应该永远记得，不管我们的结构多么绝妙，交易永远有失败的时候。没有任何一个交易策略可以杜绝失败。但是一旦我们理解了回吐利润就像获得利润一样只是这个游戏的一部分，那么亏损就不再是难以接受的事情。亏损只不过是进入交易行业的本钱而已。就像饭店老板需要支付房租，购买食材并聘用员工，才能将一个赚钱事业运作起来一样，交易者要想从市场中获得利润，也需要支付一些成本，也就是亏损。因为如果没有其他交易者，交易者也无法独立存在。因此，交易获胜就感到愉快，交易失败就感到沮丧，只是交易者还没有完全理解交易运作模式的表现。交易者能越早不为单笔交易结果左右情绪，就能越早看清他所处行业的真正面目——一个不会永远只输不赢或者只赢不输的游戏。

现在，让我们看一下在真实市场状况下，如何交易这种 IRB 结构。要总结它的外形特点，这个结构基本可以分为三类：①区间边线反弹交易。②区间中部交易（在一个较宽的区间内）。③突破交易。那些波幅较窄的区间中的 IRB 结构，可以作为这所有三种类型的代表。但是，一定不要忘记任何时候整体价格行为都应该偏向交易的方向。如果没有，那么不管这个结构看起来多么有效，都应该放弃。

第 12 章　区间内突破

图 12.1

图 12.1 这幅走势图展示了这种 IRB 结构用于区间边线反弹交易时的效用。要识别出这个区间中的箱体应该不太难。区间中聚集的价格行为（第二个箱体）与左边虚线箱体中的拉锯战非常相似。两个箱体明显证明了这种区间的自我保护本能。交易者只需要看看区间中大量相等的价格顶部，就可以明白这种防御机制是多么强大。只要多头一触及区间边线，这种防御机制就会启动。

虽然不必要，但是如果能看到至少一根，最好两根以上短小的蜡烛线出现在箱体突破之前（本质上说，就是一次小型的"挤压"），就更好了。毕竟，假突破陷阱的原理也同样适用于箱体边线的突破。这种箱体本质上就是一个小型的区间。这意味着突破之前最好积蓄一些突破前压力——通常就是以一个或多个小十字星的形式呈现出来（请记住，我们方法中提到的所有"小"十字星，长度通常不超过 3 个点）。但是，当箱体特别窄时，箱体被那根刚刚在箱体另一边创出极值的蜡烛线打破的情况也并不少见。然而，这未必就是放弃这次突破的理由，特别是当市场状况看起来对交易非常有利并且这个箱体自身也并不太宽时。比如，不超过 5 个点。换句话说，不一定非要看到两个典型的十字星来代表突破前压力。其实这个箱体本身就代表了足够的压力，可以作为交易的保证。

当提到确定入场点时，超短线交易者有两种选择：①等待市场发展，但是要冒着错过交易的风险。②入场交易，但要冒着过早入场然后亏损的风险。通常来说，当市场技术状况看起来非常有利于交易时，那么在箱体突破时就入场可能是最明智的做法。不要把这个与交易捉弄式突破搞混了。虽然，有时候它们的区别非常微妙。

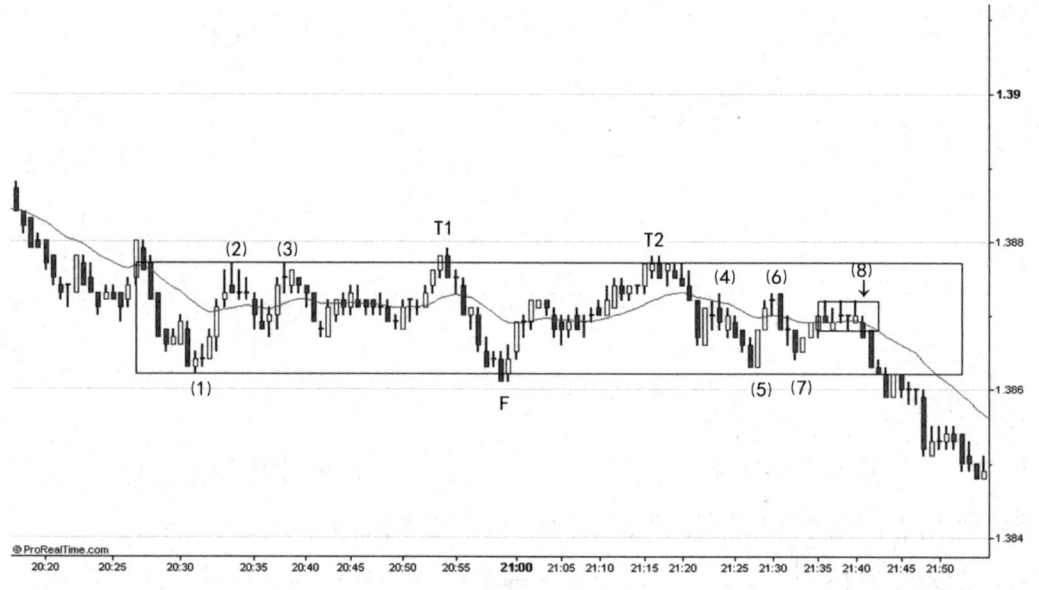

图 12.2

在图 12.2 的区间中，第一个价格底部（1）和随后的价格顶部（2）基本上就确定了接下来一个小时的价格行为的边线。注意区间内那个典型的捉弄式突破（T1）和几分钟之后的假突破（F）。不管你是交易新手还是采用其他投机方法的老手，我真诚地希望你能够真正把注意力放在那些明显的超短线交易陷阱上。每天都有很多交易者落入这些陷阱中。比起其他交易方法，超短线交易是一种尽可能巧妙择时的交易。交易周期较长，并且能够很好地解读市场各方力量的交易者，或许可以轻松地告诉自己，现在市场是下跌的，我要进场做空。于是，他展开行动，到处挑选他的合约，然后按照兴趣入场建仓。在持有大量合约之后，在这个区间内，他可能还会在令超短线交易者畏缩但他自己觉得还不错的典型的假突破位置卖空一些合约。他的止损单很可能设在形态另一边的什么地方，或许还高于前期的价格顶部几个点。对他来说，这次交易没有必要立即显示盈利，市场也没有必要立即发生突破。在价格准备突破的过程中，他甚至还会决定再卖空一些。如果市场有其他的计划，这个交易者可能会遭遇严重的亏损，这是真的，但是比起潜在的盈利，这些亏损可能还相对较小。有时候，价格会从交易者建仓的价位开始暴涨或暴跌，利润也会随着市场奔腾不止。所以，一笔交易的利润抵消5笔或更多笔交易的亏损情况也不少见。但是，亲爱的读者，那是在较大的时间框架上交易。超短线交易者是不会看到市场善良到可以原谅过早入场或者在极糟糕、成功概率极低的价位入场的行为。他的入场价位必须要精确到某一个点。他的10点止损仅仅是针对最坏情况的安全保障。他的止损通常是手动进行的，以让损失减少到最小。挽着手坐在一旁看着市场发展，对超短线交易者来说是奢侈的事。如果盈利目标是事先确定的一个小额的盈利目标，比如10点，那么超短线交易者绝对不会遇到一笔收益就抵消之前严重亏损的情况。所以，很显然，我们的诀窍就是让这些不可避免的亏损尽可能降到最小。作为超短线交易者，避免被打败的唯一方式就是追求近乎完美的入场价位。当价格准备突破前没有蓄积明显的突破前压力，那么这次突破成为捉弄式突破或者假突破的概率就会很高。这倒不是说适当的力量蓄积一定可以保证价格会从入场价开始飙升或暴跌。但是再说一次，超短线交易者不需要100%保证，只需要较高的成功概率。

在这次假突破之后20分钟，在区间的另一边出现了另一次突破区间上边线的失败尝试（T2）。这一次不能称为捉弄式突破，因为它没有超过前一个捉弄式突破（T1）的价格水平。但是从超短线交易者的角度来说，在这个地方买入几乎就是犯傻，它的成功概率太低了。

幅度为10到15个点的区间通常比幅度更大的区间更快发生突破。如果市场在经过约1个小时的震荡之后，还没有决定突破的方向，那么一定不要走开，要更集中注意力。这1个小时的时限绝不是规定，更不是黄金法则。永远要根据走势图上的价格行为，而不是走势图下方的时间刻度来做出判断。我之前已经强调过，当市场很长时间都没有决定突破方向时，无聊感就会袭来。这很容易让交易者看到一些根本不存在的东西或者离开电脑去透透气。然后，他可能就刚好错过一个很好的IRB结构交易，就像图中那个（8）一样。

如果我们看这个 IRB 结构在区间中的位置，会发现它正处在区间正中间。就这一点来说，它不是偏向看跌的。另外，再看区间的底部，市场在大约 1 小时的时间内走出了一个双底形态（1 和 F）以及两个逐步升高的价格底部（5 和 7），这明显代表了强大的支撑力。但是，这是透过多头的镜片看到的结果。如果我们也从空头的角度看，那么我们也可以看到这个区间出现在一波下跌趋势中（走势图之初的价格较高），并且我们可以找出 4 个几乎相等的价格顶部（2、3、T1 和 T2）和一个较低的双顶（4 和 6）。这样，多空双方几乎打个平手。坦白地说，在这个时候，空头获得了一点微弱的优势。但是请记住，此时不对市场抱有方向偏见仍然是明智之举。如果多头愿意，他们可以在极短的时间内对空头施加压力。

这个 IRB 结构成为一个可交易形态（向下）的原因是，多头没有或者说无法对空头施加压力。这个箱体中几乎每一根蜡烛线都是一个看跌的十字星，首先到达箱体的较高区域，然后再收盘于蜡烛线的底部区域。这个结构只有两个相等的蜡烛线最低点，但是并不影响这个结构的显著性。如果价格向下突破后没有立即反转，那么一定会有大量多头出逃。这对那些做空市场的交易者来说，就是一个好消息，并且也会激励其他交易者入场做空。

如果这个 IRB 结构交易的盈利目标是 10 点，那么有必要担心大约 6 点以下的那个较大区间的下边线吗？让我们来看看这种情况。如果交易者是在 IRB 信号线被突破的那一刻入场做空，那么这个头寸在接近区间边线时，只需要再获得 4 点利润就可以了。在这个时候，任何事情都有可能发生。市场可能没有发生停滞就直接突破了区间边线，或者其他交易者将区间边线看作支撑位并且开始在这个价位买入。如果是后者，那么上升的价格最可能在什么价位停止上涨（或者反转）？从技术上说，那应该刚好在 IRB 结构之下，超短线交易者建空仓的地方。当然，价格也可能击穿这个价格水平——为什么不呢？但是从技术角度来说，结构的下边线更可能作为阻力位发挥阻力作用，而不会给上涨的价格让道。即使价格穿越了那个价格水平（可能 1 到 2 个点），也很有可能快速回来。毕竟，在较高价位的阻力位那里，很可能有大量观望的空头在等着做空。也就是说，不管最终结果如何，交易这样一个 IRB 结构的决定都是正确的。

第 12 章　区间内突破

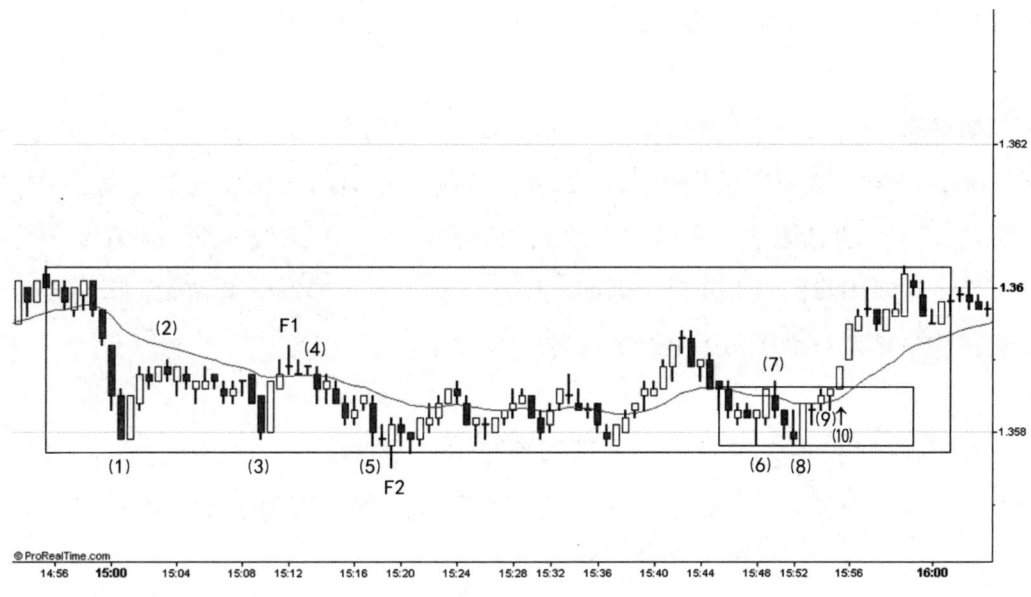

图 12.3

图 12.3 中在 15：00 到 16：00 期间，交易者试图在区间的下边线做空市场，但是没有成功吸引其他空头的加入。可是在区间的前 20 分钟，他们一直都在尝试。他们不仅让价格从 1.36 的整数位一直下跌了 20 点（走势图之初），而且下跌得如此迅猛，让市场相信空头是认真的，会让价格下跌到更低的地方。对此，多头第一次真正的努力是让价格突破了之前回调的最高点（F1 突破了 2）。如果这次突破成功了，价格极有可能再次测试 1.36 的整数位，那么这个价位就是一个很好的目标价位。但是，这个突破明显失败，形成了一个典型的十字星假突破（F1）。读者可能已经知道，任何假突破无疑都是一个线索，表明当前市场上谁在占据主导。不管是大玩家还是小散户，短线交易者落入这种陷阱后，如果不立即实施出场技术，就一定会遭遇严重亏损。每多犹豫一分，亏损就会大一分。这就是他们中大部分人会像火烧眉毛一样着急了结他们刚刚才建立的头寸的原因。这也是占据主导的一方试图为失败者制造的窘境：迫使他们采取不仅对他们自己有害，也对他们的对手有利的行动。这就是双重压力的原理，并且基本上描绘了专业超短线交易的任务，就是找到失败一方最可能在什么价位止损以及与市场主导者持类似观点的场外观望者最

可能在什么价位入场。如果情况的确如此，那么双方会在同一个方向递出他们的订单，这就制造了极好的双重压力。价格往往会在这种压力之下狂奔不止。

如果场外观望的交易者想要利用这种偶然出现的假突破，决定反方向交易，那么他的入场点离假突破极值水平越近，就越好。例如，在上面的走势图中，假突破（F1）的恐慌效应很可能在价格再次触及区间下边线（5）时消失。但是，通过走势图我们可以知道，那些立即在三重十字星形态（4）的最低点卖出的超短线交易者，也获得了不错的收益。

在某种程度上说，普遍对假突破感到恐惧也是可以理解的，因为走势图上到处都是假突破。但是，容我再说一句，大部分这种突破都是可以预测的。不过，还是不断有交易者落入这种陷阱。

注意：顺势假突破和逆势假突破之间的区别非常微妙。后者常常是大玩家设置的一个陷阱，或者至少是一个成功概率较低的突破，并且常常被那些知道何时应该进攻的机警交易者利用。而顺势突破就较难证明是假突破，即使是大玩家也不容易，因为真正的顺势交易浪潮任何时候都有可能涌入市场，证明这次突破是真正的突破。"跟进动作"是这些突破获得成功的关键要素，缺乏"跟进动作"对那些逆势交易爱好者来说是一个好消息。市场没有对突破做出响应的时间越长，突破失败的可能性就越高。原因要么是逆势交易者在积极行动，要么就是顺势交易者在缺乏"跟进动作"的情况下了结了头寸。但是，市场只用一到两根蜡烛线的时间就得出这个结论，也是很正常的现象。

图12.3中那个假突破穿越区间下边线就描述了一个很好的缺乏"跟进动作"的例子，但是尽管价格已经突破了前期的双底形态的最低点（5突破1和3，之后F2又突破了5），但是市场仍然拒绝卖空。不管任何一个突破失败背后的原因是什么，对于恪守纪律的超短线交易者来说，都没有什么关系。突破失败只是一个市场信息。

总的来说，在1.3580支撑位（是"00"结尾的整数位下方第一个"20"

价位）展开的战斗是一场有趣的战斗。在一个小时的时间内，空头就发起了 8 次进攻，但是每一次他们都没有冲破那个支撑位。这时的市场需求明显大于供给。

当在场外看到这样一场漫长的战斗时，建议还是要保持开放的心态。猜测哪一方会赢，或者更青睐哪一方是没有意义的。有时候，渴望交易并且慢慢变得烦躁的超短线交易者，如果有了方向偏好，会在无意中让自己陷入糟糕的境地。他会在潜意识里将这种偏好付诸实践，开始忽略与他的方向偏好相反的信号，欢迎那些支撑他偏好的信号。这对交易来说是一种危险的倾向。

只要战斗还在继续，多空双方都有可能获得最后的成功。特别是在区间中，常常只需几根蜡烛线就可以完全改变整个格局。另外，没有必要一开始就有偏好，因为两边市场都可以参与。只要超短线交易者保持中立和耐心。

在这幅走势图中，多头最终成功耗尽了空头的力量。这在事后看来是很清楚的，但是在当时，我们有机会抓住这次胜利吗？对于训练不够的交易者来说，这个 IRB 结构看起来似乎非常可疑。确实，尽管中间有一个双底形态（6~8），但是价格看起来有点紧张，所以在什么地方画箱体的信号线还不太明确。位于 7 的最高点是两根从箱体底部反弹上来的蜡烛线创出的，这时，超短线交易者可以考虑将其当做潜在信号线的一个参照点。但是在短时间之后，价格又再次回到了箱体的最低点（8），这使得向上的突破不再具有明显优势。事实上，如果市场无法再次回到箱体上方，而是开始蓄积向下的压力，那么空头可能终于实现他们的愿望：向下的突破。但是，命运又再次改变，价格又再度回升，并且突然出现两个可爱的小十字星，有着相等的蜡烛线最高点，在 20 期 EMA 区域形成了底部逐步升高的形态（9）。对于善于观察的交易者来说，谜底终于揭晓了。机警的超短线交易者现在可以交易一个经过充分发展的 IRB 结构，这个结构在走势图上受到了强大的支撑。他应该直接交易十字星最高点的突破（10），不必等待箱体的最高点（7）被突破。如果经过适当的力量蓄积，区间边线反弹常常允许较为激进的交易。由于市场有突破区间的倾向，所以我们最好尽可能快地抓住这种突破。注意在个例子中，价格是如何被立即吸入上方整数位的"真空地带"的。价格在区间底部盘桓多时之后，一旦成功向上突破，几乎就没有遇到多少阻碍。这非常适用于双重压力的原理。

当提到可交易性与结构外形的关系时，可以说，寻找最完美的结构基本上是一种错觉。对于决策制定过程而言，市场整体格局永远比结构的外形本身占有更高的权重，所以交易的最后只是关乎入场的方式，而不是入场的理由。这倒不是说当交易者认为市场整体状况偏向突破时，交易者就应该到处去交易各种类型的捉弄式突破。除了市场整体环境，入场择时也是很关键的。如果交易者认为应该只寻找最完美的交易，就会错过太多交易的机会，因为他钟爱的最完美的结构可能连续几个交易时段都不会出现。寻找完美交易的超短线交易者，可能会不断发现自己陷入纠结中。要么他发现了一个理想的结构，但是当前市场状况不支持，要么他认为当前市场状况对交易有利，但是无法找到匹配的结构。所以，他不断推迟一些非常有效的交易入场，仅仅因为（比如）他的箱体内没有呈现一个完美的双底形态、随后逐步升高的价格底部，以及在理想的信号线下一组完美的三重十字星。但是，那是幻想世界的生活和交易，也不是令人愉快的场景。超短线交易者越早放下入场的恐惧（因为这就是我们在这里要寻找的）并且接受"经过失败才能更好地成功"这个观点，那么他就越早能从市场提供的无数机会中获利。

在这幅走势图中，是否以区间的方式来思考真的不是关键。或许区间的上边线应该下降到1.3590或者附近的价位，让这个区间变窄一点。但是，这样做也改变不了什么。区间的下边线才是真正战斗的地方。

每个交易日至少都会有一次近一小时的战斗围绕着一条区间边线或者一个强大的支撑位/阻力位展开。等在一边保持耐心。不仅不要感到厌烦或恼怒，聪明的超短线交易者反而应该将其视为一个很棒的特权——不用卷入这些沉闷的"拔河"比赛中，在战场胜负分晓的那一刻加入胜利的队伍。

第 12 章 区间内突破

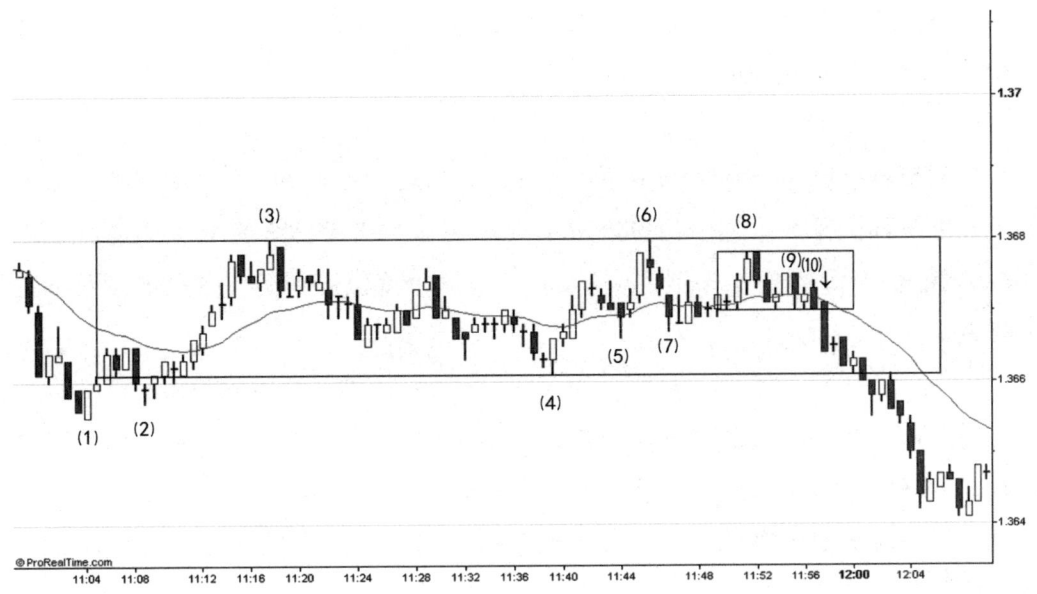

图 12.4

如图 12.4，我们再次获得了一个持续了约一个小时的区间形态。我们之前已经看到过很多次，市场没必要让价格进攻某个价位直至耗竭全部力量。很多时候，它只需要一个双顶或双底形态来显示市场哪一方占据主导。然而，有时它也让你想知道为什么最强大的阻力"墙"（价格密集区）会被无情地进攻，而其他有些时候一些表现不积极的力量却可以轻而易举地守住。但是市场是什么样就是什么样，市场做什么就是什么。最终，价格的方向是由大玩家来决定，普通的超短线交易者没有必要问为什么。不过，好消息是虽然小型交易者可能永远不知道大玩家计划背后的原因，但是他可以知道什么时候需要加倍留意。

一直到这个 IRB 结构出现，这个区间在突破方向上也没有给出多少指示。市场已经绘制了一个明显的双顶形态（3~6），指示了阻力位，但是一系列逐步升高的价格底部又背叛了之前确定的支撑位（2、4、5 和 7，都高于 1）。但是不管走势图上的支撑/阻力信号多么普遍，这些支撑/阻力信号不一定就意味着是市场上的关键价位，需要在英勇的战斗中明确征服，让一方最终屈服于另一方。事实上，它们可以在没有任何抗议信号的情况下瞬间消失。这就是简单地在阻力位卖出或者在支撑位买入可能不是一个很好的交易策略的原因——至少对有抱负的超短线交易来说是这样。总之，安全的做法是看市场如何对待这些价格区域，然后再试着交易它们。

只要市场接近一个支撑位/阻力位，或者只是前期的价格顶部或底部，基本上会发生三种情况：①这个价位好像不存在一样被突破。②这个价位受到了市场的"尊重"，价格像被击打了一样反弹。③这个价位受到猛烈的攻击以及坚决的捍卫。

后一种情况在价格整理过程中提供了最佳的交易机会。并且战斗持续时间越长，最终失败的那一方就越痛苦。要阻止这种情况发生，他们只能做一件事情就是尽可能快地逃离现场。正是这种仓皇出逃为场外观望的超短线交易者提供了赚钱的好机会。

显然，走势图上任何价格密集区几乎都代表了对立双方的梦想和希望。例如，多头基本上会对空头说，我是在买入你的合约，但是却是在做空是你的梦想。同样的，空头也会将这些话原封不动地还给多头。他们中不可避免有一方会很快为他们的虚张声势付出代价。场外观望的每一个以盈利为目标的交易者，脑海中基本上只有一件事：找出失败的一方，然后迅速抓住随着很多希望和梦想破灭而突然爆发的"投降潮"。普通的交易者不会背负着道德的谴责，也不必对市场上的对手抱有仁慈之心。因为，他非常清楚他从事的不是公益事业，他也一样有可能被其他人打得屁滚尿流。但是，这个游戏永远都是公平公正的，不管是大玩家还是小散户，多头还是空头，新手还是老手，所有参与者都享有均等的机会。不过无疑，在交易过程中最容易遭殃的就是交易新手。所以，一定要通过周密的准备和广泛的研究来尽快脱离这种低级地位，并且让市场上不可避免的学习花费尽可能少。

图 12.4 中的 IRB 结构是另一个交易区间上边线反弹的好例子。或者我们也可以说，它展示了如何利用失去斗志的多头的痛苦获利。这些多头在创出新高的梦想被一个结构最低点突破打破之后，开始慌忙出逃。这个形态显示了三个拱形（8、9 和 10），第 2 个和第 3 个都比第 1 个低，这种结构被那些喜欢它们的

人形象地称为双柄杯反转形态。在价格最终屈服于向下的压力之前，有 6 个相同的价格底部构成了一条极好的信号线。

如果认为价格任何时候都会仅仅因为这样一个 IRB 结构而下跌或上涨超过 30 点，那就错了。市场之所以波动，主要是因为整体技术状况。其他还有很多理由可以导致市场上涨或下跌，甚至与当前趋势相反。在一个波幅仅仅 5 个点的区间内的小震荡，不太可能导致市场突破后波幅达这个形态波幅的 6 倍。这个结构仅仅是在最可能的价位协助入场的工具。例如，这里的这个形态就是被市场放置在了正确的位置，并且在正确的时间发生了突破。它只是为多头提供出场，为空头提供入场的触发器。

不管是多头还是空头，只要一方屈服于另一方的力量，虽然可能出于完全不同的理由，但是会在相同的方向上发起猛烈进攻。在很多情况下，只需要超过某个价位 1 个点，就可以激发这种群体行动。超短线交易者的任务就是提前确定这个关键的点位，然后在它突破的那一瞬间交易它。超短线交易者可能只有一瞬间的时间采取行动，否则就会错过机会。这一瞬间就是递出已经设定好的订单的全部时间。

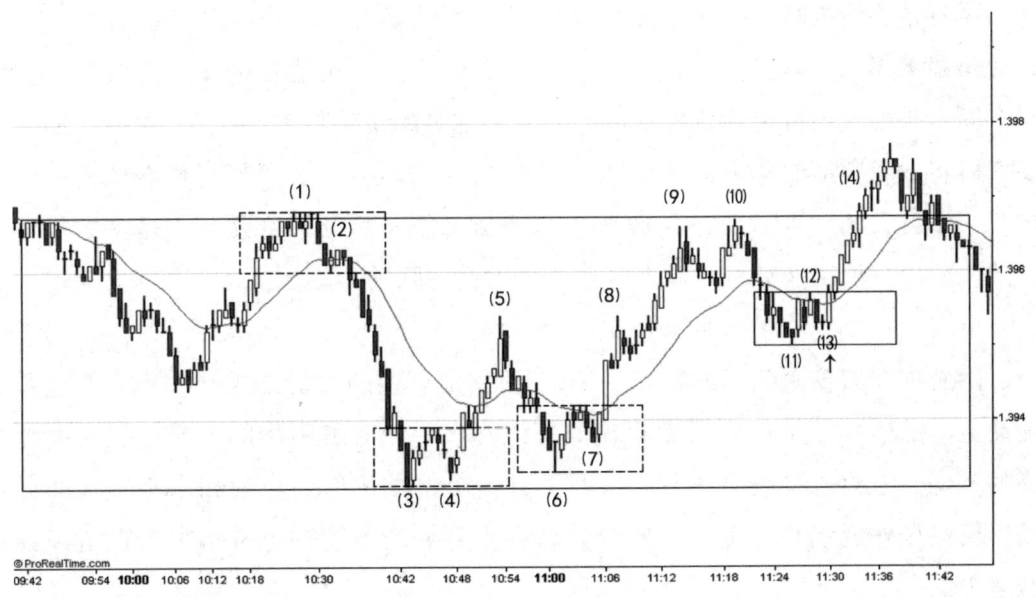

图 12.5

对于技术较为生疏的交易者来说，图12.5或许看起来有点混乱。当你在电脑上看到价格这样发展时，不要管它，就让市场自己发展，至少要等待形成几个价格顶部和价格底部。然后就可以打开你的工具箱，开始绘制区间边线。有时候，随着价格的发展，可能需要调整几次才能得到满意的区间边线，但是一旦确定，任何走势图上的价格行为都会立刻一目了然（记住，你不必绘制一个完整的箱体，也可以绘制一条水平的趋势线穿越相等的价格顶部，另一条穿越价格底部。）

一眼看去，似乎我们正面对一个波动非常快速的市场，就好像刚刚发布了什么新消息一样。但是，这是图中蜡烛线的长度和整个波幅戏弄了我们的眼睛。通常来说，如果是在欧洲和美国时段的最活跃时期交易，那么市场会在一个小时内绘制约120根70笔交易蜡烛线（与普通的30秒时间框架走势图差不多）。这幅走势图是从欧洲市场开盘时开始绘制的，差不多在两个小时内绘制了160根蜡烛线。所以，还算不上很快。虽然价格在较宽的区间内来回震荡，但是这个区间并没有产生多少可交易的结构（从我们方法的角度看）。不过，它也呈现了很多值得一提的技术现象。

通过走势图纵轴上的价格刻度，可以知道市场大约在40点的区间内震荡，1.3950的整数位正好穿过区间的中心。空头可能会急切地在区间上边线部署空单，而多头则表现得更为急切，他们在越来越高的价位买入（4、6和7）。如果我们再将区间底部的4个最低点分为两组（3~4和6~7），我们可以看到它们构成了一个巨大的"W"形态（1~9）。考虑到市场从区间顶部跌下来是多么势不可挡，所以，价格能够再度向上显示了技术面的强劲。

随着现在市场回到了最高点（10），价格最合理的波动方式（如果它们想要波动更高的话）就是首先回撤到较低的价格水平，为进一步的上升构建一个扎实的基础。因为这幅走势图看起来似乎有一个整数位作为空头和多头领地的界线，所以场外观望的超短线交易者会想看看多头是否能够将价格维持在这条界线之上。

通常情况下，如果走势图上的蜡烛线看起来非常不安，在一个较宽的区间内来回震荡，那么价格往往不会对那些绝对的阻力位和支撑位表现出多少尊重。例如，在这幅走势图中，当受到来自下方的进攻时，50价位都被轻易地击穿了几个点，然后才将价格"踢"了回去（5和8）。区间边线上的极值也是一样：价格波动的轨迹越奇怪，被击穿（没有真正突破）的支撑/阻力位就越多。对于超短线交易者来说，这些都是一样的。不管市场做什么，都不过是信息而已。就让那些大玩家们相互打来打去吧，只要他们高兴。最终，任何走势图上都会浮现出可交易的结构或形态。保持耐心的重要性也已经强调得不能再强调了，即使作为超短线交易者。

从我们方法的角度来看，第一个可交易的机会是出现在IRB结构中（图12.5中实线画的箱体）。从某种程度上说，它也是一个BB结构，就像第10章"箱体突破"中讨论的那样。让我们仔细看看这个箱体中的价格行为。它呈现了一个非常著名的技术形态，常被称为杯柄形态。有时，它也被称为1—2—3形态。这个形态是由两个"u"形构成大的"u"形是茶杯，旁边较小的"u"形是茶杯的手柄（11和13）。连接茶杯和手柄的中间点是一个高点（12），并且一旦这个高点被突破，市场会在突破的方向上做出强烈的反应。在茶杯的旁边出现多个手柄的情况也不少见，这种现象只会加强箱体内力量的蓄积。就像其他任何技术形态一样，这个形态反过来也是有效的。看看走势图中的3个虚线箱体，它们都是杯柄形态。注意每次这些箱体被突破后发生了什么情况。

确实，这种杯柄形态可以引发非常强烈的波动。它们也常被用来捕获市场的转折点，就像图中第1和第2个虚线箱体一样，但是要注意如此激进往往会事与愿违。就我个人而言，我喜欢在回撤时使用它们，就像实线箱体中的IRB结构一样。

不管一个结构看起来多么吸引人，我们都需要看到一些技术支持，以保证它的有效性。让我们看看可以从这幅走势图中找到什么来支持这次IRB结构交易。一是这个确定无疑的"W"形态意味着多头力量可能持续。二是IRB结构的底部在前期两个价格顶部（5和8，不是那么精确）找到技术支撑。三是整数位再次被多头掌控并且现在为结构提供支撑（11）。四是IRB结构的位置或多或少处于之前上升波段（7~10）50%的回撤位。五是区间上边线可能存在真空效应，将价格快速吸上去。

当然，我们不能只关注好的一面。不过，可以对这次交易的潜力产生负面影响的技术线索，还没有找到太多。一是区间上边线之下的双顶形态（9和10）可能会吓退一些交易者，导致"跟进动作"减少。二是突破箱体的那根入场蜡烛线非常长。它是从茶杯手柄的底部开盘的，然后一口气向上突破了这个结构。这会增加我们这次交易的风险。虽然我们会在其他章节详细讨论止损位的问题，但是现在也可以说一下，止损通常刚好设在被突破的手柄的下方（或上方）。这个手柄越短，止损位就越经济。第1个虚线箱体（2）中就有这样一个倒转的短手柄。这个手柄只有3个点那么长。但是，有时候设置较宽的止损不见得就是坏事，特别是在那种似乎暂时失去理智的市场，就像这幅走势图一样。我们不要忘了一个非常简单的交易事实：止损越小，止损被触及的概率就越大。因此，进行这类交易的问题不在于手柄长不长，更多在于交易者是否真的做好准备（或者认为交易安全）可以在那个时候及时递出订单。毕竟，作为手柄的那根蜡烛线快速地上升并且在突破前没有做任何停顿。

就这个双顶形态（9~10）而言，在一个价格波动更紧凑的走势图上，这样一个形态可能会大大阻止交易者与之对抗的行为。要达到盈利目标，价格必须穿过它。所以，这就不是一条阻力最少的盈利路线。但是，前方面临阻力并不一定意味着放弃才是最佳选择。我们必须考虑双方的力量情况。如果我们比较了空头力量（表现为双顶形态）和多头力量（表现为IRB结构的价格密集区）的强弱，我们可以说双方的力量是不相上下的。加上市场整体力量倾向于价格进一步上涨，所以没有理由因为那个双顶形态而放弃这个IRB结构。

总的来说，这个IRB结构交易有很高的概率可以成功。不过，它绝不是一次理想的交易，即使市场在突破后强烈的反应也不能改变这一事实。采纳这次交易的理由仅仅是因为它成功的概率略高于它失败的概率。或者，你也可以从这个角度来看：这次交易有5个点的手柄，如果失败，很可能8个点止损（计算风险时，我们必须在手柄蜡烛线长度的基础上加上3个点，将止损设在手柄蜡烛线上面或下面：蜡烛线上下各1个点作为突破点，另1个点是考虑点差）。

如果交易成功,那么会为我们赚到 10 点的利润。这是非常棒的,但是这些结果的胜率是怎样的呢?

如果不考虑其他,我们至少应该问自己下面这个问题:支持这次交易的力量是否强大到足以对抗反对它的力量。我们回答得越肯定,那么胜率就越高。当然,以这样的方式分析胜率只在拥有优势的假设正确时才可靠。但是,这就是交易,否则我们也不会如此烦恼。不过好消息是,我们不必每 10 笔交易都要成功 7 笔或更多。甚至也不必成功 6 笔。为什么呢?举个例子,当一笔成功的交易产生 10 点利润,而一笔失败的交易产生 7 点亏损时,那么即便盈利单和亏损单一样多,交易者的账户资金也会立即增长。

这幅走势图也展示了一个很棒的例子——在区间内部建立交易可以享受到价格被直接吸入最近区间边线的"真空地带"的好处。在这幅走势图中,价格甚至还突破了区间边线。当然,这是一种多头突破区间的可怕方式(14)。聪明的场外观望者永远不会考虑交易这种低胜率的突破。事实上,他很可能已经交易了 IRB 结构,然后在 10 点盈利目标达到时,将合约卖给那些交易这个区间突破的人。

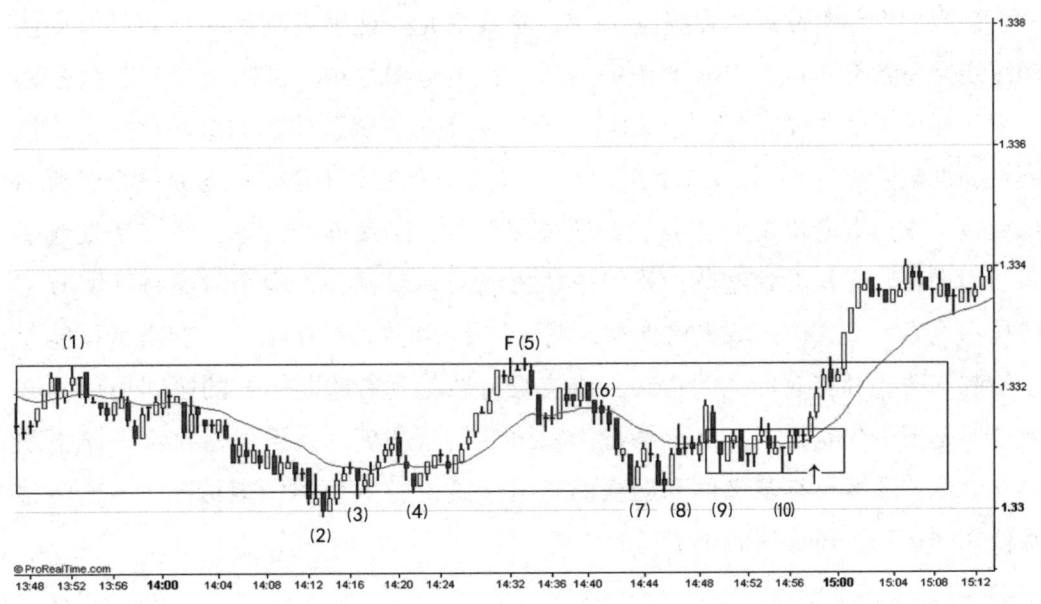

图 12.6

价格行为不一定要呈现最完美的姿态才能交易。诚然，如果走势图上显现出大量不稳定的波动，没有什么技术意义，那么最好就不管它，直到走势图信息清晰起来。但是不要太过轻易放弃任何一幅走势图。很多时候，在杂乱无章的价格行为中局势会逐渐明朗起来，并且在你意识到之前，团团迷雾就已经散开。这也是永远要保持警觉的另一个理由，即使是在沉闷的午餐时段也不能掉以轻心。

窄幅区间内的价格行为就像是被按入水中的球。其中多头力量和空头力量的均衡只是人为的结果，肯定只是暂时的。就像所有拔河比赛一样，最终有一方不得不放开绳子。当这种情况出现时，价格往往会做一件事，就是突破。当然，在市场上价格可以朝任何方向突破，并且可能不是以通常的方式突破。另外，即使看起来似乎是典型的突破，结果也可能变成一个陷阱。但是，这真的要紧吗？典型的突破就是有效的突破，偶尔变成陷阱也只是这个游戏的一部分。关键不是质疑有效的突破，而是避免典型的陷阱。不管进入这个市场多少年，超短线交易者永远无法确定他的突破是真突破还是假突破。他能做的就是追踪走势图上的线索并交易出现的任何有效突破。

让我们看看上面这幅走势图12.6，看我们是否能够发现那些可能已经促使超短线交易者交易这个IRB突破的信号。在走势图之初，价格从"20"价位跌下来，测试了1.33的整数位。随后，价格反弹并测试了前期的最高点。当价格超过前期最高点（1）仅1个点时（F），事情开始变得有趣了。这是一个经典的假突破。永远等着攻击对方弱点的逆势交易者，迅速展开行动，对市场发起了猛烈的进攻。光是看到这些，我们的超短线交易者就有了两个后面将证明有用的技术线索：整数位区域提供支撑，整数位上20点作为阻力位。交易者可能无法绘制出明确和有效的区间边线，或者没有感觉到有绘制这样的区间边线的必要，但是至少他获得了未来价格行为模式的初步印象。如果价格再次一路下跌到支撑位，那么最有意义的问题当然是关于这个整数位的防卫情况——这个整数位能守住吗，还是屈服于下行的压力？

撇开这个假突破（F）不谈，我们不能指责那些在前期最高点区域（5）做空市场的空头。常常可以看到价格从整数位（2）反弹后，还会在短时间内再次造访这个价位至少一次。而且，当市场不久之后跌到 20 期 EMA（6）之下时，新的空头还会加入，这就会进一步加剧这种现象。在这个时候，超短线交易者还有足够的空间可以进入市场享受 1.33 上面的真空效应。

但是，很快可以看出市场根本无意再次精确造访这个整数位，而是形成了另一个双底形态（7~8），强化了之前价格底部（3~4）构成的支撑力量。这是一个重要的线索。

接下来是约 15 分钟起伏不断的价格行为（8~11）。虽然空头成功给价格盖了一个"盖子"，但是他们的力量还没有强大到阻止多头制造另一个双底形态作为支撑，并且是更高的一个支撑位（9~10）。

现在，价格行为开始慢慢表现出意图，要找到其中的结构很难吗？首先，随着价格处于支撑区域，要寻找 DD 结构、FB 结构和 SB 结构都没有什么意义，因为这些形态都是在趋势市场的回撤阶段运用。同时因为价格逐渐离开支撑区域，所以也没有必要考虑 RB 结构。由于市场在蜡烛线聚集期间在希望和恐惧之间来回波动，所以唯一可行的结构就是 IRB 结构。

在这幅走势图中，这个结构看起来似乎有点乱，交易者可能会觉得不容易确定。尽管如此，如果我们忽略那个捉弄式突破（T），这个形态也有一条极好的信号线，有 5 根蜡烛线的最高点触及这条信号线，并且最后两根蜡烛线是两个代表突破前压力的十字星。这两个小十字星不仅有助于确定这个突破水平，它们还在信号线下蓄积了突破的力量。最重要的是，这两个十字星在 20 期 EMA 区域找到支撑，这为我们的成功再次增加了砝码。

总之，这幅走势图提供了大量实用的线索。这个结构可能需要集中注意力才能发现，但是它仍然具有可交易性。真正研究这些整数支撑区域的 IRB 结构交易的理由是，这些突破可以强烈到大大降低在区间另一边看到一个普通的 RB 结构的可能性。请记住，区间边线反弹交易可能需要稍微激进一点。突破迅速的特点降低了价格回撤到信号线的概率，从而也降低了超短线交易者获得第 2

次入场机会的概率。

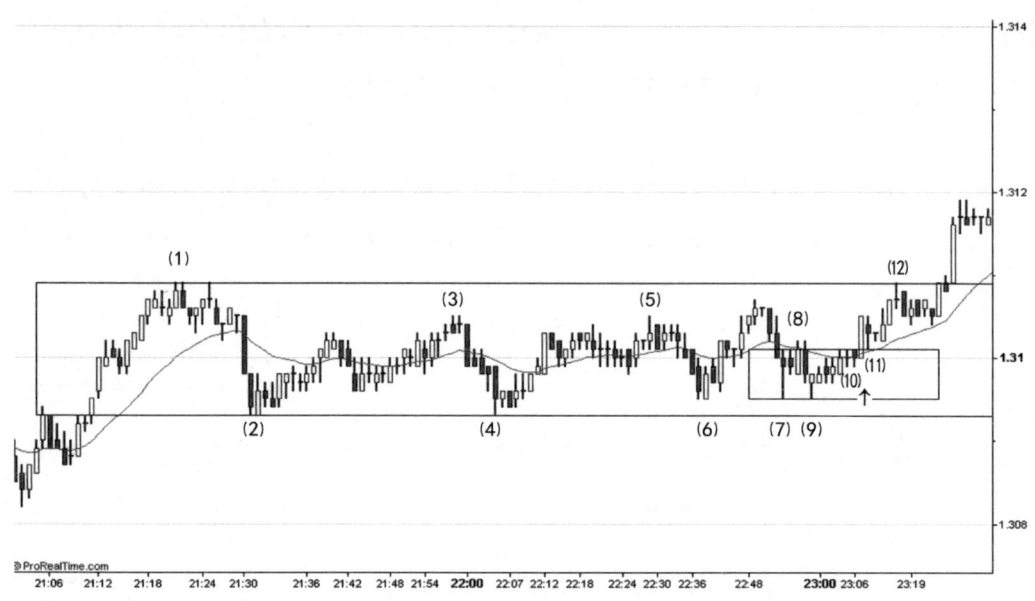

图 12.7

走势图 12.7 代表了典型的美国市场午餐时段沉闷的价格行为。请注意，这个午餐时段只是在提到美国市场时的一种委婉说法，因为这个时段可以轻易超过两个小时。为什么任何人都要在仅仅两个半小时的交易后经历这样漫长的沉闷期，这让勤奋的交易者感到迷惑，特别是因为美国市场开市的时间已经是这个世界上最短的开市时间。例如，美国股票市场每天的交易时间只有 6 个半小时，至少比世界上其他市场少两个小时。不管怎样，由于其他所有大型市场的波动都取决于美国市场的行为，所以欧元/美元合约在午餐时段开始时就转入"沉睡模式"也不奇怪，特别是在欧洲所有主要市场都结束当天交易时。

然而，这种典型的午餐时段也有积极的一面，就是它往往会形成非常明显的区间。在这个区间内，供给和需求之间的战斗可以非常清晰地展示出来。很多时候，这些区间会围绕着一个整数位，并且一旦交易者回到电脑前，这些区间就极有可能发生突破。

让我们再好好看看上面这幅走势图。很多事情都一目了然，很容易识别。

第 12 章　区间内突破

首先，这个区间无疑围绕着 1.31 的整数位。事实上，这个整数位刚好位于区间的正中间。刚开始，区间的顶部看起来有一点参差不齐。最初的区间上边线可能绘制在（3）和（5）的最高点处。最后，市场又走出了一个与最重要的高点（1）相等的高点（12），但是在这个时候，超短线交易者可能已经在之前的 IRB 结构那里建立多仓。区间的底部呈现了一个很好的双底形态（2~4），这是一个表示支撑的强力信号，并且在不久之后得到底部逐步升高形态（6~7~9）的确认。总之，在区间的底部区域没有察觉到多少做空的热情，这提高了这个整数位守住的概率。

注意：如果细想一下，你会发觉走势图的评估非常类似于在一个简单的数学方程式上加减数字。但是也有一个地方需要注意，就是真正的数学家不太可能对某个结果给予更多偏好，但是交易者就不会这么客观和中立。他可能不仅不喜欢他的结果，从而忽略它们甚至违抗它们，甚至还可能改变他的"数字"以期获得更满意的结果。一个人在临近交易时骗自己的本事还真是令人惊讶。难道饭店的老板会在没有一个客人的情况下用宾客满门的画面骗自己吗？当然不会。然而，交易者就可以一直看到交易机会，即使在什么线索都找不到的情况下，也是如此。或者当这些线索呈现出来时，他们却拒绝看到它们。确实，这种交易者才是所有骗子的国王，因为他可以日复一日地骗自己而不自知。

图 12.7 中的这个 IRB 结构怎么样呢？结构中的那个双底形态看起来比较可靠，并且与之前的价格底部相等（因此构成了一个三底形态）。结构的顶部有 5 个相等的蜡烛线最高点，从而确定了结构的信号线。那个穿越信号线的蜡烛线最高点（8）最好忽略不计。正如我们之前多次看到的一样，箱体突破结构（BB 结构和 IRB 结构）的信号线通常是在突破前最后几根蜡烛线绘制完毕后才能明确。例如，在这个箱体中，一直到最后 3 根蜡烛线，都很可能看到价格再上涨 1 个点，与之前的最高点（8）相等，并且如果事实的确如此，那么我们的信号线就会比当前的位置高 1 个点。

注意结构中两个小十字星（10）刚好出现在突破之前。这次突破发生在区间的中间位置，刚好高于 1.31 整数位两个点。如果错过了这次入场机会，警觉的交易者也仍然可以在下一根蜡烛线测试突破价位时（11）入场。

如果你接受了一个窄幅区间内的 IRB 结构，就意味着你也接受价格可能必须穿越区间的边线才能实线盈利目标这一事实。这一点一定要明白。因此，这种 IRB 结构只能在满足了有效结构的所有要求之后才能交易。虽然超短线交易者在一波强劲趋势的回调中"抢跑"会时不时侥幸获得成功，但是如果是一个位于窄幅区间中部的 IRB 结构，那么"抢跑"可能不会再得到这样的宽恕。不过，如果是在适当的市场环境下，几乎任何情况都可以交易，不管前方是否有阻力，只要交易的优势明显大于劣势就可以了。

图 12.8

读者可能还记得之前讨论过的"趋势＝趋势"现象。这种现象就是一波强劲的趋势进入盘整形态后，一旦价格在趋势的方向上发生突破，那么之后的波动就会与之前的趋势几乎一样。图 12.8 就展示了一个很好的例子：趋势后是区间，区间后又是与之前趋势几乎一样的趋势。

在盘整期间，区间的上边线和下边线都受到了同等的重视。它们都发挥了强大的支撑阻力作用。当然，在这样一幅如此看空的走势图上，区间的下边线将遭受更大的考验。一旦真正突破这条下边线，市场会再次回到下跌趋势，将在区间内买入的多头全部套住。

注意"真正突破"这个词。到现在，我们已经看到了很多例子——当突破之前没有经过适当的力量蓄积会发生什么，即使市场整体力量处于突破的方向上（T），也不见得会成功。这通常是缺乏"跟进动作"造成的，而这种机会不太可能被那些随时准备利用每一个不够坚决的突破获利的逆势交易者忽略。他们这样做是有理由的。他们不仅获得了一个困住对手的好机会，而且如果足够敏捷的话，还可以只承担最小的风险。毕竟，如果他的直觉可靠，并且再碰上好运气，那么他会看到市场"载"着他的头寸从入场点开始一路飞奔。如果是这种交易，他可以将止损设在多头头寸入场价之下几个点或者空头头寸入场价之上几个点。他的入场点很可能就是市场的转折点。

毫无疑问，能够在市场的底部买入和在顶部卖出，是很多交易新手的终极梦想。这些交易新手总是幻想有一天自己的交易技术熟练到可以预知后事的程度。这也是这些交易者最终走上失败道路的首要原因。可能不需要解释很多旨在抓住市场反转点的交易策略注定失败的原因。极具讽刺意味的是，正是这些策略才导致市场没有反转，因为那些抓错市场反转点的交易者不得不平仓，而这个行为使得价格波动得离他们最初的愿望更远了。尽管如此，如果交易者一定要设计一个买低卖高的交易策略，那么最好是用于市场盘整阶段的顺势交易策略，而绝不是用于趋势市场的逆势交易策略，不管这些趋势已经持续了多长时间。例如，在这幅看跌的走势图中，聪明的区间反弹交易者最好是在图 12.8 中（5）这样的价格顶部（潜在的反转点）卖出，而不是在（4）这样的价格底部买入。不管具体细节如何，读者应该明白本书中讨论的超短线交易方法绝不是从市场中稳定盈利的唯一方法。其他还有数不清的方法和策略也可获得很好的绩效，甚至不必费太多心思。问题是交易者要选择"徒手画"大师这种少有人走的路，还是选择有着明确结构、盈利目标和止损位的较为安全的顺势交易道路。

顺势方向上的突破失败，并不一定意味着趋势的终结。事实上，它可能也诱骗了大量逆势交易者认为市场真的反转了。例如，在这幅走势图中，那些在价格回到区间内时做多的多头，会立刻发现自己处于可怕的境地。在他们急切加入逆势交易队伍的过程中，他们将价格直接推高到了技术阻力位（6）。这为空头提供了展开顺势进攻的绝妙机会。

注意当价格从那个较低的价格顶部（6）跌下来，并且再次触及区间底部（7）时，还是有大量多头固执地试图做多。然而，这一次他们没有等待区间边线被突破。他们基本上忽略了前一次捉弄式突破创出的较低的低点，在最初的支撑位快速递出订单。如果这时候你也看多，那么这样做就是对的。等待支撑位被跌穿后再在更经济的价位建多仓（就像前面的捉弄式突破一样），会遭遇两个风险，而这两个风险最好都要避免。第一个风险就是这个点确实是市场的反转点，交易者错失了入场机会。因为市场可能不会突破，而是直接掉头向上。第二个风险就是价格再一次跌破支撑位而触发大量空单，将每一个逆势交易的多头困住。所以请记住，要做多就在支撑位做多，这句话是有道理的。并且，在支撑位的任何多单都会对支撑位起到加强的作用。

然而，还有一个问题，就是在支撑位（7）做多真的就是明智的吗？让我们来看几个可以表明这种做法并不明智的线索。首先，走势图的开始部分显示这是一波强劲的下跌趋势。其次，在超过一小时的时间内，多头甚至无法制造一个显著的回撤。再次，阻力位是由 4 个相等的价格顶部（1～2～3～5）确定的，并且在这 4 个相等的价格顶部之后是一个较低的价格顶部（6）。所以在这种情况下，市场上涨的概率还会高吗？

总之，我们可以说空头的力量完全没有消退，想在支撑位（7）买入而抓住趋势的反转完全是痴心妄想。尽管如此，价格确实上涨了几个点，但是之后不久，多头迎来了厄运——另一个较低的价格顶部（8）。

这为我们带来了一个 IRB 结构。在面对所有这些相等以及较低的价格顶部时，多头一定已经意识到唯一摆脱困境的方法是突破其中一个价格顶部，形成一个较高的价格顶部。但是他们没有做到这一点。

你可以看到，这个 IRB 结构的入场点要高于区间的下边线 2 个点。而之前捉弄式突破的最低点还要再低 3 个点。所以，在这个 IRB 结构入场（如图中箭头所示）会不会太早了？结构中有 7 根蜡烛线的最低点触及信号线，并且还有一个较低的价格顶部（9），我想答案是不言自明的。另外，我们也可以问自己，推迟入场直到区间的边线也被突破就真的能够降低交易的风险吗？之后，我们可能还会等待那个捉弄式突破的最低点也被突破。在这种情况下，立即在 IRB 结构的信号线下做空，并且将止损设在结构上方，才是超短线交易者的最佳选择。

技术交易者可能已经注意到在这个 IRB 箱体中有一个小型的头肩顶形态。事实上，这个形态与整个区间传达的信号是一样的。只看区间中的这些波浪。三重顶形态、逐步降低的价格顶部形态、头肩顶形态、杯柄形态——随便你喜欢怎么叫，总之，它们传达的意思是相同的。也就是说，如果走势图被认为缺乏做多兴趣，那么只能承认现实，接受价格下跌带来的亏损。

图 12.9

尽管走势图 12.9 之初显示市场处于空头的强压下（价格低于 20 期 EMA），但是多头还是将价格大幅推高，而且这次上涨几乎是从价格在整数支撑位（1）形成一个小型的双底形态直接开始的。事实上，价格都没有真正触及这个整数位，这正是多头急切想推高价格的表现。在差不多 30 分钟的持续买入后，多头稍作歇息，这让一些着急的空头相信可以借此机会从市场中"刮"走一些利润（2~3）。虽然他们勇气可嘉，但是这些逆势交易者在半个多小时的时间内，也只让价格下跌了7到8个点。而此前，价格已经上涨了近30点。这也进一步表示市场仍然处于多头的掌控中。

但是不管一个市场多么强劲或者多么疲软，也不管一波趋势是将继续还是反转，只要市场处于盘整期间，任何事都是可能的。而场外观望的多头和空头只能静待事态发展。除非拥有控制一个市场的力量和胆识，否则交易者最好还是采取被动姿态，只在出现明确信号时才展开行动。

在信号达到确认交易有效的状态之前，交易者首先需要察看整个价格行为中的特别信号，以作为潜在结构的支持。在这方面，穿越支撑位的那个捉弄式突破（T）就是一个很好的开始。市场最初的反应是极为平淡的，但是价格确实有一种聚集的倾向。诚然，正是因为这种倾向，我们的大部分结构才能在它们边线内呈现出如此受欢迎的力量蓄积状态。只看看这个IRB结构（基本上是一个标准的BB结构）：有7根蜡烛线的最高点相等，从而构成了结构箱体的上边线，而箱体下边线是由之前的捉弄式突破（T）确定的。

对市场力量有着较深的理解，并且能够敏锐抓住准确入场点的超短线交易者，肯定会在箱体突破后立即入场做多。如果市场真的向上突破了这个整理形态，不用说，这个交易者也一定已经发现了"趋势=趋势"形态的可能性。这意味着在他兑现了IRB结构交易的利润之后，他还会保持警觉，看是否可以从价格去往1.34的过程中获取更多利润。但是，希望他不会如此莽撞到放弃之前10点的盈利目标，转而继续持有头寸，认为价格还会继续上涨。仅仅因为机会主义或者贪婪而如此改变交易计划，早晚会引火烧身。

图中这个IRB结构狭窄得不能再狭窄了。它的价格幅度只有3个点。如果当前市场的力量没有强烈指向多头的方向，那么这个迷你的结构本身并没有多少意义。但是即便是一个以最标准姿态呈现出来的结构，也同样如此。不管这些结构标准与否，它们都需要整体市场状况的支持。所以，在这方面，我们可以像看待其他任何有效的结构一样看待这个小小的IRB结构。毕竟，我们只是将结构当做一个从技术角度辅助入场的工具，不是因为这个小小的结构为我们指出了市场方向。交易者永远不要被任何事情、任何算法奇特的指标、其他任何人甚至是自己所左右，这是一条规则。所有必要的信息都已经通过走势图上的蜡烛线传递了出来。为什么还要大费周章地搜寻其他信息呢？市场力量要么向上，要么向下，要么处于均衡状态。如果市场力量推动价格朝一个方向前进，并且前方没有多少阻力，那么交易者就应该静坐一旁，直到发现一个可以为其提供极好入场价的结构。结构的实际外形怎么样并不重要。

第13章 高级区间突破

趋势提供的交易机会比区间提供的交易机会多，这种观念受到了一部分超短线交易者的拥护，但是，这只是一种错觉。毫无疑问，这些交易者是受到那些数不清的走势图案例、网站以及交易类书籍的误导和教唆——它们总是称颂趋势。但是，问题是这种美妙的可以提供大量交易机会并且受到普遍欢迎的趋势，很少持续很长时间，即使在70笔交易走势图这样快速的走势图上，也很少见。不可否认，的确有些时候市场会一直单边波动很长时间，使趋势交易者的梦想成真。但是，更多的时候，市场上看不到任何有意义的"跟进动作"，有时候这种情况还会持续好几天。市场这种死气沉沉的时期也可能让那些最沉着冷静的趋势交易者变得焦虑和恼怒。这种情绪也是可以理解的。这个时期的市场不仅不会成人之美，还会披上奸诈的趋势外衣，然后勾引和欺骗众多心急的交易者。当它脱下趋势外衣的时候，众多落入陷阱的交易者才恍然大悟。当然，即使是饱受折磨的交易者也深深知道市场是没有固定计划的，所以也谈不上惩罚那些犯错的交易者了。但是，这并不能抚慰那些不断被误导的交易者受伤的心。

不管市场处于趋势时期还是整理时期，没有偏见的超短线交易者都是一样的交易。这种交易者在交易时不太可能心浮气躁，因为他的中立会让他保持心态的平衡。当市场处于趋势市时，他的焦点就是利用回撤介入趋势。当市场处于震荡时期时，他就会试着交易区间的突破，或者在区间内"刮"走几个点利润。事情什么样，他就接受什么样。这样，他在市场上就会比他的很多同伴过得更愉快。他的那些同伴一直期望市场出现自己理想的情况，但是这种愿望很少得到满足。

第13章 高级区间突破

不用说,想要处于这样自在和中立的立场,超短线交易者首先必须找到使自己特别自信的方法。这种自信就是不管面对的是活跃的趋势还是沉闷的区间,都可以识别真正的交易机会。

由于市场处于震荡时期的时间差不多是处于趋势时期的4倍,所以,这本超短线交易指南对震荡时期的特点给予如此程度的关注也是有道理的。截至目前,我们已经讨论了如何交易成功的区间突破(RB),以及如何识别并交易失败的区间突破(IRB)。我们也讨论了从区间内部(BB/IRB)"刮"走几个点利润的可能性。这个高级区间突破结构(简称ARB)是第3个也是最后一个区间交易策略,并且这个结构最好是看作大型的RB结构。

任何超短线交易者都会承认,区间不会总是以最标准的方式被打破。但是,这并不意味着超短线交易者不能以可接受的风险交易这些突破。只不过要求超短线交易者要更加敏锐和警觉。于是,就有了这个ARB结构。

这个结构可以分为两种类型。第一种就是一系列聚集的蜡烛线逗留在突破方向的区间边线周围,但是弹性大到无法证明最初的突破是假的。这些聚集的蜡烛线基本上围绕着区间的边线,要么在边线上方(做多),要么在边线下方(做空)。并且有时候,区间的边线正好穿过这些聚集的蜡烛线中心。这些聚集的蜡烛线通常会构成一个BB结构,一旦看到这个箱体的信号线被突破,超短线交易者就可以入场了,就像交易其他任何有效结构一样。RB结构和这个ARB结构的主要区别是后者的信号线不是区间的边线。后者的信号线在区间之外。

当区间边线存在争议时,我们常可以看到这种价格犹犹豫豫的情况。这让交易者想知道这个区间会不会真的被打破。但是即使是最明确的支撑位/阻力位,也会在这种犹豫中被打破。就像之前一样,问自己为什么事情是这样的没有多大的意义。市场主力已经超出了我们的理解范围,我们也无法知道推动市场来回波动所需的成交量到底有多大。就像以往的交易一样,我们最好不要纠缠于谁在掌舵的问题。有时候,受到大玩家的支配也会让人沮丧,但是决定市场方向不是自己的任务，不管这个方向是真的还是假的，小型超短线交易者也应该乐得清闲。只要愿意，他可以一整天都悠闲地待在场外观看，没有任何义务每日介入。他是旁观者多过参与者，而且是聪明的旁观者。因为他绝不会卷入激烈的战斗中。小型超短线交易者利用大玩家甚至多过被大玩家利用，他非常清楚自己不需要参与战斗。但是他可以在胜负分晓的那一刻加入胜利的队伍，并且没有人会对此不满。他唯一关心的是踏上潮流的浪尖而不被潮流淹没。

第二种 ARB 结构更多的是在突破后又回撤的情况下运用的工具。我们再次看到区间被突破，但是用 RB 结构无法抓住这次突破。与上面提到的价格偶尔犹豫的情况相比，区间突破也可以是非常强烈的，价格可以瞬间突破区间边线。但是，这并不一定意味着交易机会完全失去。我们多次在趋势中，甚至在非常强劲的趋势中看到，当到达某个点时，价格会习惯性地反转回到某个显著的支撑位或阻力位。这种现象也会出现在区间突破中，特别是在那种最初以不可交易的方式突破的情况下。突破之前的力量蓄积离信号线越远，价格在突破几个点后止步的概率就越高。如果它们不仅停止继续前进，而且还回头去测试刚刚突破了的价格区域，那么这个 ARB 结构就可以作为一个利用这种回撤反转获利的好工具。

当突破之后的回撤受阻于突破的那个区间边线区域，并且其中一根蜡烛线成为潜在突破的信号蜡烛线，那么这个 ARB 结构就开始成形了。其实，这个结构非常像一个典型的顺势交易结构。如果这根信号蜡烛线在之前突破的方向上被突破，那么这个 ARB 结构就确定了，超短线交易者就可以像交易其他结构一样交易这个结构。

由于我们已经在前两章非常详细地讨论了这种区间的特点，所以就没必要再在 ARB 结构中进行赘述。ARB 结构与 RB 结构之间的区别只在于入场方面，ARB 结构的入场不是基于突破区域特殊的力量蓄积方式，就是基于价格突破后的典型回撤方式。

图 13.1

这第一幅走势图（图 13.1）就立即展示了普通 RB 结构与 ARB 结构之间的区别。在事后看来，很容易知道超短线交易者会如何交易这次突破。他当然不会在捉弄式突破（T）那里采取行动，而是会等待市场形成一个普通的 RB 结构，或者更精妙的 ARB 结构。后者会呈现一系列聚集的蜡烛线，并且区间的上边线正好穿越这些蜡烛线（小型箱体）的中心。随着后来 4 根蜡烛线的最高点都触及了这个捉弄式突破的极值水平，一根完美的信号线就诞生了。在突破之前，20 期 EMA 被一根蜡烛线轻微地向下击穿了（1），之后价格迅速上升，并且突破了信号线。这是一个标准的 ARB 结构。

但是，在真实市场中，事情可能不会像在事后看来那样明显。事实上，在真实的交易环境中，即使是看起来最完美的结构也经常被错过，并且仅仅是因为交易者当时没有期望市场像这样发展。这也是一定不要让"想象接下来要发生什么情况，然后就需要看到这种情况出现"的想法限制了思维的原因。特别是在临近利用一个技术结构交易的时候，这种预测一个结构会如何呈现的想法——就好像要向想象中的旁观者证明自己的能力——可以严重阻碍你看到价格行为的本来面目。当你预期市场会如何发展并且以何种方式突破，但市场并没有这样做时，你一定会感到丢脸。它对你自尊的伤害可能持续到令你完全错过下一次突破。

图 13.2

当区间边线存在争议时（就相等的蜡烛线最高点或最低点而言），RB 结构的有效性自然会降低。当多重时间框架走势图和交易笔数走势图上都显示了相同的区间边线并且被突破，那么就可以看到最明确的价格行为。在没有明确信号线的情况下，很多交易者会利用走势图上蜡烛线的极值来判断突破的价位。但是，在一个时间框架走势图上发生的突破，可能不会发生在另一个时间框架走势图上。因此，这个突破的可信度就会打折扣，表现在走势图上就是缺乏"跟进动作"。这种犹豫是非常可以理解的。交易者不愿意错过一次大规模的波动，但是同时他们也不愿意落入假突破的陷阱中。而明确的区间边线就会使更多的交易者同时看到突破的发生，从而导致更一致的交易行为，于是就产生了更具方向性的市场力量。

令人欣慰的是假如超短线交易者能够保持冷静和耐心，给予市场充分的时间来发展，那么即使是草率的突破，也是非常值得交易的。

根据我们的方法，走势图 13.2 中的这个 ARB 结构是这个时期唯一可行的交易方法吗？或许不是。我们不能阻止那些更为激进的超短线交易者在那个看涨蜡烛线突破区间的上边线（2）时交易。之前两根蜡烛线构成的力量蓄积或许有一点薄弱，但是市场的根本力量一点也不薄弱，同时，一个很好的"趋势 = 趋势"形态的可能性也没有降低。

在这个 ARB 结构中，出现了代表突破前压力的两个十字星（3）。如果此时还没有入场，那么这几根蜡烛线的突破就是极好的入场机会。因为走势图中的这个 ARB 结构中有多根蜡烛线聚集，而实际的结构是由最后 3 根蜡烛线构成（突破区间边线的看涨蜡烛线和随后的两个十字星）。从某种程度上说，它也是一个小型的 BB 结构。

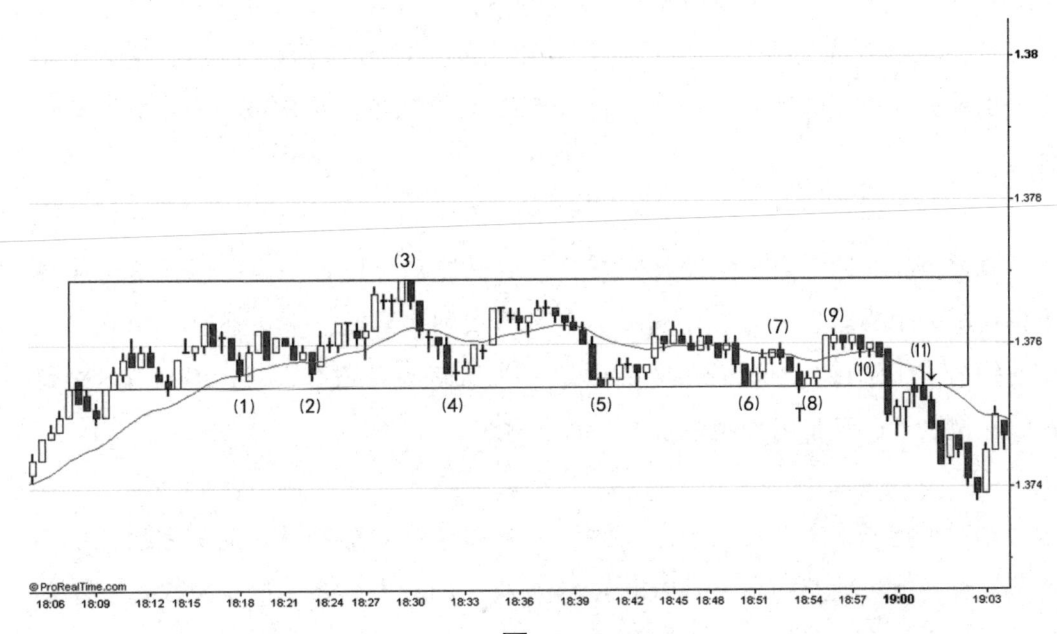

图 13.3

图 13.3 价格在创出新高（3）后，又被空头拉了下来，但这并不意味着看涨兴趣的终结。如果多头仍然能够维持市场力量向上，不让价格滑落到前期低点（1 和 2）之下，那么场外观望者很有可能会喜欢这些较低的价格，并且开始再次进场做多。换句话说，由于走势图上的最高点暂时失去了指示作用，那么焦点现在就放在区间的最低点上，聪明的交易者会紧紧地盯着区间最低点上的价格行为。

虽然在走势图的这个阶段还没有绘制区间下边线的需要，但是在前30分钟的3个相等的蜡烛线最低点（1-2-4）还是为超短线交易者提供了一个极好的区间下边线潜在水平。当然，在潜在区间的开始阶段，不必立即绘制一个箱体将蜡烛线包围起来。在一些区间最低点处或者一些区间最高点处，单独绘制一根水平的趋势线就可以了。比起"擦"掉一个完整的箱体再绘制一个新的箱体，这样做更简单方便一些。

虽然第一个支撑位也很显著，但是区间后半部分的价格明显失去了看涨兴趣。位于5的价格底部实际上代表了一个价格突破前期最低点的捉弄式突破。大约十分钟之后，另一个价格底部（6）与这个捉弄式突破的极值相吻合。现在就有足够的理由将区间下边线下调1个点（如图13.3所示）。之后，这个价格水平也被一个典型的捉弄式突破（T）击穿，但紧接着又再次被两根蜡烛线确认（8）。

总之，在大约一个小时地来回震荡之后，技术分析者一定已经在这个箱体中识别出一个头肩顶形态。它实际上有多重头和多重肩，下边还有一个几乎完美的领口（下边线）。虽然不是每一个价格底部都触及这个领口，但是有8根蜡烛线触及，就已经足以绘制一条可靠的下边线了。

在这个捉弄式突破被永远存在的抄底者和逆势交易者勇敢地买入后，价格甚至上涨超过了前期的高点（9超越7）。这一刻看来，多头似乎再次占据了主导，他们中很多人现在可以舒服地享有他们在形态底部建仓所产生的利润。聪明的交易者会将一部分浮动盈利兑现，特别是看到价格在这个区域停滞后。在兑现利润的过程中，他们实际上是对价格施加了下行压力。

提到头肩顶形态时，有很多种处理方式，但是其中有两种策略比较突出。较为激进的交易者会在他们感到形态右肩（区间下边线上的最后一个拱形）反转的那一刻，就开始进场做空。其他交易者则会等待区间下边线被突破后才进场。第一类交易者会爱死他们的IRB结构。而后一类交易者则更好地了解了

ARB 结构的特点。

这一章的前两幅走势图显示了 ARB 结构作为交易犹豫性突破的一种方式，而这幅走势图显示了 ARB 结构作为典型回撤的一种交易方式。

读者在研究接下来的走势图时要格外注意。想要更好地交易 ARB 结构，我们必须搞懂一个常常被忽略的技术概念。在这个时刻，关乎的是 ARB 结构的有效性，但是价格行为原理本身已经呈现在整个走势图上。忽略了它会导致一些不愉快的止损出场，并且很多时候是完全不必要的。我提到的是我将称之为最近支撑位的测试或者最近阻力位的测试概念。这种测试常常优于对最显著的支撑位或阻力位的测试。一个简单的解释就是这种现象是市场的一种倾向，认为最近的价格行为比之前的价格行为更具影响力，即使之前的价格水平可能在整体情况上更有发言权。

让我们从一幅看空走势图上潜在的 ARB 空头头寸的角度来看看这个问题。首先，我们看到价格从形态右肩的顶部跌到（反转）领口之下。随后，这个领口也称为区间下边线被跌穿很多个点。如果这个突破是以非常快速的、直接的方式实现的，那么就不能像普通的 RB 结构一样交易它，也不能将其当做聚集类型的 ARB 结构。由于价格非常意外地跌破了支撑线（相对而言），所以可以肯定大量场外的空头都错过了这个波动。这些交易者会迫不及待地想要参与这次行动，而聪明的交易者会保持冷静，不会因为害怕错过整个突破而盲目追进。他们会推迟入场，因为预期到接下来很可能发生的情景：价格再次测试前期的支撑位。他们的想法就是不仅要在更为有利的价格建仓，还要在前期的支撑位（现在变为阻力位）建仓。这就是有趣的地方。在价格回撤之后，获得更有利入场价的想法就实现了。但是有时候，将被跌穿的区间边线看作一个可靠的支撑位或阻力位，可能会让你付出昂贵的代价。一条被打破的区间边线常被视作最显著的支撑位或阻力位，但是从超短线交易者的角度来看，这个价格水平的显著性要次于位于区间内部的某个价格水平。

要解释较优和较次的概念，最好是通过举例来说明。假设一条水平趋势线

（领口）上有3个拱形，最后一个拱形的价格水平较低。这就构成了一个经典的看跌形态。这3个拱形的下边线都处于同一领口水平。当然，每一个拱形都有一个拱顶，并且是由几根蜡烛线共同构筑这个顶，随后价格才反转再次回到领口。有时候，这个拱顶是由一根蜡烛线构筑的，所以这个顶相对较尖锐。就定义而言，任何一个拱形都被一个阻力位覆盖（否则，价格就会上涨到更高的价位），但是同时，在这些拱形的最低点也会找到短暂的支撑，所以在价格反转之前，价格处于横盘整理阶段。我们要记住这个拱形支撑，因为之后它可能会发挥一定的作用。现在，如果价格跌破这3个拱形的领口很多个点（从走势图上看算得上是一次突破），并且开始止步，然后回撤，那么这次回撤会到什么价位，然后再回到最初的突破方向上呢？对于那些仓促进场的交易者来说，理想的回撤价位就是领口，因为这是他们建仓的地方。不幸的是，很多时候价格不会止步于领口位置，而是会继续上涨回到区间内部，寻找最近一个拱形的拱顶。为什么会这样呢？最符合技术分析逻辑的理由是市场喜欢以阶梯式的方式波动。如果价格在A点找到支撑，然后跌穿A点下跌到较低的B点，那么价格很可能首先去测试A点，然后再回到B点，甚至下跌到更低的价位。在价格下跌到B点之下后，很可能首先测试B点，以此类推。趋势越强劲，市场越可能忘记再次测试所有突破价位的需要。但是，如果是一个区间被突破，那么区间内最后一个拱形的拱顶就是极可能被测试的价位，尽管途中还要经过被突破的区间边线这个所谓的阻力位。不管这个拱顶具体位于什么价位，只要在看跌形态中，这个拱顶就一定是比区间下边线高，所以价格要测试这个拱顶，必须上涨进入区间内部。如果的确如此，就不难想象大量边线突破交易者在这个似乎是典型的假突破中被止损出局。关键是这些假突破会非常危险，因为它们中有很多会测试之前的拱顶，所以本质上它们是伪装的真突破。

之所以如此明确总结这些技术细节，主要是想指出：当面对一个没有经过突破前力量蓄积的突破时，保持审慎的必要性，特别是当采用特别窄幅的止损时。最安全的方法永远是在价格不是受阻于最显著的支撑位或阻力位，而是受阻于走势图上最近的价格行为时进入市场。在这方面，我们可以说突破前压力就正好迎合了我们的需求，因为它阻止了价格回到区间内部去寻找最后一个拱形的拱顶（或者也可以说是去寻找你的止损单）。事实上，我们可以说聚集的突破前压力本质上就是最后一个拱形，只是略为平扁而已，它的底边就位于区间边线上。因此，在缺乏突破前压力的情况下，交易这种"回撤"的最好办法不一定是在区间边线做空。更为安全的方法或许是在价格回到区间内部测试最后一个拱顶时，试着在价格再次反转的那一刻进场做空。请记住，这只是一种理想的情况。如果价格没有到达拱顶或者只是到达区间下边线就止步，那么这也为我们提供了有价值的信息。关键是不要认为一条被打破的区间下边线一定会成为一个阻力位，也不要在价格再度回到区间内部时就立即认为这次突破是假突破。当然，在看涨走势图中，所有情况就要反过来，这个拱形就是悬挂在区间上边线的下边，并且价格是向上突破。

让我们再客观地看看图 13.3 中区间突破附近的价格行为。其实没有必要在区间下边线被突破的那一刻就立即进场做空，具体要看你的交易策略是怎样的。但是假如一定要在这个时候入场的话，将止损设在高于最后一个拱形的最高点 1 个点的地方（高于 9），一定比随便设在区间内高于区间下边线几个点的地方更安全。一个合理的止损位可以很好地保护交易者不被潜在的拱顶测试洗出市场。当然，其他交易者是如何设置止损的，跟我们没有多大的关系。但是，当涉及我们的超短线交易方法时，可以说在大多数情况下，将止损设在高于最后一个拱形的地方（在多头交易中，就是低于最近一个拱形），是非常激进和冒险的做法。所以，这也是我们最好避开没有经过力量蓄积的突破的一个原因。但是这并不意味着我们不能交易未经力量蓄积的突破。

看看图 13.3，看如何交易比较好。在价格突破领口位置之后，我们要等待回撤的反应。如果价格没有回撤，也只好认了。但是如果价格回到区间下边线，我们不要像其他很多回调交易者一样立即做空市场，我们要寻找一根止住回撤脚步并且后来再次被向下突破的蜡烛线。任何止步的蜡烛线都是潜在的信号蜡烛线，但是要记住，它必须在原来的突破方向上被突破才能得到确认。让我们好好看看图中的这根信号蜡烛线（11）。它深入到了区间内很高的位置，之后才再度回落，因此确认为接下来 ARB 结构交易的信号蜡烛线。这是一次理想的 ARB 回撤交易，因为这根蜡烛线不仅在区间内止住了回撤脚步，并且它的最高点成功测试了最近一个拱形的拱顶（10），同时它的最低点又落在区间之外。由于价格测试了最近一个支撑位（现在变成了阻力位），并且对所有参与者而言都是显而易见的，所以随后信号蜡烛线的最低点被突破就发出了明确信号——价格可能已经重拾下跌动量。因此，很多之前质疑这次突破有效性的超短线交易者会迅速打消疑虑，火速入场建仓。

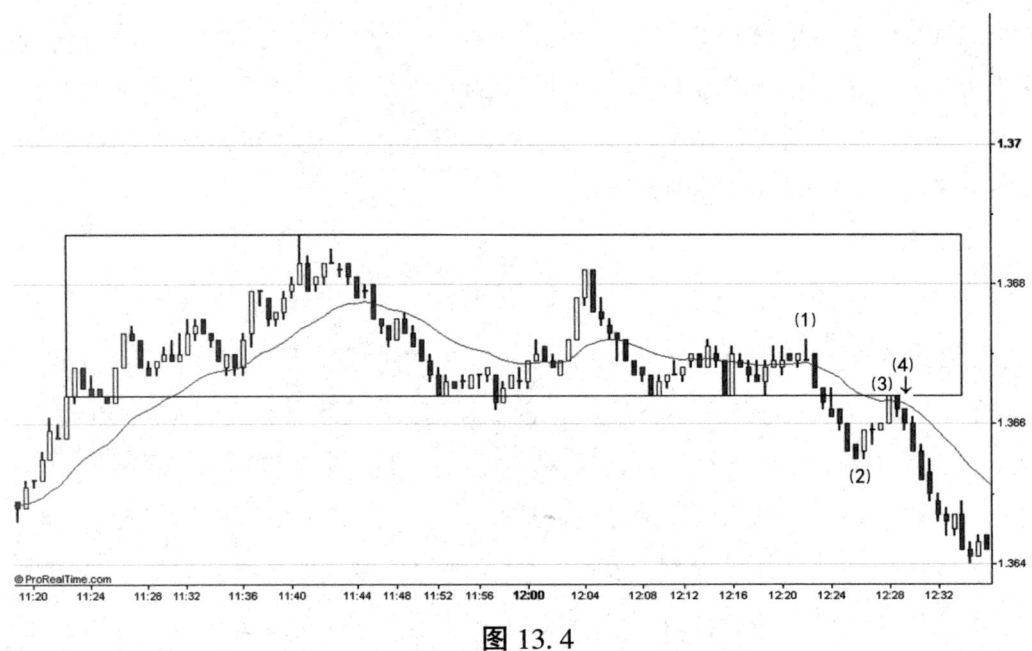

图 13.4

图 13.4 中的情况没有前一个那么理想，但是也仍然提供了一次 ARB 结构回撤交易的好机会。不要管这里的这个区间是否合理（但是有非常明确的下边线），就让我们看看这个突破以及突破后的价格行为。在这个区间下边线突破的有效性方面，应该不会存在任何疑问。

这条区间下边线被迅速跌破，想必一定让很多场外观望的交易者没来得及建仓。由于在突破之后追涨或杀跌绝不是好主意，所以那些看跌市场的交易者此刻就寄希望于潜在的回撤能够提供入场机会。

情况的确如此，价格在下跌很多个点之后，在走势图上绘制了一个非常典型的，几乎是 V 字形的回撤，直达被突破的区间下边线（2~3）。在这个时候，完全没有办法知道价格是会止住回撤脚步然后反转，还是像通常的做法那样继续上涨，去测试最后一个拱顶。这就让超短线交易者面临选择困境，潜在的信号蜡烛线可能已经开始形成，同时最理想的拱顶测试也可能开始上演。如果这根信号蜡烛线被突破（如图 13.4 中箭头所示），交易者是立即采取行动呢？还是冒着错过此次交易的风险等待更大幅度的回撤，然后在更高的回撤价位入场做空？如果选择立即交易，那他有可能被潜在的拱顶测试止损出局，因为他的窄幅止损很可能设在高于信号蜡烛线最高点 1 个点的地方。如果选择等待拱顶测试，市场可能直接下跌不再回头，他就错过了极好的交易机会。

现在，在这两个选择之间，超短线交易者应该如何抉择呢？是冒着错过交易的风险等待更好的入场价，还是冒着过早入场风险及时抓住交易呢？事实上，这一定是到目前为止所有交易者面临的最经典的困境，不管这些交易者采用什么交易策略、时间框架和交易工具。如果我说关于这个问题没有一个确切的答案，读者们一定不会感到惊讶吧？但是，就 ARB 结构而言，可以将其当做一个普通的结构来使用。如何抉择基本上取决于回撤与回撤前突破波段的比例关系。

让我们通过比较两个假设的情况来分析这个问题。两种情况都显示价格没有经过多少抗争就直接突破了区间边线很多个点。正如我们之前无数次看到过的那样，市场最终会回撤一部分，这是市场的一大特性。很多时候，价格甚至会回撤之前波段的 40% 到 60%。如果价格真的发生了这么大幅度的回撤，至少我们可以说，价格有很大的概率再次反转。现在，让我们首先假设价格从形态的右肩跌下来，此时高于区间边线约 7 个点。之后，价格轻松突破了这条边线，并且在继续下跌 7 个点之后才止住脚步。这在走势图上就是一个幅度为 14 个点的波段。如果价格这时开始再次掉头向上去测试之前被突破的区间边线，那么它们通常会回撤之前波段的 50%。这种幅度的回撤是很常见的，这会为场外观望的交易者提供在突破的方向上建新仓的好机会，特别是在价格遇到走势图上非常显著的支撑/阻力位，比如之前被突破的区间边线时。在我们假设的 14 点的波段和 7 点的回撤情况中，我们敢打包票有大量回撤交易者在严密监视市场对这个阻力位的反应。当然，考虑到价格必须先出现停滞的迹象，聪明的超短线交易者不会在这个时候入场。他需要看到信号蜡烛线出现，并且这根蜡烛线在趋势的方向上被突破。虽然这样做并不能保证不被止损出局，但是这可以提高成功的概率。

接下来，假设一个较宽一点的区间。假设形态右肩的顶高于区间下边线15个点。价格再次下跌突破了这条边线，但是在边线下方4个点的地方就停止下跌。因此，这个下跌波段的幅度约为19点。现在，价格再度上涨回到区间边线（上下1个点的区域内），大约只回撤了之前下跌波段的20%。如果类似的信号线能够出现，那么不那么激进的超短线交易者会选择放弃这次突破交易。因为这次回撤还没有结束的概率很高。实际上，这种情况与SB结构非常类似。在SB结构交易中，要放弃第一次突破，以等待潜在的更大规模的突破（见第9章的"二次突破"）。

简言之，我们可以说，形态的右肩越扁平，发生典型回撤的概率就越高。而形态的右肩越高耸，我们就越需要测量回撤与回撤前波段的相对关系。在非拱顶测试的回撤情况下，要想建顺势仓位，理想的情况是回撤的幅度至少达到之前波段的40%。

在图13.4中，市场大约回撤了之前下跌波段的50%（3回撤了波段1~2的一半）。价格在区间下边线停止回撤，这个价位也是20期EMA提供阻力的地方。一根小小的信号蜡烛线已经形成（4），并且最低点被另一根蜡烛线跌破（如图中箭头所示）。尽管这不是一个拱顶测试，但是仍然是一次非常有效的ARB回撤交易。

我希望上面讲的这些没有把读者搞糊涂，以至于到了害怕ARB回撤交易的程度。另外，上面的观点仅仅是源于我个人的观察，因此，只是为超短线交易者在面临选择时提供一个参考。本书中提出的所有观点和方法都是如此，都只是作为交易的一种方式。没有绝对的方法和建议。因为它们很多都不存在于现实交易中。这会让有抱负的超短线交易者陷入绝望的境地吗？当然不会。只要他沿着阻力最小的路径，选择适当的成交量，并且避免在最糟糕的情况下入场，那么他还是极有可能在不被过早洗出市场的情况下，顺利通过必要的学习阶段。

注意：即使价格回到区间内部，导致 ARB 回撤交易止损出场，这也并不意味着区间边线交易的结束。这种假突破虽然也足以触及幅度较窄的止损单，但是假突破就是假突破，另一种价格聚集类型的 ARB 结构交易也仍然可以派上用场（非常类似于 SB 结构或 BB 结构）。不用说，超短线交易者当然不应该只是为了报复市场让他止损，就立即建新仓。这样做常常会引火烧身。

图 13.5

走势图 13.5 中，在"20"价位有个三重顶形态（2~3~5），之后是一个较低的双重顶（6~8），这意味着价格将再次测试 1.32 的支撑位。那些在捉弄式突破（T）做空的心急空头，一定会对多头的反应感到意外。他们的这次突破完全没有"跟进动作"。即使止损单的位置如此之好（设在高于前期价格顶部（8）1 个点的价位），也没有保护他们不被震出市场，并且还是以最痛苦的方式——价格触及止损（9）后直接回落。

甲之砒霜，乙之蜜糖。对一部分交易者来说痛苦的事，对另一部分交易者而言就是美好的事，即使这些交易者还在场外观望。价格在那个向上的假突破（9）之后立即下跌，一定会促使很多聪明的超短线交易者"削尖他们开空单的铅笔"。一个三重顶，一个双重顶，一个向下的捉弄式突破，一个向上的假突破以及下方盘踞的整数位，还想看到什么呢？这对空头来说已经足够了。

当提到那个向上的假突破（9）时，读者可能还记得之前"区间突破"一章中，图11.6提到的关于偶然事件与显著事件的概念。在这幅走势图中，尽管有多个看跌形态，但是在走势图之初仍然轻微看涨的，那个跌穿支撑位的捉弄式突破（T）可以视为一次逆势突破，所以从技术上说是一次显著事件。而那个向上的假突破（9），由于是一次失败了的顺势突破，可以被看作偶然事件，因此可以给出更多指示。讽刺的是，只要看一下这种走势图，我们就可以发现这只是一种相对的概念，因为稍微懂一点技术分析的人都会在捉弄式突破（T）那里做空，而不是在向上的突破那里做多。但是，总体而言，在一幅看涨走势图上发生的向下的假突破，可以被视为显著事件（它是假的），因为它是与当前市场趋势对抗的突破。因此，在这幅走势图中出现的向上的假突破可以被标记为偶然事件（它失败了）。

其实，图中的区间下边线也可以降低3个点。这样，这条区间下边线就可以兜住前一个最低点（1）和捉弄式突破（T）的最低点。但是，就我个人而言，我不会选择这样绘制区间的下边线，因为这会使构成当前区间下边线的最低点（4和7）悬在半空中——形象的说法。但是，即便这样绘制区间的下边线，从而使这个ARB结构变成一个有点狭窄的形态，可又改变了什么呢？当区间边线存在争议时，焦点更多的是放在价格在突破区域的表现方式上，而不是在具体的边线突破价格上。

事实上，当位于10的蜡烛线最低点跌破区间边线时，入场做空也是合理的。这让这次交易变成了一次普通的RB结构交易。而那些在图中箭头所示的地方做空的交易者，就是进行典型的ARB结构交易。选择将区间下边线绘制在捉弄式突破最低点的交易者，就可以将此次交易看作一次IRB结构交易，因为价格在跌破区间边线之前就已经跌破了1个点（入场点与ARB结构交易的入场点相同）。就像你看到的，你想怎么称呼它都无所谓。只要你入场交易就行了。

第 13 章　高级区间突破

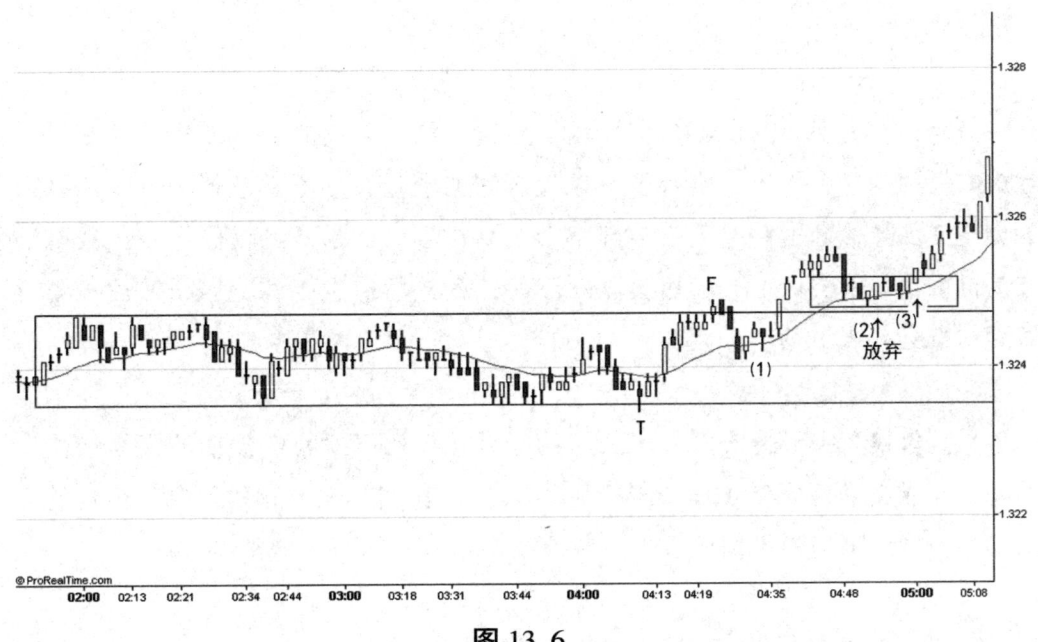

图 13.6

走势图 13.6 显示了一个在冷清的亚洲时段中非常典型的并且持续时间非常长的区间形态。外汇市场每周 5 天每天 24 小时开市，并不意味着价格会永远像猴子在树林里上蹿下跳一样起伏。说到欧元/美元货币对，它的成交量在亚洲时段会非常低。有时候，极低的成交量会导致巨幅的价格波动，但是通常情况下，极低的成交量只是制造一些持续时间随便超过两个小时的区间（就像上面这个一样）。然而，这些区间会产生非常完美的边线，只要超短线交易者保持耐心和警觉，交易这些区间的突破并且获得可观的整体收益也并不是什么难事。对于那些仍然无法很好地识别区间及其突破的交易者来说，典型的亚洲时段就提供了不错的研究材料，即便由于时区关系，不能参与这个时段的交易。

在经过两个多小时的"沉睡"后，市场首先制造了一个典型的向下的捉弄式突破（T），接着又制造了一个同样典型的向上的假突破（F）。始于假突破顶部的 3 根蜡烛线的回撤，回撤了从（T）到（F）这个上涨波段的 50%。这个回撤幅度是非常大的。随后的价格行为将决定它的价值。很显然，在接下来的蜡烛线中，这次回撤的最低点守住了阵地，警觉的超短线交易者可能已经在 20 期 EMA 区域识别出了一个由 5 根蜡烛线构成的 BB 结构箱体，在这种情况下，它也可以视作一个经典的 IRB 结构【（1），你要想象有一个小小的箱体将这几根蜡烛线框住】。

但是，较为保守的超短线交易者放弃这个稍显激进的 IRB 结构，也是可以理解的，因为这个入场点刚好位于较大区间的上边线。不管怎样，总是会有人因为这样那样的理由错过或者放弃某个交易机会。如果真的错失了一次很好的交易机会，也不要对失去的机会耿耿于怀，直接承认发生的突破，然后试着寻找新的机会介入市场。

看到价格在突破边线之后上涨了约 9 个点，所以，我们预期的交易结构当然就是回撤版本的那个 ARB 结构。不久之后，我们基本上有两种参与市场的方式，第一种比第二种要稍显激进。

让我们看看图 13.6 中第 1 个箭头所示的那个交易机会。走势图似乎在区间边线区域绘制了一个非常明显的信号蜡烛线（2）。为什么交易这根信号线向上的突破会显得有点激进呢？基本上只有一个理由，就是这根信号蜡烛线的最低点还没有完全测试区间的上边线。虽然只是 1 个点的区别，但是在非趋势市场的超短线交易中，这些小细节就显得比较重要了。我们希望看到的理想情况是这个最低点再低两个点，不仅测试区间边线，还测试区间内最近一个阻力位（现在变成支撑位）【（1），IRB 结构的上边线】。

乍一看来，仅仅因为最低点离支撑位还差两个点，就放弃一次可能有效的建多仓机会，似乎有点犯傻。但是让我们先考虑一下设置保护性止损的问题。按照标准的出场技术，大部分止损都应该设在信号蜡烛线的最低点下方 1 个点，在本例中，就刚好位于区间边线这个支撑位。要将止损设在一个你更想入场而不是出场的位置，还是让人感到有点尴尬。但是，我想说这是我们不得不面对的问题。超短线交易者有时候也会调整他的出场技术，将多头头寸的止损降低，以给予交易更大的回旋余地。对老练的交易者来说，这样做或许可以获得成功，但是仍然处于学习阶段的超短线交易新手，最好还是尽可能让事情保持简单状态，不要养成因为害怕止损而调整止损位的坏习惯。最好的止损位应该是在交易的技术理由在价格触及止损的那一刻就被否定（至少暂时被否定）的价位。通常情况下，我们可以说，如果我们的止损位没有什么技术有效性，而较好的止损位又离入场位太远,那么我们最好的选择或许是放弃这次交易,继而等待一个可以提供更为合理的入场位与止损位关系的交易机会。

图 13.6 中第 2 个箭头指向的是一次 BB 类型的 ARB 结构交易,这当然是一次更好的突破。说它更好,是因为我们可以肯定随着时间流逝(绘制了多根蜡烛线),市场明显失去了测试下方区间突破价位的需要。当然,在第一个 ARB 结构形成的时候(第 1 个箭头所示),是不可能知道市场会形成这第 2 个结构的。

顺便说一下,在前一根蜡烛线入场也是有效的。因为信号蜡烛线(3)突破了之前那个小小的黑体十字星,可以当做一次普通的 SB 结构交易。尽管如此,再多等待 1 个点,等待箱体被突破(如图所示),应该是这种情况下最好的选择,因为这额外的 1 个点可以进一步确认多头的决心有多大。为什么呢?因为不仅绘制了一根信号蜡烛线,还向上突破了 1 个点(这个小型箱体的上边线),并且这也会在其他很多"刮头皮"走势图上绘制一个明显的新高,这就会吸引更多的多头加入。

注意:不管出于什么原因,如果你决定放弃一次交易机会,那么这个决定就要坚持不变。如果价格最终发生大规模突破,交易者很容易变得心烦意乱,因为市场似乎没有给你想一下的机会。但是,这都是事后才知道的。关键不在于一次交易是否能够成功,因为这不是我们所能控制的。这就好像分析抛一次硬币的结果是什么一样,是没有什么意义的。重要的是在交易时段结束后评估放弃这次交易的理由。为什么要在交易时段结束后?因为交易时段是用于交易的,不是用于分析的。

希望关于这个信号蜡烛线偶尔出现的微妙之处已经解释清楚,可以区分这个极好的 ARB 回撤交易和前一幅图中非常类似但是较为可疑的 ARB 回撤交易(图 13.6 中第 1 个箭头所示)。图 13.7 中很爽快的回撤产生了一个标准的信号蜡烛线(2),它完美地测试了区间内最近一个阻力位【(1),左边那个小型的看涨旗形】。这里的区间边线存在一些争议,实际上也可以绘制在低两个点的地方,为什么不呢?这样可以让信号蜡烛线的最低点具有双重功能——既测试了最近一个阻力位,又测试了区间边线。虽然这个区间边线测试的意义并不重大,但是我们仍然乐于看到这一现象。不管怎样，随着价格测试了最近的阻力位（现在变成了支撑位），已经没有技术方面的理由可以放弃这次交易了，它为超短线交易者提供了极高的成功概率。

图 13.7

如果走势图上出现与趋势对抗的假突破，价格就极有可能在趋势的方向上波动更远。有时候，当趋势方向上的动量减弱或者不足时，与趋势方向相反的假突破可能刚好给予市场另一个助推力。如果不考虑其他情况，这至少会为场外观望者提供一次在更好的价位挑选合约的好机会。波动较快的市场会使大量交易者因为害怕错过趋势，而选择在当前的底部做空或在当前的顶部做多。相反，波动较慢的市场会在一些回撤中提供极好的交易机会。这种交易机会之所以好，不只在于交易方向，而且也跟保护性止损的位置有关。我们可以这样来看：如果你要在市场回撤阶段做空，那么你可以将止损设在回撤最高点的上方（作者没有讲上方具体什么价位，根据前后文，应该是上方1个点的价位。——译者注），这是最经济也非常符合技术逻辑的止损价位。另一方面，如果你在当前趋势的底部做空，那你的止损设在什么地方呢？从技术角度说，最合理的止损位仍然是在最近一个回撤的最高点的上方（应该是上方1个点的价位——译者注）。但是，不管是从心理承受角度来说还是从风险控制角度来说，这个止损幅度都太大了——具体取决于你的交易策略。

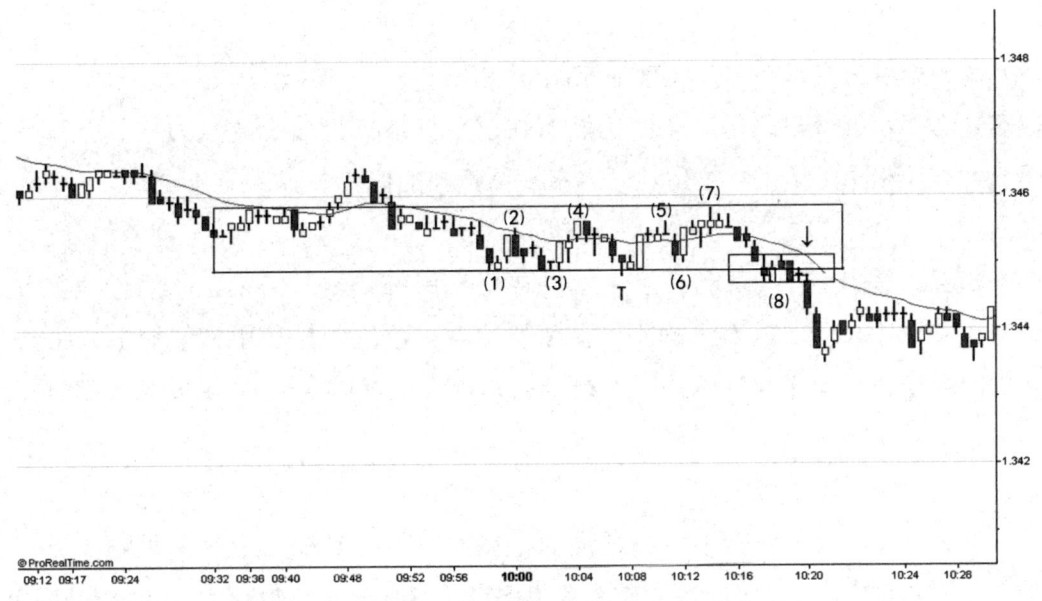

图 13.8

事后看来，走势图 13.8 提供了一个稍微平缓的"趋势=趋势"交易机会，但是在开始时，图上的价格行为绝不是强烈看空的。事实上，可以肯定在中途的时候，预期到多头对 1.3450 的整数支撑位的反应，空头开始有些却步。非常讽刺的是，交易一方因为惧怕遭到反击而踟蹰不前的行为，恰恰是激发另一方掀起反击浪潮勇气的因素。不管是不是战略失误，在一个无所谓忠诚和道德义务的地方，你不会看到有太多志愿者愿意牺牲自我来挽救一波减弱的趋势。但是，你永远会发现市场上有一小群贪婪的交易者，他们的贪婪已经超过了保护自我的意识。因此，才有了任何走势图上都会有的假突破现象。

在 10：00 前一点，价格缓慢到达了整数位，并且立即就有一些多头涌入市场（1）。当然，也有一部分空头因为在这个区域兑现利润而导致了价格的反弹。就市场力量而言，空头出场等同于多头进场。总之，可以说这个整数位没有被跌穿，是因为多头暂时比空头更激进。尽管如此，这并没有使这幅走势图从看跌变为看涨。当一波趋势（即使是一波较为疲软的趋势）遭遇一些"逆风"时，顺势交易者不会只是像乌龟缩进龟壳一样一动不动。我们可以肯定他们中有很多都会改换 B

计划。这在看跌走势图上，就是等待市场表现出足够的回撤反应，然后就在更具吸引力的价位建新的空仓。

第一个好机会是在多头突破前期的价格顶部时（4突破2）出现。价格即使突破这个小小的价格顶部，它们仍然面临前期价格行为形成的阻力位。空头几乎立即将价格拉了下来，这留给了多头一个经典的假突破。

当然，这次小胜利重新燃起了场外空头心中的热情。但是，那些行动稍慢的空头立即发现自己落入了陷阱。在猛烈进攻整数位的过程中，他们陷入了与多头刚刚遭遇的同样的窘境。这个结果就是捉弄式突破（T）。多头双方此时打了一个平手。

整数支撑位突破失败不会逃过永远存在的逆势交易狂热分子的眼睛。随着缺乏"跟进动作"，这些逆势交易者有了做自己喜欢的事的好机会，也就是在潜在的底部进场做多，并且将止损设在假突破最低点的下方（具体应该是下方1个点的价位。——译者注）。很多空头已经嗅到了这些"老鼠"到来的气味，于是快速在这个价格底部让开道路。但是，这些空头很快重返战场，在价格达到之前假突破的最高点时（5等于4），开始猛烈进攻多头。不过后来事实证明，这次进攻收效甚微。

有时候，看到一幅像图13.8那样沉闷或平缓的走势图上，出现大量陷阱和一些微妙的价格行为，还是很有趣的。比如后面又有一次向上的突破失败（7）。

如果我们凑近点观察向上突破前的价格行为（在价格回落之前），我们实际上可以找到一些强烈看涨的信号。不仅市场在整数支撑位上绘制了一个三重底形态（1~3~T），最后一个底甚至还是一个向下的假突破，而且还绘制了第4个较高的价格底部（6），并且之后不久，价格甚至超过了前两个价格顶部构成的阻力位（7）。这些无疑都是看涨的信号。

因此，不难想象多头在看到他们精心构筑的底部形态在短短几分钟内就被打得粉碎，是如何幡然觉醒的。这就是交易场上不存在道德感的表现，交易者几乎没有守卫他们辛苦构筑的成果的愿望。价格几乎瞬间跌穿前期的最低点，这自然也带来了一些逆势交易机会。但是逆势交易者所能召集的力量也只能将价位暂时稳定在现在这个非常靠不住的支撑区域（8）。敏捷的超短线交易者一定会感激对手如此英勇的行为，因为这为他制造了一个很不错的 ARB 结构。

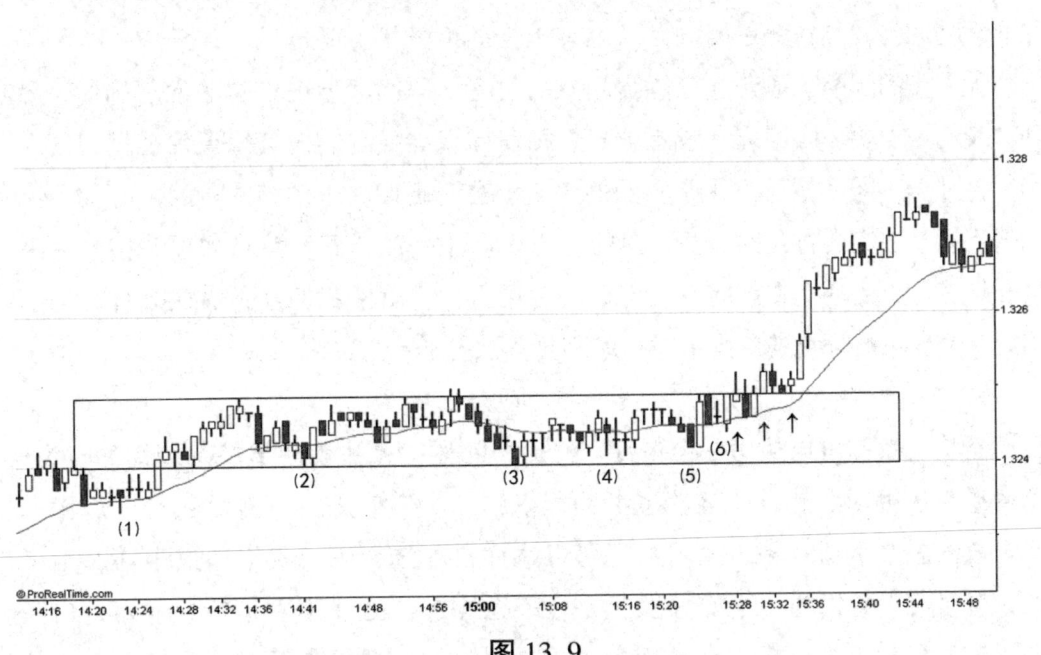

图 13.9

尽管图 13.9 中这个区间形态非常完美——不管是上边线还是下边线都得到确认，但是最初的那个突破还是非常草率。无疑，区间上方几个点的潜在阻力位（"50"结尾的价位）会让很多多头不敢贸然进入市场（或者我们也可以说空头还没有感觉到有给多头让道的必要）。

在第一次区间边线突破之前，市场已经发出了明确的支持信号：在之前的看涨旗形（1）的顶部价格区域形成了一个很好的双底形态（2~3），价格从"20"价位（1.3240）反弹，并且出现一系列逐步升高的价格底部（4、5 和 6）。

当看到这些价格行为时，一定要保持冷静，并且仍然保持开放的心态。走势图总是会以这样或那样的方式，留下关于未来方向的明确线索。你不需要有一个很长的出现越来越高价格底部的区间——或者是一波强劲的趋势，才能预测价格未来的动向。然而，那些选对了市场方向，但是选错了入场时间的交易者也仍然摆脱不了失败的命运。不管他们是因为缺乏应有的技术或适当的结构，还是只是缺乏择时的耐心，这些都不是我们关心的。有抱负的超短线交易者应该意识到，自己也是人，思维也会像所有失败了的交易者一样变幻莫测。认为自己可以超越人性的弱点，是一个重大的错误，迟早会付出惨痛的代价。或许，超短线交易者赢取胜利的唯一方式就是承认自己也有愚蠢的地方，不要排斥和否定它。行为学家认为人类的大脑不适合进行持续理性的思考。他们这种观点是非常正确的。另外，我们不需要环顾四周，或者看6点档新闻来寻找我们人类每天都会出现的白痴行为证据，即使是那些非常聪明的人，也会有犯傻的时候。诚实的内心加上深刻的反省，一定会将我们一些错误的观点引向正确的道路。并且如果我们在最平静和没有压力的环境中都能表现出非理性的倾向，就像我们经常做的那样，那么当处于真实市场环境的压力下时，就不要苛求自己不会犯错。

但是，我们可以从另一个角度来看这个问题，无法表现出持续理性的行为，也意味着在短期内是可以理性思考和行动的。诀窍就是在最需要的时候运用这些短暂的思维清晰时刻。我们真的可以这样自如选择吗？我不知道为什么不可以。对付直觉犯错的一个好办法就是，事先强迫自己（不管是精神上还是口头上）理性保护自己选择交易的理由，这是与仅因为看起来不错就触发进场开关的做法相反。让你的交易步骤合理化，会有效防止很多潜在的非理性行为。这是一个需要掌握的关键点。这也是我要煞费苦心地在每一章都深入探究价格行为细节的原因。

根据交易者的进攻积极性不同，有3种不同的方式可以交易这个区间突破。第1个就是将其当做一个普通的RB结构交易（第1个箭头所示），认为首次突破前的"挤压"为突破蓄积了足够的压力。如果这次有效交易被错过或放弃了，那么价格的再次突破（第2个箭头所示）就为交易者提供了极好的补救机会。第3种方法是将其当做一个ARB回撤结构交易。这意味着要等待一根信号蜡烛线在边线区域形成，然后交易这根信号蜡烛线的突破（第3个箭头所示）。

注意图中区间边线下方"挤压"的蜡烛线如何成为区间内最近一个阻力位的（现在变为支撑位）。一群聚集的蜡烛线阻止价格发生回撤的情况也不少见。从技术角度来说，市场只是没有进一步回到区间内去寻找其他形式支撑的必要（相对而言），因为它已经在最可能的价位找到了支撑。请记住，这些"挤压"的蜡烛线基本上构成了区间内最后一个较为扁平的拱形，并且拱形的拱顶与区间边线重叠（在这幅走势图中是反转的）。因此，如果价格在突破之后又回撤到边线时，这个价位就会是一个可靠的支撑位或阻力位。

尽管之前出现了捉弄式突破，并且有些犹豫地回到区间上边线，但是到某一刻，空头将不得不为多头让道，并且伴随着或大或小的亏损。

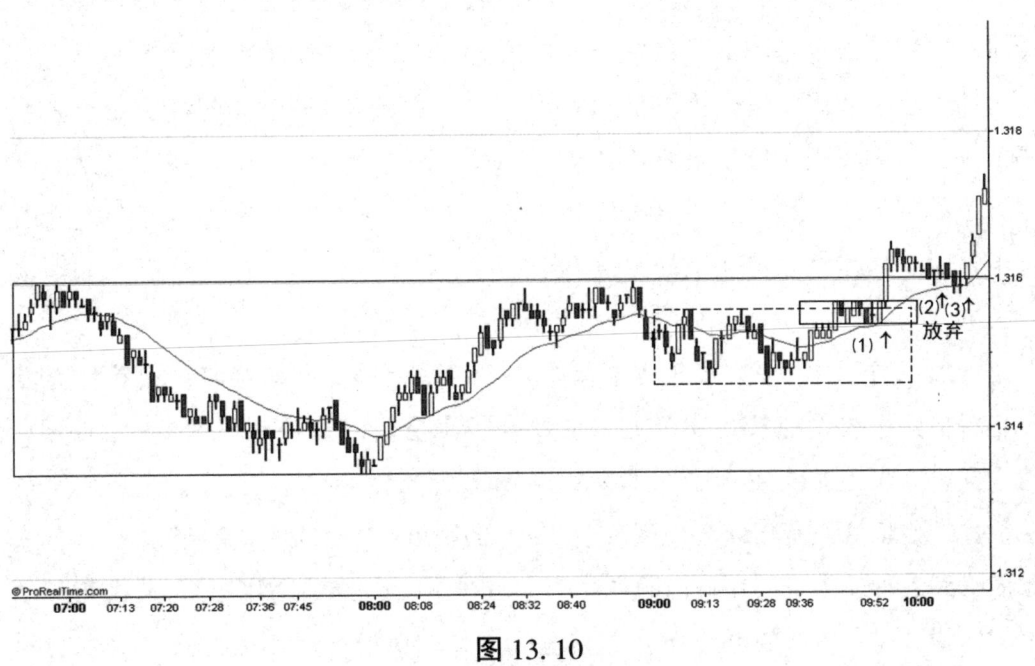

图 13.10

如果我们将图 13.10 中的虚线箱体看作一个大区间内的小区间，那么这个虚线箱体右上角的价格行为就可以当做一个标准的 ARB 结构（1）。但是，由于这个突破也发生在这个大区间内，所以这个结构也可以算做一个 IRB 结构（见第 12 章）。当然，在临近交易的这一刻，聪明的超短线交易者是不会在意这些名头上的区别的。在这一关键时刻，他的主要任务是确定入场价位和止损位，并且确保自己不会错过这次交易。

即使在第一个 ARB 结构建仓（第 1 个箭头所示），以 10 点为盈利目标的超短线交易者也不会面临放弃还是交易第 2 个 ARB 结构（第 2 个箭头所示）的选择困难。当然，对于那些较为保守的交易者来说，是很容易选择放弃的。然而，采用更为激进方法的超短线交易者会发现这个机会太吸引人了，实在没有放弃的道理。毕竟，价格已经回来测试了区间的上边线，形成了一根信号蜡烛线（2），并且随后再次被突破。这通常构成了一个表明趋势继续的极好结构。所以，为什么要放弃呢？

这里涉及一个在前一章的图 12.6 就讨论了的问题（放弃第 1 个箭头所示的交易机会）。读者可能还记得"尴尬止损位"那个问题。当从结构的角度来看时，尴尬止损位基本上也是一个有效的止损位，但是从技术角度来说，这个价位并不合理，因为这个价位是非常明显的支撑或阻力位。它的尴尬在于你看多市场，但你不想在技术支撑位了结你的头寸，如果需要，也是在这个支撑位下方了结。另外，如果这个支撑位真的是显著的技术价位，市场可能会去追逐这个价位，就像整数位区域的真空效应一样。

当然，当面对一个入场位很好但是止损位很差的交易机会时，交易者也可以将保护性止损设在较为安全或者更符合技术逻辑的点位。更理想的情况是，将止损设在当止损被触及时，可以肯定地说这次交易从技术层面已经完全失去有效性的价位。但是任何超短线交易者都会承认，在允许的风险范围内不会总是能找到这种止损位。在我们的方法中，当在 10 点的止损幅度内无法找到这样好的止损位时，最好的办法还是放弃这次交易。市场永远存在出现二次机会的可能，也就是说在放弃一次较差的交易机会后，可能出现另外一次并且很可能也是更好的交易机会。这正好体现了第 9 章中讨论的 SB 结构的原理。

当然，这次更好的突破可能不会出现，市场直接向前奔去。但是，这跟合理放弃交易的理由是没有关系的。虽然放弃了一次原本可以成功的交易的确让人不爽，但是也仅限于那些只考虑对和错的交易者。的确，对很多交易者来说，市场不是拥护一个决定就是惩罚一个决定。但是，这是一种看待概率的可怕方式。市场在任何时候都可能上涨 10 个点或下跌 10 个点。所以，为什么不能在你放弃某个交易之后发生呢？不管是入场还是出场，价格的行为都只是一个信息，永远不应该将其当做是对聪明的恭维，或者对愚蠢的惩罚。

当然，这不是说交易者的决策不能接受指正。即使是老练的交易者，也一定会犯错。他们都是普通的人。关键是永远不要用事后的结果来评判单独一次的决策如何。它只能通过事前可获得的所有信息来进行评判。

现在，再来看看另一个 ARB 结构（第 3 个箭头所示）。善于观察的读者一定已经注意到这个结构与 SB 结构非常相似。注意它的信号蜡烛线的最低点也没有精确地测试区间的支撑位（3）。从技术角度来说，这里测试支撑位的最理想方式是价格触及并测试几个点之下小箱体的最高点（1）。但是，希望看到的这种理想情况会在几根蜡烛线之后变得完全无足轻重。技术事件不会是完全相同的，而 SB 结构的外形就是这样，它拥有否定之前所有设想的能力。

在这个例子中，第 2 个突破的入场价位刚好就是之前放弃的交易的入场价位。即使它的价位比前一个差一些（这也不少见），这个 SB 结构的双底所蕴含的意义也仍然保持不变。在市场上，事情绝不是价格本身的问题。唯一有意义的事情是大多数市场参与者最可能对某个事件做出什么样的反应。因此，交易走势图中最后一个 ARB 结构（第 3 个箭头所示）——本质上是一个 SB 结构，是一个合理的决定。

第三部分

交易管理

第 14 章　临界点技术

我们已经花了这么多时间和精力来学习交易入场技术，现在也要对出场技术予以同等的重视。就像技术分析能力会影响交易者的存亡一样，交易者处理开仓头寸的方式最终也会决定交易者的绩效表现。因为通往目标价格或止损的道路都是崎岖的，如果不是从技术的角度，那么一定是从心理的角度。不管是新手还是老手，大部分交易者都承认，处于实际交易中会比选择交易时有更多焦虑和怀疑、痛苦和沮丧的情绪。

确实，大多数交易者在持仓的那一刻，大脑中就会浮现一个神秘的恶魔。而在数秒钟之前，他可能还是沉着冷静的，似乎一切都在自己掌控之中，相信自己一定可以做好需要做的所有事情。他可能分析对了市场中各方力量的对比情况，并且聪明地识别出了他选择的交易结构。如果市场以这样或那样的方式绘制了接下来的一根或两根蜡烛线，他会很乐意"扣动扳机"，入场建仓。但是就在他建好仓的那一刻，情况通常会迅速恶化。突然之间，交易者对事情的理性判断力降低到零，他会不由自主地认为自己落入了陷阱。无能为力的感觉取代了之前所有的自信和舒适。恐惧和焦虑瞬间入侵大脑，之前帮助他建仓的技术分析能力也消失得无影无踪。为什么会这样呢？是谁导致这个交易者陷入这样的境地？答案就是他自己。在眨眼之间，他就从城堡里的国王变成了一个无法左右自己意志的蠢蛋。没有什么方法比处于交易游戏当中能更快使一个人的形象坍塌。

但是事情绝不会到这里就停止了。在交易亏损时，事情会很快变得更糟。

交易者也意识到这个问题，但是他们就是身不由己。在出现首个回撤信号时，谁能够在绝望中按下出场键？当价格与交易者作对时，谁能够感觉到被背叛并且不敢去看？谁能够战胜自己的恐惧并介入一个持续的回撤行情，而不只是陷入悔恨中。即使是一次正在盈利的交易，谁能够感觉到逃走的本能强过获取更多利润的欲望？

对于还没有建仓的交易者来说，这些交易者的沮丧和担心看起来似乎像闹剧一样——为什么他不做应该做的事情呢？然而那些曾经体验过真实交易环境的人就知道，这些愚蠢的行为都是真实的。特别是当交易者仍然处于学习阶段时，要超越自己的恐惧并不是容易的事情。但是，如果只是技术达到熟练程度，要解决这些问题也远远不够。在某个时候，交易者很可能会发现自己处于一个十字路口。在这里，他必须展开行动，并且问自己准备动用多少资金。他会进入交易的下一阶段，达到精通交易的程度，还是继续怀着恐惧，并且永远保持着情绪化交易的旧习惯。

在这方面，可以肯定地说真正的精通不只是完全理解价格行为原理，更多的还在于交易者做需要做的事情的能力大小。因为真正精通交易的人不会受到走势图变化的影响。他在建仓的时候不会忧虑，在平仓的时候也不会有任何不舒服的感觉。如果他被止损出局了，他就会继续寻找下一次交易机会。他不会希望交易能够连续获胜，也不会受到一连串亏损交易的影响。真正精通交易的人明白每一笔交易都只是众多交易中的一笔。他知道胜利的天平是倾向他的策略的，但是他不会抱着获胜的期待。

要达到这种熟练程度，除了熟练的交易选择技术，我们还需要更好地理解适当的交易管理概念。如果交易者在建仓后不理清头绪，那么所有的努力都会白费。不过，幸运的是从技术分析的角度来看，适当的交易管理是非常简单的。一旦进入了市场，就不再需要评估市场各方力量，不再需要考虑阻力或支撑这些重要点位，也不再需要寻找交易结构。超短线交易者此时只需要密切关注接下来蜡烛线的走势，并且只有两个选择需要考虑——要么让交易实现盈利目标，要么点击鼠标提前止损出场。

当然，最终的选择不应该是基于贪婪、恐惧、直觉或者其他任何可以阻碍交易者思维的不良情绪。它永远应该基于走势图上的一个技术价格点位，我们可以称之为交易有效性的临界点。即便这个点位被超过仅1个点，也要无条件地止损。如果没有超过，交易者就应该继续持有这个头寸。

在这一章内容中，我们将深入探讨这个临界点。我们将了解这个临界点最初是怎么确定并且随着交易发展的，这个临界点将如何被其他点位取代。这个临界点构成了我们出场策略的核心，因此属于适当交易管理中最基础的部分。

要领很简单。例如，任何一笔交易的最大亏损要在建仓之前就确定（不包括偶尔的成交滑移价差），并且只要头寸还在，这个最大亏损就要保持不变。而出场价常常位于高于或低于信号蜡烛线1个点的地方，或者高于或低于某个技术形态顶部或底部的地方。在超短线交易方法中，平均止损幅度约6到7个点。而盈利目标永远是10个点。然而，目标价格永远不能改变，而止损价格可以随着交易发展随意调整，但是只能朝目标价格的方向移动（即减小止损），决不能朝另一个方向移动（即扩大止损）。这样做的目的很明显，就是为了在市场对交易不利的情况下将亏损最小化。

采用可调整的止损，在交易者中是很常见的做法。它的基本前提就是让交易者在较小止损的保护下尽可能长地持有有利头寸。在较大的时间框架中，比如在日线图上，那些所谓的移动止损就会在一波强劲的趋势中不停朝一个方向移动位置。但是，在70笔交易走势图上，价格就是非常起伏不定的，这就提高了移动式止损在假逆势波动中被触及的概率。这种情况常称为"被洗出市场"。那些反对采用移动止损的人（并且很多人都反对），常常认为采用移动止损，会使被洗出市场的风险非常高。他们这种看法也有一定的道理。但是从另一个角度看来，当交易最初只是很小的亏损，甚至还有一点盈利时，还要等待最初设置的止损被触及，代价似乎太高了。所以就这一点而言，谁对谁错呢？这就要取决于很多因素了，比如时间框架、交易策略和个人偏好。但是总体而言，可以肯定比起那些随意改变止损或者根本不改变止损的交易者来说，那些懂得临界点技术的交易者更可能获得亮丽的交易表现（从长期来看）。

在我们开始学习临界点技术之前，让我们先考虑出场的实际问题。读者可能还记得之前提过的那个"包围单"。如果正确设定，在订单生效的那一刻，交易者就进入了市场。如果头寸是空头头寸，那么目标价格就在入场价之下10个点，而止损位在入场价之上10个点。而多头头寸就刚好相反。目标价格是我们理想的出场价位。我们的盈利目标不超过10个点。如果我们有幸看到价格触及我们的目标价格，那么交易平台会自动结束交易。但是对于包围单的另一头，也就是我们的止损，我们就不会这样说了。几乎在任何情况下（除了波动非常快速的市场），在我们的保护性止损被自动触及之前，我们都是通过手动点击出场键来结束交易的。这当然会让我们少亏损几个点。当然了，我们的出场决定是技术分析的结果，是建立在当时临界点的基础上。

在设置包围单时选择10个点的止损，纯粹只是预防意外的一种安全措施。如果需要，交易者也可以将止损设置更远一点，以避免出现手动出场价与自动出场价重合的可能（就那些通过递出反方向订单来平仓的交易者而言，这种平仓方式与单击"出场"键的平仓方式不同）。这种止损订单的唯一目的就是保护账户，以防交易平台崩溃或者网络连接失败。如果充分理解了交易管理原理，超短线交易者就可能连续几个月都不被触及保护性止损。

与交易平台执行的止损位不同，这个临界点确定的止损位存在于交易者的大脑中。这不仅是因为从实际角度说是有道理的（不要被走势图上的价格误导了，因为这与买卖报价存在差别），而且从技术角度来说，交易者几乎不可能判断出精确的止损位。请记住，走势图上的价格波动是以完整的1个点为单位的，而交易平台仍然会将每个点分成10份，也就是0.1个点。因此，如果超短线交易者将走势图上某个价格水平视为临界点，假设是1.3924，并且打算将保护性止损设置在其下方，那么他首先必须指出1.3923价位（作为止损位）的点差范围。那么，这个点差范围是怎样的呢？可以是一边0.5个点，另一边也0.5个点，但是谁能准确知道呢？他是否应该将止损设在1.39225或者1.39223，或者在安全的方向上再减少零点几个点的价位？不管他做什么，除非他非常注意安全，否则他的保护性止损很可能令他结束交易，而走势图上却根本没有超过这个临界点。要避免这种情况，超短线交易者应该在走势图上一根蜡烛线明显超过临界点的最高点或最低点时，才点击出场按键。

现在，让我们分析一下开仓头寸的特点。本质上有5种区分当前价格行为与入场点关系的方式：①进场后就亏损。②交易踟蹰不前。③交易发展良好，并且没有回撤。④交易发展良好，但是现在遭遇典型回撤。⑤交易发展良好，但是现在停滞不前。

在接下来的几幅走势图中，我们可以看到每种情况下的交易案例并学习在这种情况下如何进行交易管理。作为一个普遍指南，我建议交易者永远要预期到价格有在某一时刻对开仓头寸不利的可能。如果不考虑其他，这样做至少可以提前做好心理准备，预防出现痛苦的情绪。市场永远会找到准备反着干的交易者，并且在我们建仓后，这种现象也不太可能结束。价格永远会上下起伏。这是走势图呈现出来的对立观点之间永恒的战斗。如果价格朝一个方向波动然后反转，它们就会在身后留下一个价格顶部或者价格底部。这些价格顶部或价格底部都是供给和需求留下的脚印，将协助我们判断当前的临界点。但是，在我们根据它们采取行动之前，还必须先评估它们的显著性，因为不是所有新的价格顶部和价格底部都能成为交易有效性的临界点。

在深入研究适当交易管理的细节之前，让我们先看看在这个问题上最常见的错误行为。虽然错误五花八门，但是基本上只有两种：①没有及时结束失效的交易。②结束了仍然有效的交易。

第一种错误被普遍认为是交易的一个大忌。它是很多交易事故中反复出现的主题，并且只要有交易者存在，这种错误就必定会继续。无数有前途的交易者仅仅因为在交易生涯中忽视了这个交易黄金法则那么一次，就遭受了彻底的失败。不用说，我们在这里讨论的不是移动止损的问题，而是绝对的临界点以及位于临界点上方或下方的止损点。这是不能掉以轻心的问题，不能认为是其他人犯的错误，与自己无关。了结一个明显已经变糟糕的头寸，对处于各个层面的交易者来说都是不情愿的。大部分交易者没有把止损当做是阻止进一步亏损的方式，而常常认为是承认自己失败的丢脸行为。交易者的建仓越情绪化，他就越可能推迟实施这个自认为羞辱自己的行为。这种交易者都是受了一种错误观点的蛊惑，认为只要他再坚持一小会儿，任何事情都有可能发生。但是，这是颠倒了的世界。重视止损绝不是一种丢脸的行为。相反，轻视止损才是。

注意：交易管理策略可以深入具体细节来进行探讨，就像分析涉及潜在入场价的所有价格行为原理一样，但是还有一些关于交易保护的东西是不能教授的。这是一旦价格触及最终止损点就结束交易的个人承诺。识别这个价格本身是很简单的，并且很快就会知晓正确与否。而这也是面对头寸介于目标价格和止损位之间时的选择。但是在价格到达无路可退地步的那一刻，一切赌注都结束了，交易者将不得不结束交易——不管是通过保护性止损自动结束，还是在超短线交易中，按下出场按键手动出场。

交易管理中的第二个错误是结束了仍然有效的交易。这个错误几乎与第一个错误呈镜像式关系。它不会导致巨额亏损或者打爆账户，但是它会影响交易者行为的一致性，最终导致类似的交易结果。但是可以通过提高临界点技术来避免这种错误。我们下面将进行详细探讨。

虽然基本上所有的错误都可以归入以上两类，但是还是有第3种错误，并且是交易管理中非常常见的错误，也就是盈亏平衡止损。关于这种止损，有一个普遍的错误观点，就是认为这种止损值得采用。大力提倡盈亏平衡止损，其背后的原理是一旦头寸出现浮动盈利，就通过这种止损来保护账户不遭受任何亏损。那些想象力丰富的人甚至还会将这种止损称作交易者的终极梦想——免费搭市场之车。然而，从技术分析的角度来看，这种盈亏平衡止损是严重有问题的。很明显，交易者在建仓的那一刻，就承担了价格朝相反方向波动的风险。可以肯定那些沉浸在"免费搭车"幻想的人，对于概率是没有什么概念的，他们是只由当前交易的结果来决定生与死。换句话说，他们高度依赖这种欣快感，并且觉得有必要保护这种心理状态。但是，这种做法的反噬力极强。我们不需要太多技术洞察力，就可以知道为什么。假设你在某个突破发生时进入市场。这个突破可以是信号蜡烛线突破，区间边线突破，箱体突破，反正任何一种突破都可以。但是它一定是一个关键技术点位，否则为什么要进入市场呢？接下来，假设价格突破后前进了几个点，这时，你可能会预测到接下来的情况。我们都知道这些技术价位常常会被快速测试。通过移动止损到盈亏平衡点（也就是我们的入场点）来防止头寸变为亏损头寸，只不过是寻求提前出场的做法。事实上，很多聪明的交易者已经针对这一价格回撤现象，构建了他们的交易策略。但是如果回撤只是一种例外，而不是规则，那么情况就不是这样了。当然，盈亏平衡出场策略也可能是合理的出场方式，但是也只有在之后的止损点与这个入场点重合的情况下才算得上合理。类似的，有些交易者在头寸盈利时不选择盈亏平衡出场点，而是将止损移到盈利两个点的地方，这也是犯了相同的错误。问题的关键在于他们不是根据走势图情况来选择出场点，而是出于非技术性的防止亏损的观点。永远不要忘记——止损越窄，收益越小！

总之，交易管理最棘手的部分不是如何在回撤中存活下来。这些回撤行情可能让我们出场，也可能不会。不过，一旦这些回撤反转，它们就会在走势图上留下一些显著的价格顶部或底部，从而提供新的临界点水平。或许更复杂的是对价格停滞进行适当评估。价格停滞有可能发出强烈的反转信号，也有可能对我们的交易完全无害。我们之前已经见过很多次了，价格停滞（也称为缺乏"跟进动作"）极大地激励了逆势交易者进入市场。价格逗留在某个价位的时间越长，入场价格和目标价格之间越可能形成聚集的蜡烛线。有时候，这些聚集的蜡烛线会发出非常明显的反转信号，比如双底形态和双顶形态。如果这些形态被打破并且对我们的头寸不利，即使当前的头寸是盈利的，也可能意味着交易有效性的终结。但是，一定不要误判了这个价格行为，因为价格停滞有可能是完全无害的。只出现轻微的逆势交易征兆，就急于了结一个仍然有效的交易，而且不管当时的收益多少，这种做法会导致交易者永远停留在不赚钱阶段。超短线交易者，甚至是任何一个交易者都应该战胜自己害怕亏损的心理，否则想要盈利单的总收益超过亏损单的总亏损，几乎不太可能。交易者可以在 10 次交易中失败 9 次，在关键时刻会考验他。

在每一次交易中，都应该根据当前走势图上的临界点来做出平仓还是继续持仓的决定。这个临界点要么位于某个价格顶部（在空头交易中），要么位于某个价格底部（在多头交易中）。在很多时候，价格会逼近这些临界点，甚至精确地触及这些点，但是它们通常都会坚守住。所以，交易中也常会出现临近被止损出场的危险边缘的情况。这就涉及窄止损的超短线交易的特点。当面对这种非常典型的反向进攻时，一定不要急于触动出场开关——这句话强调得不能再强调了！当面临这种危险时，自暴自弃的感觉会非常强烈。我们要战胜这种感觉。很多时候，不是交易有效性的临界点被突破，而仅仅是交易者心理承受的临界点被突破。

接下来会有很多走势图案例讨论何时应该平仓，何时应该继续持仓。在技术方面，交易管理最重要的是能够区分有效临界点和无效临界点。后面将有大量案例讨论如何进行这种区分。

正如之前讨论过的，从技术分析的角度来说，适当的交易管理相对比较简单。事实上，它远不只是确定临界点这种实际操作方面的问题，主要还在于交易者自我情绪的控制。当从技术上说交易还仍然有效的时候，交易者却急切地想要平仓。而当真到了应该平仓的时刻，又犹豫不决下不了手。不管交易经验如何，这两种怪异行为都存在于我们每一个人身上。在我看来，它们永远不会被消灭。但是，幸运的是，有一种方法可以阻止藏在我们身体里的这个小恶魔捣乱，那就是承诺——做需要做的事情，即使这样会带来伤害。

在接下来的走势图中，虚线都代表了没有被突破的临界点。在一笔交易中看到多条虚线的情况也不奇怪。只不过是新的临界点取代了前一个临界点。黑线标注的是被突破的临界点。只要价格突破这些临界点，交易就立即被平仓。走势图中的首个箭头指向的都是交易的入场点（有时候，在同一个方向上不止有1个箭头，这取决于交易者的入场选择）。有时候，实际的入场点是由一根细小的信号线或箱体边线标注的。所有反方向的箭头都指向一个被突破的临界点（表明交易的终结），其上用"x"标示。到达目标价格的交易没有在走势图上做特别指示。它只是表示这个头寸在临界点被突破前，被自动了结，获利10个点。

第 14 章 临界点技术

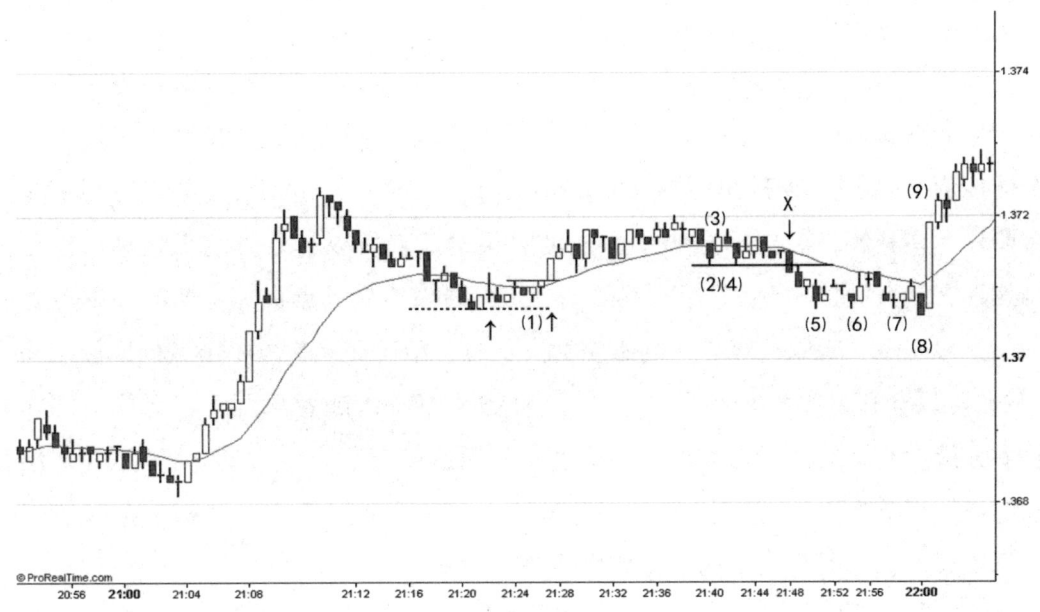

图 14.1

图 14.1 中，在一波非常有序的大幅回撤后，超短线交易者获得了两个预估之前上涨动力还会继续的机会。第 1 个机会是在 20 期 EMA 下方不远的 DD 结构中（第 1 个箭头），第 2 个机会来自于几分钟之后的 BB 结构交易（第 2 个箭头）。至于哪一个结构较好或者第 1 次交易是否达到目标价格（它可能已经达到），都不重要。

首先，让我们看看最初的临界点（虚线所示）。它位于构成 DD 结构的两个十字星的最低点处。由于这两个最低点下方没有其他支撑位，所以没有必要给这次交易留额外的回旋空间。不用说，价格很容易跌破这两个最低点 1 个点，然后再快速回升。但是，谁又能保证价格不会跌破更多点呢？在交易保护方面，一定要从技术分析的角度来考虑，这也意味着将止损设在正确的地方：最低点下方或者最高点上方（原文如此，作者只说"下方"和"上方"，没有说明准确点位，后文的"下方"和"上方"皆是如此。——译者注）。我们不能因为存在某种可能而将止损悬挂在半空中。

BB 结构交易的最初临界点就比较微妙了。从技术上说，它应该位于 BB 结构中那个位置较高的迷你型价格底部（1）。但是，如果再下降 1 个点（降到虚线的位置），超短线交易者就大大提高了成功的概率，因为现在他的临界点位于 DD 结构最低点处，这是一个非常关键的技术点位。可以从这个角度来考虑：这个迷你价格底部（高于 DD 价格底部 1 个点），在我们的超短线交易走势图上非常明显，在其他很多短期走势图上也仍然明显。所以，尽管它很迷你，但是仍然具有重大的技术意义。但是很显然，DD 结构的最低点在几乎所有短期走势图上都很明显，所以具有更大的影响力。不过，给予交易额外 1 个点的回旋空间（我们可以称其为一个小小的保障），这种做法不应该随意采用，它只能建立在技术分析的基础上。在当前这种情况下，采用这种设置是合理的。毕竟，DD 结构的最低点下方，是大部分多头止损的地方。高于或等于它，这些多头可能仍然想要买入，从而为我们的交易提供支撑。

在这幅走势图中，两笔交易的发展都良好。在它们去往下一个"20"价位的过程中，价格走出了多个价格底部，并且都被上升的 20 期 EMA 很好地兜住。将止损移到这些显著的价格底部可能显得太过激进。这样做很可能导致过早出场。我们永远要给交易留一些回旋的空间。临界点技术的一个重点就是不过于急切地移动止损。有时候，提前锁定一部分利润或者将交易的止损最小化，是有诱惑力的。但是，这会阻碍交易实现 10 点的盈利目标。最终实现盈利目标的交易中，或许有一大半都曾在某个时候经历严重的回撤。虽然它是场内交易者惧怕的，但却是场外观望的交易者欢迎的。因此，还是相信市场，相信自己吧。你不是毫无理由地进入市场的。要么根据可靠的技术分析出场，要么就待在市场里不动，让市场自己来发展。

在走势图 14.1 中，当价格上涨后发生首次回撤，并且收盘于 20 期 EMA 之下时（2），我们就可以将最初确定的临界点移到一个更经济的价位。这种回撤的另一个优点是一旦价格反转，常常会在反转初期为我们留下一个极好的临界点水平。然而，请记住，这个临界点只能设在回撤最低点处——如果价格确实再次向上反转的话。就像在结构交易中，信号蜡烛线需要被入场蜡烛线突破一样，这个确认临界点的蜡烛线也需要被突破，才能确认它的临界点水平。因此，在蜡烛线（3）突破蜡烛线（2）最高点的那一刻，临界点就可以提高到这个回撒的最低点水平（黑线）。

在 3 根蜡烛线之后，这个新确定的临界点面临被突破的危险（4）。当遇到这种情况时，一定不要失去冷静。在价格刚刚触及临界点的时候就按下出场键，是交易者可以做得最糟糕的事情。这不仅是因为他这样做只比合理的出场相差 1 个点。不屈服于这些可怕的提前出场欲望，还有一个非常强大的技术理由。毕竟，价格不是刚刚才从这个临界点反弹回去吗？这告诉了超短线交易者什么呢？这里真正需要抓住的要点是一个选得好的临界点，不只是走势图上的一个价格点，它还承载了重大的技术意义。换言之，如果它是一个支撑位，那么我们可以肯定大量场外的多头会乐意在这个更经济的价位入场买入。而这就是这些关键价位常常能够守住的原因。在临界点被真正突破之前就急着出场，这种错误与盈亏平衡出场非常类似，就是在一个价格似乎要反转的价位出场。在这幅走势图中，正确的出场时机是在几分钟之后，这时市场真正跌破了这个临界点（x）。在价格突破的那一刻，超短线交易者按下出场键结束交易（递出市价单）。这次交易是盈利还是亏损，其实不重要。重要的是正确管理所有的交易，不管结果如何。如果做到了这一点，那么不久之后交易的"优势"必将体现。

要理解走势图上技术点位的显著性，可以再看看之前 DD 结构的最低点，也就是虚线所示的位置。如果将这条虚线向右延伸，你可以看到市场多次在这个价格水平反弹（5~6~7），也就是说每当价格触及这个价格水平，就有多头愿意入场。

注意多头是多么聪明地让空头最终突破了这个价格水平 1 个点，结果只是立刻吸收了在这个价位提供的所有合约。真是一个漂亮的陷阱（8~9）！这种震荡行情让人多么痛苦啊，然而这就是交易。事实上，正因为它们，市场才得以存在。假设在一个市场上，你可以随意在支撑位做多在阻力位做空，并且绝不会被止损出局。这该是多么恐怖的事情啊！所有交易者都在等待这个完美的点位。但是，这会是一个漫长的等待。即使它到达了，也没有交易者会蠢到去提供这种对手盘。那么很快这个市场就不复存在了。

图 14.2

图 14.2 这幅走势图是用来说明偶尔也可以将关键的临界点提高或降低 1 个点。如果你仔细观察，你可以看到图中的虚线没有绘制在十字星的最高点处，而是高了 1 个点。这额外的 1 个点赋予了止损更多的技术意义，因为现在它的位置刚好等于左边价格行为的最高点（1）。这个最高点，虽然只比现在十字星的最高点高了 1 个点，但是代表的却是走势图上的阻力位。而只要是被证实的阻力位，之后将可能再次得到确认。因此，将临界点提高 1 个点，我们就提高了躲过 DD 结构最高点假突破的概率。

将这幅走势图中 DD 结构的最高点与前一幅走势图 14.1 中的最低点做个比较。你看到区别了吗？这幅走势图中将临界水平提高了 1 个点，因为这 1 个点的价格，超短线交易者获得了额外 1 个点的保护。这样做是明智的，因为这个小小的保障常常发挥很大的作用。另外，在这种情况下，这种额外的保障只需要在 15 次中发挥 1 次作用，对交易者来说就是有利的。为什么呢？让我们做个简单的计算。如果价格同时突破了常规的临界点和额外增加 1 个点的临界点，那么账户余额就减少 1 个点的资金。如果常规临界点被突破，但是额外增加 1 个点的临界点守住了，保护了头寸，那么就不是遭遇 5 个点的亏损（或多或少吧），而是获得了 10 个点的收益。现在，账户余额就增加了 15 个点的资金！当然，你也可以说不用考虑关键技术点位，任何止损只要额外增加 1 个点，都可以降低被提前止损出局的概率。但是，这不是关键所在。或者，我们也可以说这就是关键所在，因为聪明的超短线交易者绝不会随意地设置止损。他的止损位置永远建立在技术分析的基础上。

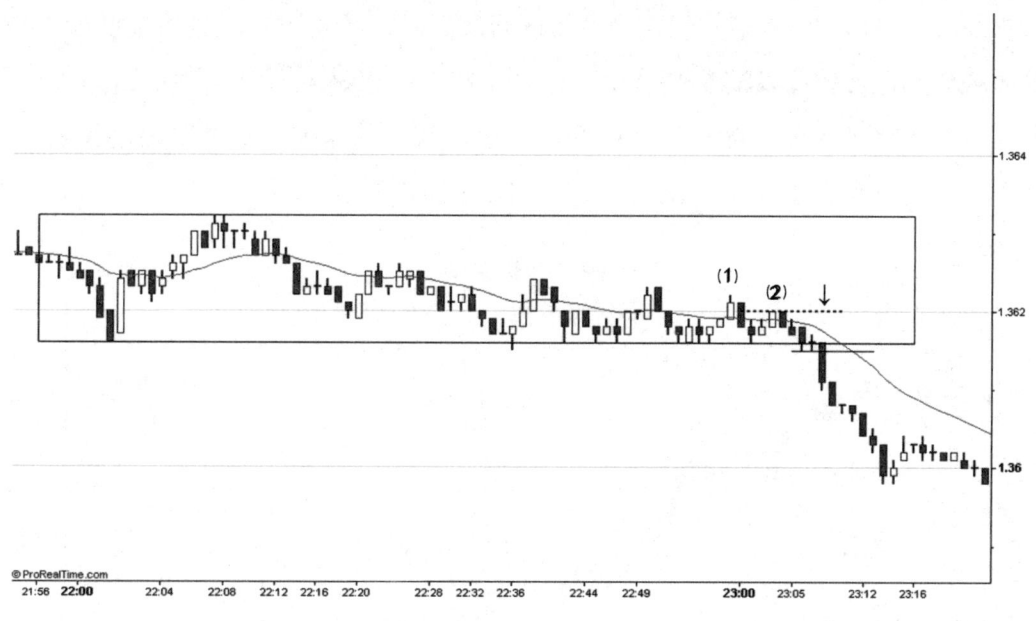

图 14.3

如图 14.3，在一个非常狭窄的区间中，区间内最后一个拱形的最高点或最低点常常会成为最初的临界点（2）。价格在突破区间之前，会经历一场小小的战斗，因此，应该留一些空间。但是如果超短线交易者是做空市场，通常不会允许价格突破最后一个拱形的最高点时自己还留在场内。如果是做多市场，则不会允许价格突破最后一个拱形的最低点。

让我们思考一下最后一个拱形的前一个拱形的最高点只高 1 个点的情形（1）。我们应该将这个临界点提高 1 个点，以获得多一点的保障吗？答案很可能是不。虽然也不是绝对不可以，但是标准的方法是仍然坚持最初的临界点。在前一幅走势图 14.2 中，将这个临界点提高 1 个点是有意义的，就像在图 14.1 中的 BB 交易中那样（第 2 个箭头所示）。因为增加这额外的 1 个点可以获得一个更关键的技术点位。

从逻辑上说，趋势期间的回撤最高点和最低点比盘整期间的回撤最高点和最低点承载了更高的技术分量。因此，将最后一个拱形确定的临界点提高 1 个点到前一个拱形的最高点，这样做似乎意义不大。或许还不如再提高 1 个点，达到再前一个拱形的最高点。但是当交易区间突破时，最经济的（止损幅度最小）那个临界点通常就可以满足要求了。这也是在区间突破前看到突破前压力（比如两个小十字星或者"挤压"的蜡烛线）会比较好的原因。不仅因为它代表了突破力量的蓄积，还因为它会产生极好的临界点水平。

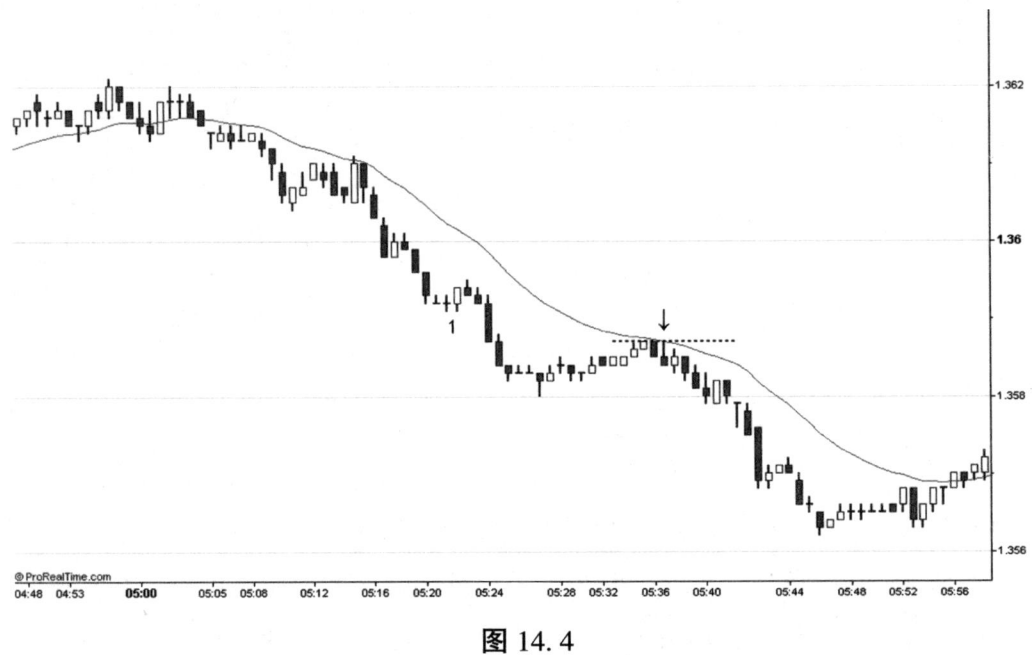

图 14.4

图 14.4 为了进一步说明这个最初临界点的概念，这里还有另一个例子。在这个例子中，也应该采用止损幅度最小的那个临界点。由于走势图上可以提供额外保护的首个阻力位，位于十字星的最高点上方几个点处（图中 1 的最低点），所以没有必要将止损幅度额外提高 1 个点。

顺便说一下，在看跌走势图中，价格的最低点和最高点都可以提供阻力，只是看先遇到哪一个。在这幅走势图中，如果价格能突破虚线，那么在走势图14.4 上遇到的首个阻力位就是图中 1 所标示的最低点。而在图 14.2 中，阻力位就是由前期的最高点提供的。当然了，如果是在看涨走势图中，也是一样的，是同样的原理。

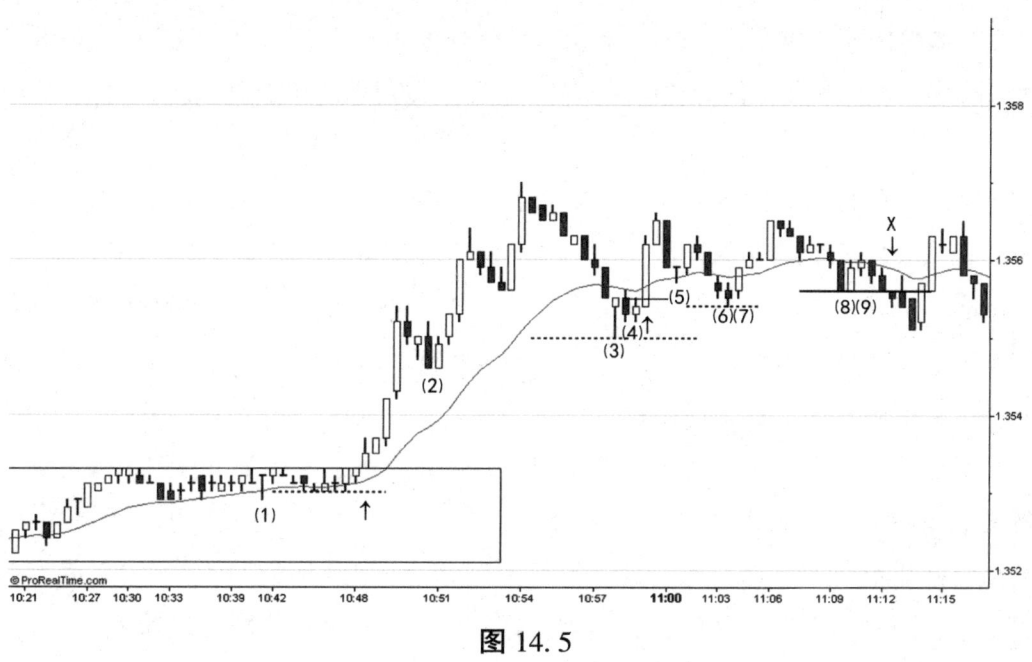

图 14.5

图 14.5 中首次交易是一个 RB 结构交易，是由一个典型的"挤压"状态形成的。在突破之前，价格走出了 5 个相等的蜡烛线最低点（虚线所示）。此时，超短线交易者能不能将临界点确定在这些最低点之下 1 个点，也就是这些"挤压"蜡烛线的绝对最低点处（1）？这个问题问得好，因为这个绝对最低点在这里非常显著。假设我们拿本图中的情况与图 14.3 做个比较，就会发现在本例中将临界点增加 1 个点的意义远远超过在图 14.3 中这样做的意义。尽管如此，我个人在交易区间突破时，还是尽可能采用最小幅度的止损。从某种程度上说，在经过适当的"挤压"之后，价格基本上都会突破并且不会回头。当然，这也是相对而言。但是，超短线交易者在这种情况下额外增加 1 个点的止损，也并不是不可以。

第 2 次交易是一个小型的 SB 结构交易，它最初的临界点应该设在那个较长十字星的最低点处（3）。为什么不把临界点设在真正入场之前的那根信号蜡烛线（4），也就是那个较小的十字星的最低点处呢？这个价位不是更经济吗？因为从技术角度来说，这个较低的十字星最低点守住的概率远远高于这个信号蜡烛线最低点守住的概率。虽然我们的止损幅度增加了两个点，但是由于整个走势图强烈看涨，并且回撤如此有序（50%的斜线回撤），所以我很乐意增加这两个点的额外保障。注意，回撤的最低点也正好位于左边看涨旗形（2）的顶部。所以，这个价位能够守住的理由又增加了一个（如果受到进攻的话）。

在大多数情况下，信号蜡烛线本身就可以提供足够的交易保护空间。如果信号蜡烛线长 3 个点（大概的均值），那么超短线交易者在确定止损位时就必须在这个基础上再增加 3 个点。上下各增加 1 个点，是因为这根蜡烛线要在两个方向上被打破，再增加 1 个点是出于点差的考虑。这 1 个点的点差可以分为两半，上下各 0.5 个点，但是也可以分为买入 1 个点卖出 0 个点。具体怎么分配都无所谓。举个例子，假设价格突破 12 这个价格水平，那么走势图上会绘制 13，并且交易平台上的买卖价格会显示为 12.5~13.5（理论上）。如果这个买卖价格显示为 13~14，那么买入的市场订单就会在 14 被执行。就定义而言，这意味着同时空头交易者的订单会在 13 得到执行。这样分配比较有利吗？其实没有关系。假如两个交易者都是 10 点的盈利目标，那么不管价格朝哪一方波动，都必须从入场价开始波动 11 个点才行（记住，由于点差的存在，每笔交易开始时都应该减去 1 个点）。多头最终会在买卖价格为 24~25 时实现赢利目标，多单会在 24 被卖出，获得 10 个点收益。同理，空头会在买卖价格为 2~3 时实现盈利目标，空单会在 3 被买回，获得 10 个点收益。所以，不管是哪种，都是相等的距离。

将这个方法运用到这幅走势图上，我们可以看到这个 SB 结构交易的潜在最大亏损是大约 8 个点（不考虑成交滑移价差），因为这个十字星的高度是 5 个点（3）。这个止损幅度还比较大。但是这幅走势图看起来非常有利于交易，就风险报酬比来说，还是不错的（10 比 8）。

在没有严格指导的情况下，有些超短线交易者可能会误以为临界点只是随性而定的，这种想法大错特错。但是，适当的交易管理的做法超越了任何形式的规则，所以在临界点选择过程中需要加入一定的判断力。在较为简单明了的走势图情况下，运用逻辑分析就可以了。但是在较为微妙的环境下，我的建议还是额外多增加 1 个点。的确，如果不幸遭遇一连串亏损，这些额外 1 个点的亏损加起来数额也会较大，但是我们之前已经计算过，这种额外增加 1 个点的临界点只需要在多次交易中发挥一次作用，就可以弥补之前为了获得额外保障而多遭遇的亏损了。

如果交易者在这一刻太过投入，忽略了交易的长期面，那么当他增加了额外的保障但仍然被止损出局时，这个交易者可能会感到恼怒。更糟糕的是，他下一次可能就会拒绝将止损扩大到一个更关键的技术价位。但是交易者要意识到，将止损移到较经济的价位，虽然可以理解，但是多次下来交易结果一定会变糟糕。如果适当的技术止损位太远了，超过了自己的心理承受力，那么宁愿放弃这次交易，也不要将止损设在较近的位置。

让我们想想价格真的发生突破后，这次 SB 交易的管理情况。入场之后，价格上涨了约 8 个点，之后，价格发生回撤并且形成了一个较高的低点（5）。将这个最低点当做一个新的临界点，可以大幅减少止损。但是，我建议不要这样做。在这一时刻，我们的临界点最好还是维持最初不变，所以，仍然是 8 个点的止损。虽然止损幅度没有改变，但是在这幅看涨走势图上，上涨的概率肯定高于下跌的概率。如果价格要下跌，那个 3 根蜡烛线的 SB 结构（3~4）也可以起到阻挡的作用。有一个黄金法则就是，在支撑位被测试之前，最好是将止损设在最低点下方。但是，一旦支撑位被测试，并且这次测试形成了一个较高的低点，那么，在大多数情况下，原来这个支撑位就要让位于新的支撑位。这就是移动止损的本质。这也指出了多头头寸不能随意将止损移动到任何一个较高的低点下方的原因。只有先测试了前期的支撑或阻力区域，新的临界点才能获得他们的技术显著性。

价格止住跌势后（6），多头快速掌控了主动，将市场推高。当蜡烛线（7）

突破了蜡烛线（6）的最高点时，超短线交易者就可以将最初的临界点移动到一个较为经济的价位（第2根虚线）。

价格确实很难真正突破这个富有弹性的"20"价位即1.3560。几分钟之后，临界点面临价格的挑战（8），但是，多头仍然再度将市场推高。蜡烛线（9）突破了蜡烛线（8）的最高点，所以超短线交易者可以再次将临界点提高（提高到黑线）。它之所以被标记为黑线，是因为不久之后，这个价位将被打破，交易将被迫止损1到2个点出场（x）。

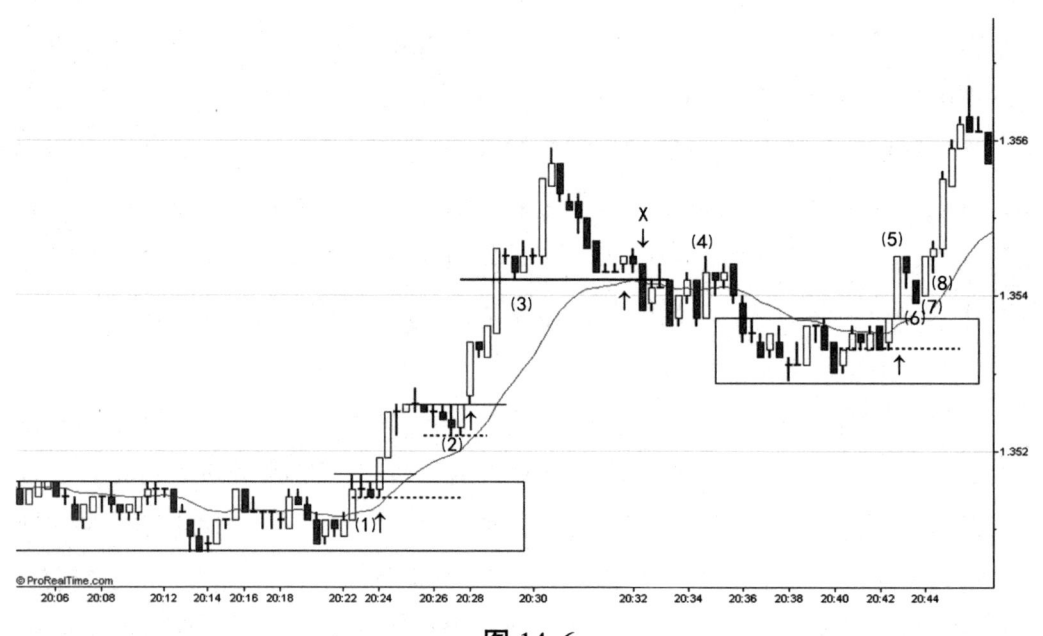

图 14.6

图 14.6 中前两个临界点是显而易见的。第1个是在 ARB 结构交易之前聚集的蜡烛线最低点处（1），第2个是在 BB 结构的最低点处（2）。一旦 BB 结构发出了入场信号，已经建仓的 ARB 结构交易者就可以将他们最初的临界点提高到新交易结构的最低点（第2根虚线）。如果这个临界点（2）对 BB 结构交易者有利，那么也会对 ARB 结构交易者有利。

第3个结构的情况就比较有意思。它是一个在20：31出现的 DD 结构（第3个箭头）。如果仔细观察，你可以看到黑色的临界线（最初是虚线）不是绘制在非常小的 DD 结构的最低点处，而是绘制在其 1 个点之下。这个水平正好是前期的一个最低点（3）。这额外的 1 个点可能差别不大，但是就技术角度来说，这是超短线交易者所能采用的最佳保护手段。如果交易没有实现预期，超短线交易者就可以在黑线被跌破时止损出局，因为附近没有其他点位可以帮助确定出场点。这次止损可能是个意外，但是谁都不能提前知道。尽管走势图看涨，价格可能继续升高，但是超短线交易者一定不要沉浸在这种期望中。

仅 10 分钟之后，走势图上出现了一个非常标准的箱体形态，这种情况非常常见。警觉的超短线交易者不会让这样好的 BB 结构交易机会溜走。这个箱体的上边线也可以降低 1 个点，这样可以允许较为激进的入场。毕竟，也有多根蜡烛线的最高点触及这一价格水平。有时候，这只是个人的选择。但是无论做何选择，这次交易的临界点保持不变（第 3 根虚线）。

当蜡烛线（7）突破蜡烛线（6）的最高点后，将临界点移到蜡烛线（6）的最低点处，是明智的选择吗？我真心建议不要这样做。看看我们这个新的临界点是位于什么价位吧，刚好位于箱体上边线的支撑区域。还记得盈亏平衡这种错误出场方式吗？聪明的多头会在这个价位买入新的合约，而不是以零亏损卖出已持有的合约。

但是当蜡烛线（8）突破蜡烛线（5）的最高点时，情况又如何呢？这一次就完全可以这样做。这次不仅是蜡烛线（5）被突破，之前的最高点（4）也被突破，这就提高了这次突破的技术意义。根据这种发展，我们不想看到价格再次测试 BB 结构的箱体边线。如果这样，这在走势图上看起来就太丑了。因此，最初的临界点就可以移到蜡烛线（6）的最低点处。

如图 14.7，区间中最后一个拱形的最高点是 IRB 结构交易最初的临界点（箱体的虚线上边线）。的确，这次交易（第 1 个箭头）有些激进，但是还可以接受。超短线交易者也可以放弃这次交易，选择交易之后的这个 ARB 结构（第 2 个箭头）。

图 14.7

当价格穿越区间的下边线，IRB 结构交易就开始盈利。随后，价格回撤到区间边线，在价格回撤顶部的两个十字星构成了一个 ARB 结构（1）。仔细思考超短线交易者这次应该将 ARB 交易的临界点确定在什么地方。是的，是在虚线所示位置，而不是在十字星的最高点处。读者可能还记得之前 ARB 结构一章中，图 13.3 讨论的关于最后一个拱形的拱顶的概念。这里的这个拱顶正好是之前 IRB 交易的信号线。我们可以将临界点确定在这个价位。这就允许市场再度上升回区间内部去测试最后一个拱形的拱顶，并且不会让 ARB 交易止损出场。这是额外两个点的保障，但是由于 ARB 交易的十字星本身只高两个点，所以这次交易的风险仍然是可以接受的（约 7 个点）。

这里有一个有趣的问题，即 IRB 结构（有着更经济的入场点）的交易者是否应该将临界点从 IRB 结构的最高点降低到最低点，也就是说将临界点调整到和 ARB 结构交易者相同的价位。答案是肯定的。毕竟从技术分析的角度来说，头寸要么有效要么失效。但是两者的差别并不是源于入场点的考虑。它只建立在目标价格和止损位之间的价格行为特征的基础上。

在区间边线下方的两个十字星的最低点被跌破之前，IRB 结构最初的临界点都保持不变。也就是说，首先需要价格制造一个技术性的事件，新的临界点才能生效。实际上，这就好像在交易时，要等待信号蜡烛线被入场蜡烛线突破一样。

第 3 个结构是一个 DD 结构（4），它提供了一个非常明确的临界点，也就是位于这个结构的最高点。这个价位也是 10 分钟之前的价格最高点（2），是一个非常好的临界点水平。这次交易可能很快就实现了 10 点的盈利目标，但是让我们假设它没有实现。在 22：00 前不久，一波小幅的回撤形成了一个低于 20 期 EMA 的价格顶部（5）。在这根蜡烛线的最低点被跌破之后，将临界点移到这个价格顶部（5），是一个非常激进的做法。可以说低于 20 期 EMA 的价格顶部（做空情况下）和高于 20 期 EMA 的价格底部（做多情况下），都应该密切留意它们的显著性，这是一个黄金法则，但绝不是一条铁律。就个人而言，我很少在 20 期 EMA 下方了结空头头寸，也很少在 20 期 EMA 上方了结多头头寸。但是，这个价格顶部（5）确实代表了走势图上的一个阻力（由前期位于 3 的蜡烛线最低点提供），并且其他超短线交易者可能不会想要看到价格再度高于它。如果情况的确如此，那么他会在这个高点被突破的那一刻了结头寸。然而，当看到市场触及他的止损后，立即掉头回落，他也应该不会感到惊讶。因为当价格仍然处于单边市时（与价格聚集相对），这种鬼鬼祟祟的假突破非常常见。

走势图上第 2 个价格顶部（6）就不存在多少争议。这个结构不能算做一个 DD 结构。因为比起回撤期间的其他蜡烛线，这几根蜡烛线太长了。但是对于仍然持有 DD 结构交易（4）头寸的交易者来说，这个新的价格顶部出现就意味着可以将最初的临界点移至这个更经济的价位。但他必须等待蜡烛线（8）跌破蜡烛线（7）的最低点。另外，还需要等待价格再下跌 1 个点，以跌破之前更显著的蜡烛线（6）的最低点。注意，如果蜡烛线（6）的最高点，也就是新的临界点被向上突破，这次交易就会出场，不亏不赚。但是这种盈亏平衡绝不是我们的目的，只是因为止损点刚好与之前的入场价重合而已。

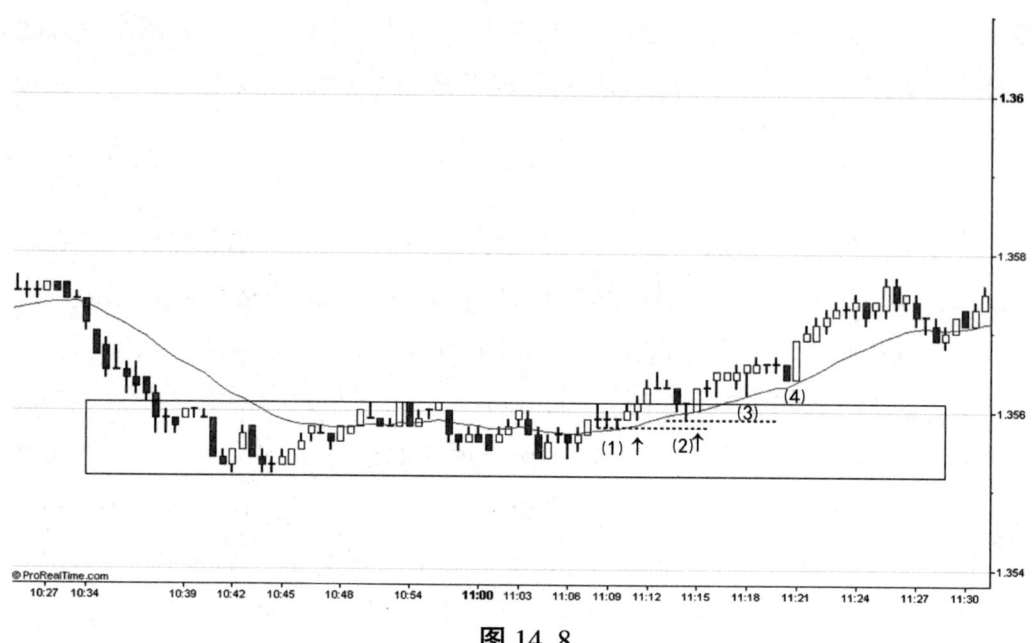

图 14.8

图 14.8 这幅走势图展示了一个非常常见的情形。区间的边线被突破（RB 结构，图中第 1 个箭头），之后价格再度回到区间内，然后再次突破区间边线（另一个 RB 结构，第 2 个箭头）。两次交易都是有效交易，并且入场价相同。第 1 个 RB 结构的最初临界点应该确定在"挤压"的 3 个十字星的最低点处【(1)，第 1 根虚线】。第 2 笔交易的临界点确定在高 1 个点的地方，也就是信号蜡烛线的最低点处【(2)，第 2 根虚线】。在第 2 个 RB 结构生效的那一刻，第 1 笔交易的临界点可以提高 1 个点到新结构的临界点上。这是非常标准的做法。

在价格第 2 次突破区间之后，在 6 个点的幅度之内，价格两次回撤到均线上。这在走势图上留下了两个逐步升高的价格底部（3 和 4）。在这时候，将临界点移到其中任何一个价格底部都是非常激进的做法。这样做，你可能会侥幸成功，但是在大多数情况下，只要价格回头去测试区间的边线，你就会被止损出场。这样做完全没有必要，因为这里的区间边线非常可靠（只高于临界点 2 个点），可以提供强大的技术支撑。此外，市场已经进行了拱顶测试【(2)，第 2 个 RB 结构的信号蜡烛线的最低点】，并且还有一个很棒的 "20" 价位（1.3560）可以提供支撑。总之，如果价格决定测试区间的边线区域，这些都可以提供可靠支撑。所以，最好还是保持当前的临界点位置不变，也就是仍然位于这次拱顶测试的最低点处。也可以换种方式说，在这幅走势图中，无论价格在区间上方怎么波动，都不太会影响这次交易的有效性（除非形成了一个明确的反转形态）。价格低于区间边线，交易者就会开始质疑之前的突破。但是在区间边线区域，其他交易者很可能会试着再次在更有利的价位建新仓。当然，不是所有区间都是相同的，所以区间的突破和区间边线的测试也不会都一样。但是，像上面这样这么简单直接的区间突破，最好还是以最标准的方式来交易。也就是说通常情况下要将临界点留在区间内部，只有当走势图上开始出现价格停滞的明确信号或者出现潜在的反转形态，比如双顶或逐步降低的价格顶部时，才能将临界点抬高。

注意：有时候，交易者可能会感到有一点困惑，不知道何时应该谨慎、何时应该激进。另外，交易者可能还会觉得有两种截然不同的方式来运用这同一个方法，并且它们的选择似乎更多是取决于当时的状况，而不是任何类型的规则。但是谨慎和激进之间的选择问题远没有交易者想象的那么重要。有抱负的超短线交易者可能希望自己熟练到有一天可以快速准确地区分这种微妙之处，但是这种熟练程度（如果可以达到的话）对于市场上的生存并不关键。超短线交易达到这种熟练程度，只不过是在蛋糕上加樱桃，在锦上添花而已。交易者最关心的永远应该是充分理解价格行为原理，以避免犯那些最常见并且代价高昂的错误。通过这种方式挽回的损失将远远大于费尽心力达到那种熟练程度可以多获得的收益。

如图14.9，在3次尝试突破区间边线之后（因此形成了一个ARB结构，而不是RB结构），我们希望市场直接突破不要再回头（第1个箭头）。在这种情况下，我们可以确定一个较窄的临界点（第1根虚线）。如果将临界点降低1个点，位于蜡烛线（1）的最低点处也是可以的，但是从多头的角度来说，也不希望看到价格再次下跌穿过虚线。如果这个ARB结构交易不成功，多头会直接认输。这个较窄的止损仍然允许价格再次回撤到区间边线之下，但是不能超过这个临界点。如果多空双方的小争斗迫使价格向下突破了这个临界点，那么额外多留1个点可能会比较安全。通常来说，只有当较经济的临界点的技术显著性存在疑问时，才能考虑将临界点扩大。

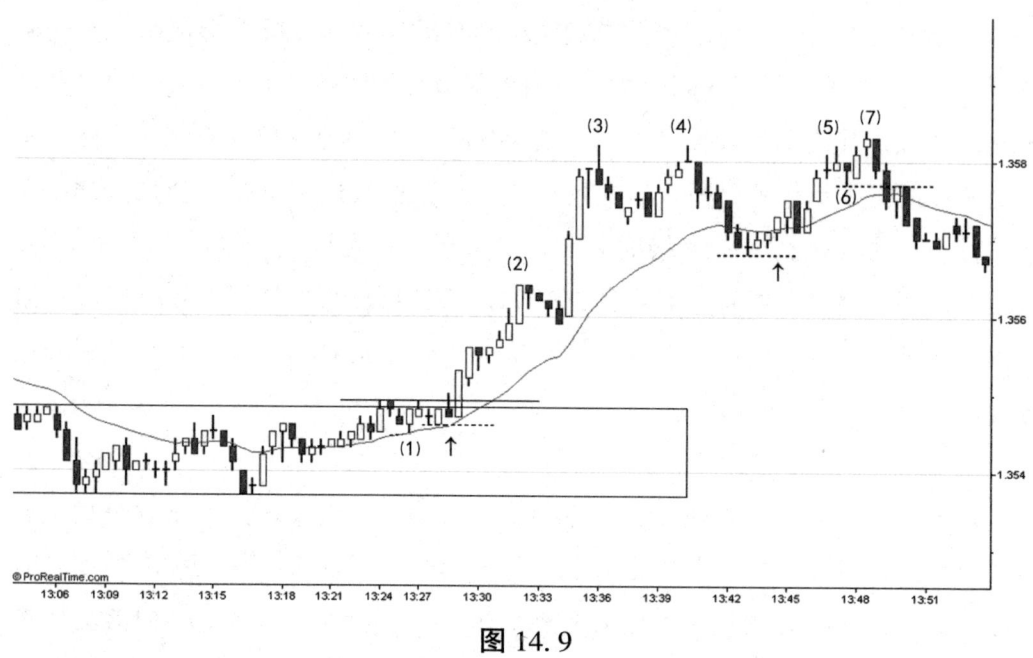

图 14.9

位于 DD 结构最低点的第 2 根虚线就是毋庸置疑的。它位于最经济的点位，并且也是走势图上一个显著的最低点。如果受到挑战，这个最低点要么守住要么被突破，但是没有必要增加 1 个点，至少从技术分析的角度来说是这样的。这个最低点下方最近一个可以提供支撑的价位，是左边那个小小的看涨旗形的顶部（2）。但是这个价位太远了，没有多少帮助。

不久之前，我曾提到过一个法则，就是不要在价格仍然高于 20 期 EMA 时了结一个多头头寸。这幅走势图展示了一个不错的例外情况。看看第 3 根虚线位于什么地方。它是 DD 结构交易提高后的临界点水平，这与以往的谨慎原则不同。为什么要将这里的临界点移到这个蜡烛线最低点处（6）呢？要回答这个问题，我们必须先看看左边那个非常明显的双顶形态（3~4）。这两个顶不会阻止超短线交易者交易这个 DD 突破（鉴于走势图上看涨信号），但是也不能忽视它们的存在。它们是确定无疑的阻力位。

让我们集中注意力，考虑一下这个顶部区域的情况。一旦十字星（6）被向上突破，市场基本上只有一个选择，就是保持市场力量向上，并且突破双顶形态的最高点（3 和 4）。如果情况并非如此，价格向下跌破了蜡烛线（6）的最低点，那么市场就绘制了一个三重顶形态（3~4~5）。这并不一定意味着上涨趋势的终结，但是对于持有多头头寸的超短线交易者来说，这是极为不幸的。市场对这个技术性事件（跌破蜡烛线 6 的最低点）的反应可能是非常巨大的，因此，建议在这个临界点被突破时立即出场。在这幅走势图中，DD 结构的交易者是幸运的，虽然价格突破双顶形态的最高点后立即跌落了下来，但是在价格跌落之前，已经实现了 DD 交易的盈利目标（7）。

这个例子告诉我们不管你认为 20 期 EMA 多么忠实和可靠，都不应该将其视为绝对的忠实和可靠。它在 90%的时间里都可以提供指导，但是有时遇到重大技术变化的时候也要忽略它的存在。

这里有一个问题值得探讨。当蜡烛线（5）的最高点与左边的双顶形态最高点相等时，这个 DD 交易可能已经获得 9 个点的收益。在这种情况下，继续等待市场突破如此强大的阻力位就为了获得额外 1 个点的收益，真的明智吗？可以说明智也可以说不明智。不明智是出于技术上的考虑。拿大部分收益来冒险就为了获得极少的收益，或许是不值得的。但是，让交易自己发展或许能更好地实现交易目标。一旦超短线交易者开始允许自己随意提前出场，那他在需要坚持的时候很可能就无法做到坚持。毕竟，交易中很少遇到前方没有阻力的情况，并且过分高估前方阻力的情况也很常见。

之前已经多次提到过，超短线交易不止一种方法。即便是在特定的方法范围内，超短线交易者还可以选择激进的入场方式或者保守的入场方式，同样的，他们也可以选择激进的"移动止损"式临界点水平或者保守的临界点水平。但是，在大多数情况下，不管是激进的交易者还是保守的交易者，都倾向于将止损设在相同的点位，因为通过其他方式来确定止损点，对保护交易没有多大的意义。但是有时候，这只是个人偏好的问题。同时，市场的波动速度在激进和谨慎的选择上也扮演了重要角色。波动快速的市场（相对而言）更可能发生假突破，甚至仅突破临界点 1 个点的情况也不少见。所以，额外 1 个点的保障可能会派上用场。而波动缓慢的市场会给予走势图上的关键点位更多的"尊重",所以在这种情况下,允许设置较窄的止损。

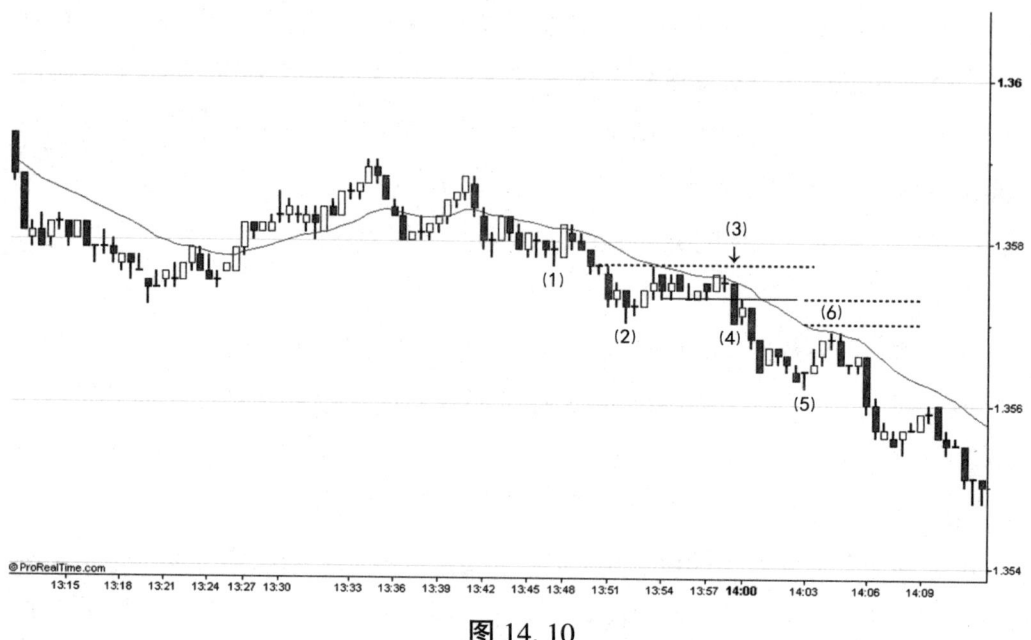

图 14.10

走势图 14.10 上有一个 BB 结构,它是一波下跌趋势的水平回撤,并且最终被向下突破(3)。这次交易受到了一个较宽止损的保护,临界点位于图中第 1 根虚线所示的位置。这个临界点也可以降低 1 个点,穿越箱体中 5 个相等的蜡烛线最高点。但是,多设这 1 个点,这个临界点就不仅是箱体的绝对最高点,还是左边那个箱体的绝对最低点(1)。

虽然非常接近,但看起来蜡烛线(5)的最低点并没有低到可以实现交易的盈利目标。随后的回撤让价格非常有序地回到 20 期 EMA 区域(6)。如果价格跌破蜡烛线(6)的最低点,恢复了之前的趋势,超短线交易者这时就有两个选择。一方面,他可能还不想移动他的临界点,因为这次回撤的最高点只是对 20 期 EMA 的常规测试。这时直接把临界点移到这个最高点上,会显得太过激进。另一方面,如果我们拿这次回撤与图 14.8 中的回撤(位于 3 的蜡烛线触及了 20 期 EMA)做个比较,可以发现图 14.10 中的回撤明显比图 14.8 中的回撤更有技术分量。此外,设置较窄的止损仍然可以获得一些利润,但是这不能作为将止损缩小的一个理由。尽管如此,直接将临界点移到蜡烛线(6)的最高点上仍然是一个非常激进的做法。经常可以看到这种止损被典型的假突破触及,并且仅仅突破这些小型的价格顶部 1 个点。

有趣的是,超短线交易者有时会面临介于激进和谨慎之间的情况。如果临界点不是确定在蜡烛线(6)的最高点上,而是位于高 1 个点的地方(图中最下面的那根虚线),会如何呢?这个点与前两个价格底部(2 和 4)相等。这额外 1 个点的保障可以大大提高交易的成功率。

管理这次交易的第 3 个方式同时也是最保守的方式,就是将临界点设得再高一点,与左边 BB 结构的最低点相等(中间的那根虚线)。

图 14.10 中没有一个临界点遭到攻击,但是这一点不重要。重要的是要知道当价格真的上涨时应该怎么做。第 2 个和第 3 个选择似乎是最适当的选择,具体要看交易者的风险偏好怎样。我个人会选择比回撤最高点高 1 个点的那个价位(最下面的那根虚线),并且保持警觉,万一止损被触及后价格立即回落,就寻找再度进场的机会。

图 14.11

图 14.11 中，最初的临界点确定在 BB 结构的双底位置（虚线）。价格顺利上涨，但是当触及第 2 个"20"价位后，价格又再度回落，去测试 BB 交易的入场点（1）。交易者如果采用盈亏平衡止损来保护交易，就犯了交易管理的大忌，将会立即被止损出局。

在强劲的上涨趋势中，几乎每一个回撤都会被多头利用。在这幅走势图上也是一样。在首次回撤之后，价格再度上扬，超短线交易者很乐意将临界点提高到这次测试的最低点处（1，黑线）。

到目前为止，一切发展都是符合技术逻辑的，交易的各方面都非常正常。但是，事实证明这个"20"价位确实很难突破。随着新的临界点已经确定，超短线交易者知道当市场下跌穿过这个价位时应该怎么做。

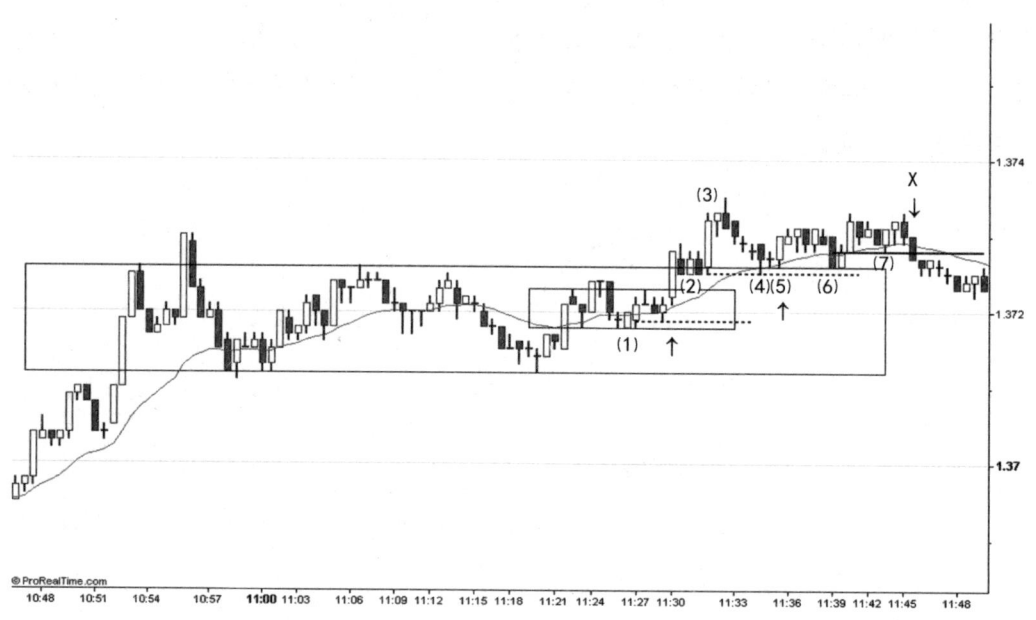

图 14.12

图 14.12 中，如果较为谨慎的超短线交易者将首个临界点确定在 IRB 结构的最低点处（1），我们也不能说什么。另一方面，在这个区间内部，离入场点最近的那个技术价位通常就能满足要求（第 1 根虚线）。

仔细看看图 14.12 中在较大箱体的上边线聚集的 3 根蜡烛线（2）。它代表了多空双方对区间边线的争夺。有些交易者可能会说它是一个看涨旗形。我们则将其视为一个正在形成的小型 ARB 结构。当这个结构被一根较长的白色蜡烛线（3）向上突破时，激进的超短线交易者可能会将其临界点移至这几根聚集的蜡烛线最低点处。但是，如果价格回头快速测试 IRB 结构的信号线（小箱体的上边线），这次交易就会被止损出局。确实，那可能意味着是一次虚假的区间突破，但是这里的区间边线并不是那么确定无疑。也就是说，在这个价位发生一些小战斗不是没有可能，即便那根强烈看涨的蜡烛线将价格推高。较合理的保护方式是将临界点提高到信号线的位置（IRB 结构箱体的上边线）。如果价格没有受到这个价位的支撑，最好就出场，然后寻找其他机会。

不久之后，价格回到较大区间的上边线，并且刚好止步于之前聚集的蜡烛线的最低点处（4）。此刻，场外观望的多头会集中全部的注意力，因为市场随时可能为其提供入场的好机会。他可以在市场突破那个小小十字星（介于蜡烛线 4 和 5 之间）的最高点时入场，也可以选择在市场多上涨 1 个点，突破蜡烛线（4）的最高点时再入场。两个入场都发生在蜡烛线（5）的内部。无论哪种选择，临界点都可以设在新结构的最低点处（第 2 根虚线）。IRB 结构的交易者，如果没有在之前的价格顶部实现盈利目标，也可以将他的临界点提高到这一价位。之前已经讲过，如果一笔交易的临界点有效，那么这个临界点在另一笔交易中也仍然有效。入场点并不能决定临界点的位置。临界点需要通过走势图上的关键点位来确定。

之后不久，另一次回撤再次将价格带回到区间的上边线，只是这一次的最低点（6）比之前的最低点高 1 个点。一旦这根蜡烛线（6）的最高点被突破，交易的临界点就可以再提高 1 个点，达到区间上边线的价位（这里就不是图中的第 2 根虚线的位置了）。

很快就会注意到价格很难突破 1.3730 这个区域。幸运的是，在 20 期 EMA 区域形成了一个较高的价格底部（7），聪明的超短线交易者会立即将临界点移到这个位置（黑线），以将止损再缩小两个点。但是前提是价格必须先突破这根蜡烛线的最高点。顺便说一下，这个做法并不激进，这是巧妙的交易管理方法。因为说到底，这个区间的上边线已经被测试了两次。现在，就让市场自己来发展。IRB 结构的交易者已经获得了一些利润。而在蜡烛线（5）入场的交易者则要亏损一两个点。

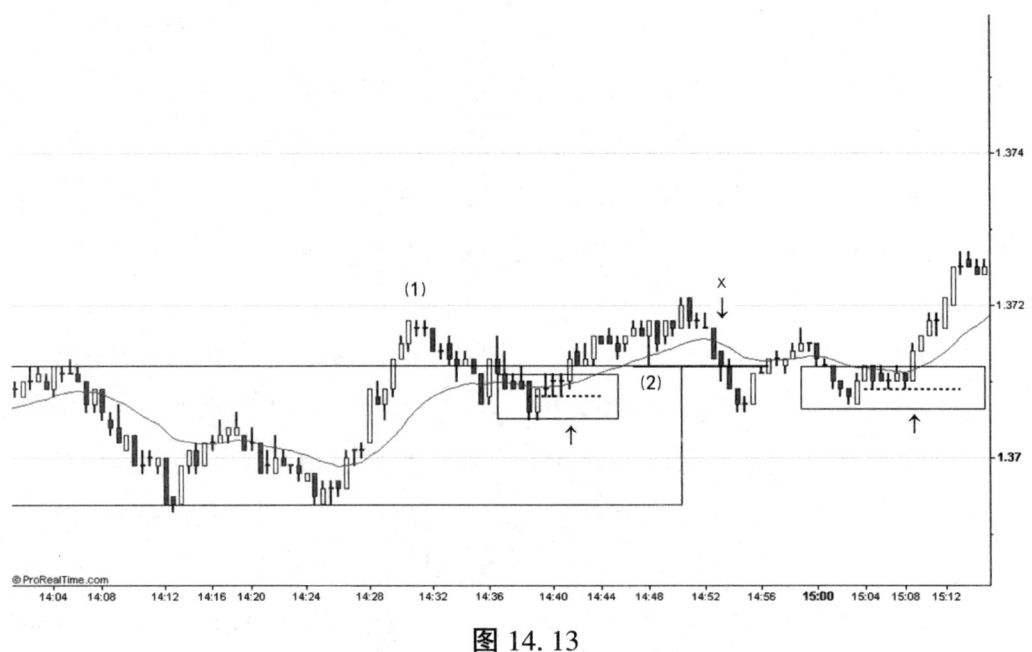

图 14.13

走势图 14.13 中有两个结构，第 1 个是 IRB 结构，第 2 个是向右延伸的区间上边线下方的 BB 结构。两个结构交易的临界点都位于箱体内部的关键技术点位上。其中 IRB 结构交易需要灵活的管理。

在 IRB 结构交易过程中最关键的蜡烛线是那根回头测试区间上边线的蜡烛线（2）。这根蜡烛线的最低点刚好触及区间的上边线，之后立即反弹。这根蜡烛线的最高点又刚好到达左边非常显著的价格最高点（1）。在几根蜡烛线之后，这个阻力位被突破了 1 个点（一个重大技术事件），超短线交易者就获得了一个新的临界点（黑线，刚好位于区间的上边线）。随着价格现在突破了这个阻力位，他不希望看到价格再次跌破这个最低点（2）。但是这是他最后一次移动止损，因为不久之后，交易就被止损出局，亏损 1 个点。

第 14 章　临界点技术

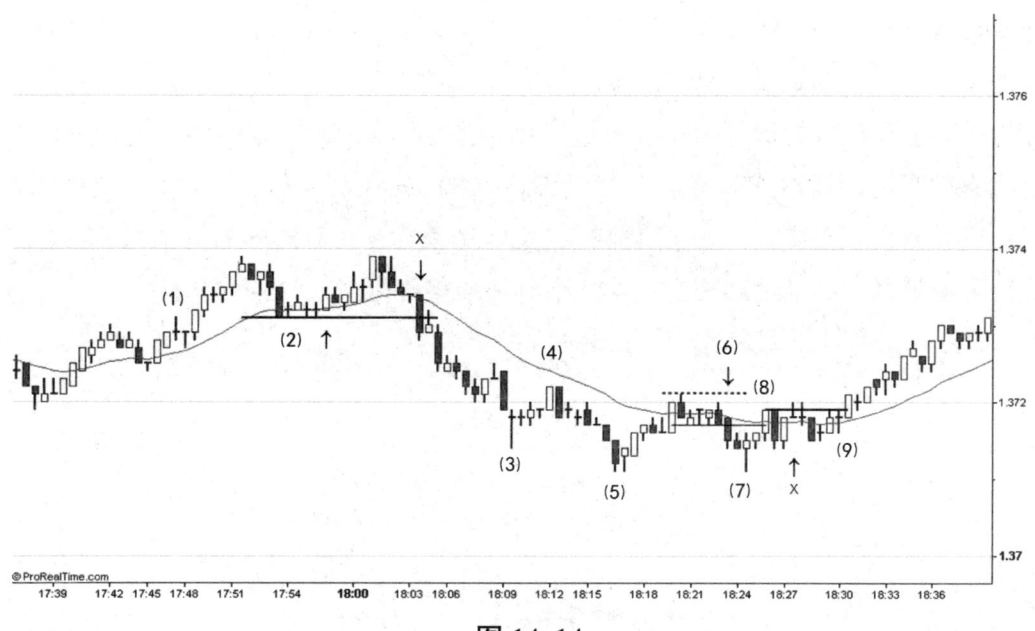

图 14.14

图 14.14 中 SB 结构的 4 个相等的蜡烛线最低点（2）有着足够的技术分量，足以让我们将临界点设在这个价位上。这几个蜡烛线最低点与之前的一个蜡烛线最高点（1）提供的支撑位相重合，就更增加了这个价位的显著性。但是很快一个双顶形态就破坏了这次交易。由于在这个最初的临界点被突破之前，没有机会将临界点移到一个更经济的价位，所以超短线交易者只能接受这个大约 5 个点的最大亏损，然后出场。

第 2 次交易（6）几乎是第 1 次交易的翻版。现在，一个双底形态挡住了通往目标价格的道路（5~7）。最初的临界点是设在 BB 结构的最高点处（虚线）。如果将这个临界点提高 1 个点，到前期的一个最高点处（4），作用也只是将止损扩大，因为目前这个临界点已经是从最经济的保护价位提高 1 个点后的价位了。

一次回撤将价格从最低点（7）带回到了 BB 箱体的内部（8）。就像经常看到的那样，场外观望的空头会抓住这种阻力位的机会，开始在更有利的价位做空市场，迫使价格再次下跌并超过蜡烛线（8）的最低点。超短线交易者快速将临界点降低到这次回撤的最高点处（黑线）。这是合理的交易管理，因为如果这个价位被突破，那么走势图上就不止一个双底形态，还有一个升高的价格底部，这对多头来说，都是很不错的信号。如果将之前的最低点（3）也考虑进来，技术分析者甚至还可能识别出一个头肩底反转形态（3～5～7）正在形成。理解这些信息含义的超短线交易者，会在蜡烛线（8）的最高点被突破时了结空头头寸。现在直接从空头转为多头可能有点太早（虽然在 9 有这样的机会），但是由于下方有这样明确的底部形态，在这个时候期望价格下跌已经没有意义。

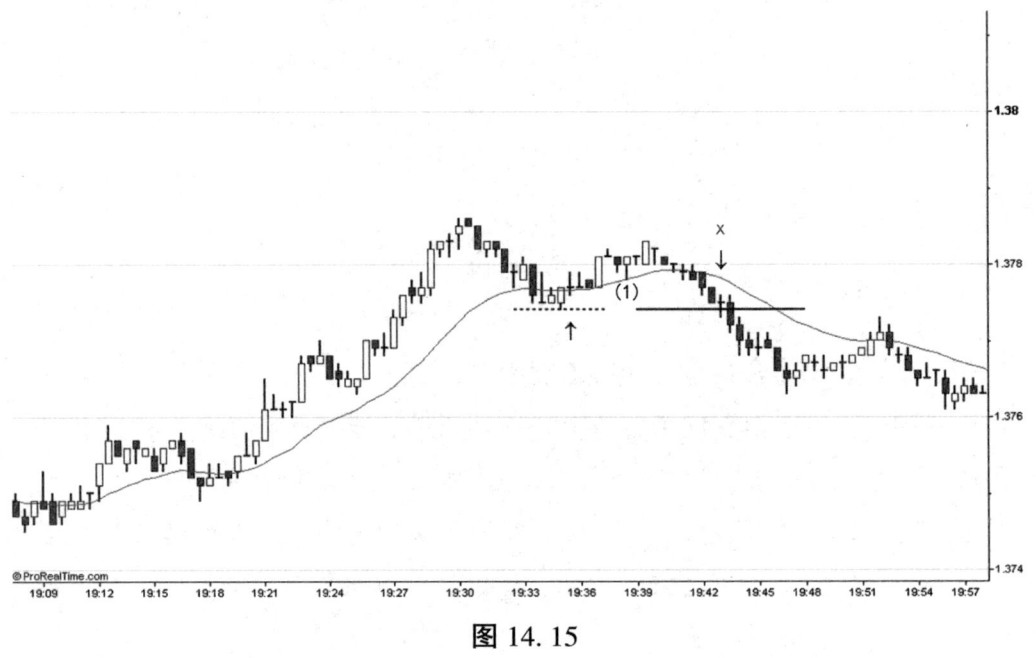

图 14.15

在一波强劲的趋势中，能够找到一个很好的 DD 结构总是很美妙的事情。不幸的是，这并不一定意味着这些交易都会获得成功。这里的临界点位置是十分明确的。然而更重要的是，在这次交易期间有机会将这个临界点水平提高吗？从技术角度来说，没有这样的机会。图 14.15 中，前期的上涨趋势太过强劲了，如果将临界点移到入场后价格首次回撤的最低点（1），也就是入场后首次触及 20 期 EMA 的那根蜡烛线的最低点，那就显得太过冒进了。这样做，无异于寻求过早止损。因此，在 DD 结构建多仓的交易者将只能勇敢地看着最初的止损被触及。这个 DD 形态的幅度是 3 个点，所以这次交易的亏损将是 6 个点左右。

第 14 章　临界点技术

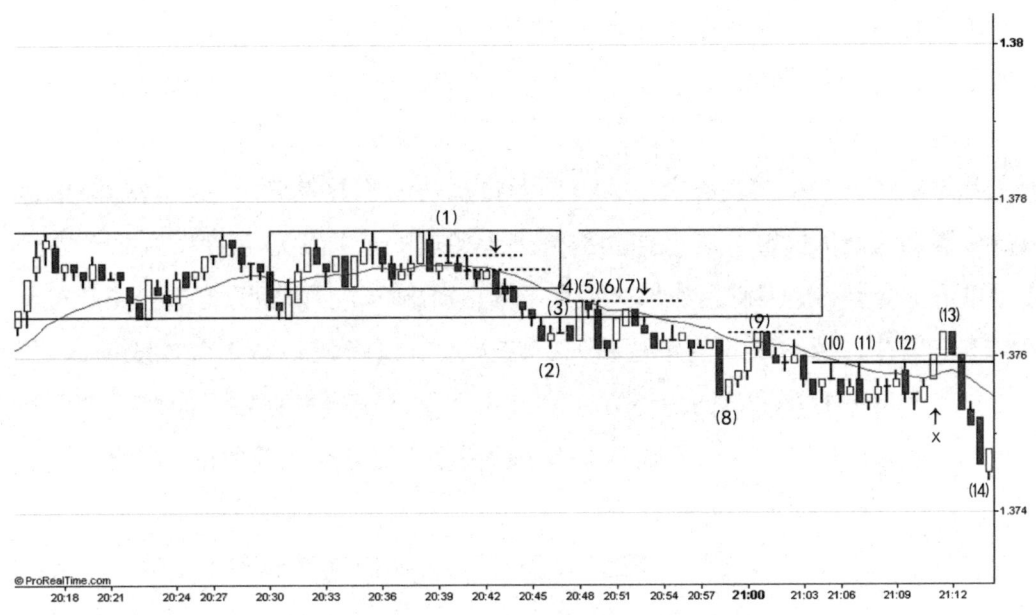

图 14.16

我把最好的案例留到了最后。走势图 14.16 显示了标准临界点技术偶尔出现的意外情况。这次涉及的是 IRB 结构交易的保护（第 1 个箭头）。交易在这个箱体的信号线被突破时入场，并且开始发展良好。但是超短线交易者应该将最初的临界点确定在什么地方呢？他可能想把临界点确定在走势图的最高点处。毕竟，这是一个所有空头交易都会失去有效性的价位。但是，就我们的交易来说，这个价位太远了。所以，如果我们想要参与这个 IRB 结构交易，我们必须选择在这个最高点之下的一个价格顶部。让我们看看有没有这个可能。在这个 IRB 结构的区间内，从最近一个价格顶部开始，在价格跌破区间之前，有 3 个较低的价格顶部。第 1 个位于区间的绝对最高点的 1 个点之下（1），不过这个价位太远了。选择这个价位作为临界点会非常奇怪，还不如再多加 1 个点，将临界点确定在区间的上边线上。第 2 个价格顶部形成于两个点之下（第 1 根虚线），这个价位当然就合理得多。但是，我们不能说这个价位是当前价格行为的一个非常特别的点位。第 3 个价格顶部已经在图中用虚线标出来（第 2 根虚线）。它是价格向下突破前形成的一个非常小的拱形。我们可以说这个小小的价格顶部最有资格成为本次交易的临界点，但是这也是在没有其他更好选择的情况下做出的选择。换句话说，当受到攻击时，这个小型拱形能不能守住还有待观察。那些场外观望的空头会不会在这个价格顶部做空，从而帮助我们不被止损出局呢？

当然了，我们也可以选择直接放弃这个结构，但是就可能失去一次很好的机会。这时候，超短线交易者需要采用一些合理的策略。他可以结合运用两个临界点。

首先，在 IRB 结构突破之后，交易者将最初的临界点确定在较高的那根虚线的位置。这个价位很可能阻挡大部分多头的进攻，并且还允许发生高于这个小型拱形 1 个点的假突破。如果交易直接被止损出局了，那也只好这样了。在价格向下突破并且抵达区间的下边线时，临界点可以降低到第 2 根虚线的水平。这就是我们与标准方法不同的地方，因为这个价格行为本身并不能保证这次临界点调整的合理性。这次降低临界点水平的决定只是基于当前的市场状况。

一旦价格也跌破了区间的下边线，情况就开始对交易有利了。但是，在区间的边线区域有可能发生一些战斗，甚至还可能导致价格再度回到区间内部。就这一点而言，两根蜡烛线的回撤将价格带回到突破的区间下边线上（3），这表明市场的做多兴趣较低。这激励了场外观望的一部分空头开始在这个价位入场做空。随后，当价格跌破蜡烛线（3）的最低点时，超短线交易者就可以再次将临界点调低。这一次就调低到 IRB 结构箱体的下边线（图中没有用虚线标示）。交易者也可以保持原来的临界点位置不变，观察一下价格行为再说。直接将临界点降低到区间的下边线，也就是蜡烛线（3）的最高点处，当然不是聪明的做法。这样真的太冒进了，很容易被过早止损出场（想想之前的拱顶测试原理）。

的确，接下来的一根大阳线直接插入了区间内部（4），回吐了当前所有的利润。超短线交易者可能不喜欢出现这种情况，但是从技术分析角度来说，在区间边线区域出现这种价格行为是非常正常的（尝试进行拱顶测试）。这也表明在持仓过程中计算浮动盈利没有什么意义。在交易过程中，一直关注平台上的盈利和亏损，一定会影响情绪的稳定。交易者不应该受到这种不必要的干扰，应该把注意力集中在走势图上。如果交易者能够正确管理交易，那么交易平台也一定会给你一个不错的交易结果。

但是这次交易还没有结束。因为在那个十字星蜡烛线（5）期间，价格止步于区间边线区域。所以，市场的做多兴趣也不怎么高。接下来，空头再次将价格拉到区间边线之下，并且绘制了一根强烈看跌的蜡烛线（6）。但是如果现在就将临界点降低到这个新的价格顶部（第3根虚线），就太冒险了。但是将临界点降低到IRB结构的下边线，就是合理的交易管理。不过，一旦价格继续下跌，跌破前期的价格底部（2），就应该立即将临界点降低到第3根虚线的位置。那么为什么现在可以降低，之前就不可以呢？因为现在走势图绘制了一个新的低点，这是一个显著的技术性事件，会激发空头的"跟进动作"。如果价格就此打住不再下跌或者掉头上涨，也只好这样了，但是超短线交易者不会想要看到价格再次突破最近的一个价格顶部，如果突破，他就会立即平仓（第3根虚线）。

我这么煞费苦心地讨论这次交易的细节（这次交易还没有实现盈利目标），是有很充分的理由。不可否认，走势图14.16可能只反映了其中一种潜在的价格行为，而且市场以完全相同的方式再次呈现的概率几近于零。所以，为什么要这样详细地讨论这次交易的细节？因为它深刻反映了交易的现实。它呈现了一些标准的结构形态和标准的临界点管理方法。不过，这有什么用呢？在交易达到精通程度之前，超短线交易者也要承认有时他需要做出一些比较微妙的判断，甚至还要违背标准的方法。但是，大多数时候事情都是非常简单的，他可以毫不犹豫地入场和出场。其他时候，他只是需要动用大量的逻辑分析而已，所以不必害怕。

让我们回到这次交易上面。随着现在临界点已经降低到盈亏平衡水平（第3根虚线），并且价格已经低于区间的下边线，所以这次IRB交易看起来非常良好。之后，多头的另一次尝试，将价格推回到区间内部（7）。市场甚至又形成了一个不错的ARB结构形态（在区间边线的两个小十字星），此时，场外的超短线交易者就可以借此机会入场（第2个箭头）。这次ARB结构交易的临界点可以设在与IRB结构交易当前临界点相同的位置，也就是第3根虚线所示的价位。不把临界点直接设在ARB结构的最高点处，而是设在高1个点处，是有技术意义的。几分钟之后，这次IRB结构交易终于实现盈利目标。

是不是所有临界点的调整都这么麻烦？不是的，因为所有这些都是心算完成的。超短线交易者只需要看着他的走势图，并且将鼠标移到出场按键上。此外，他甚至不需要选到最好的临界点。因为交易中没有绝对性。但是他必须确定自己没有选择明显较差的临界点，这种临界点可能会导致不必要的出场。

现在，ARB 结构的交易者还在场内。在 21：00 之后一点，价格发生剧烈回撤（9），但是多头几乎来不及搭上这趟车。这次波动为超短线交易者留下了一个新的价格顶部，交易者可以将临界点移到这个价位上（第 4 根虚线），从而将止损幅度缩小了 4 个点。

这幅走势图上最有趣的地方在于图上的一个底部形态，这个底部形态最终导致这次交易失去其有效性。我指的是图 14.16 中右侧黑线下方的价格行为。这个形态的 3 个最高点构成了出场的信号线（10~11~12）。但是蜡烛线（10）的最高点本身并不构成一个临界点，此时移动止损位就太激进了。但是一旦这第 2 个最高点出现并且价格立即回落（11），超短线交易者就可以将临界点降低到图上黑线所示的价位。因为如果这个双顶形态被向上突破，他就不想再继续持仓（由于位于 8 这个价格水平的筑底行为）。几分钟之后，价格再次走出一个相等的蜡烛线最高点（12），但是最终这个临界点还是被向上突破（x）。

交易被一个底部形态或者顶部形态破坏的情况非常常见。这是有道理的，因为与当前的趋势对抗需要一些胆量，而一个明确可靠的反转形态可能刚好就能激发这种必要的勇气。

说到反转形态，如果我们仔细观察，可以看到信号线（10~11~12）下方的底部形态实际上是之前 IRB 结构的一个翻版。先绘制一个箱体将这些蜡烛线框起来，再好好看看呢。如果超短线交易者可以看到交易之前顶部形态（IRB）突破背后的逻辑，那他也能明白为什么必须在这个底部形态突破时了结其空头头寸。

最后再提醒一下，我们没有办法提前知道这个反转形态最终会失败（13~14）。事实上，我们没有办法提前知道任何事情，也没有必要知道。真正的超短线交易者，大脑里只有两件事——在哪里入场和在哪里出场。经验不足的交易者就不是这样的。这个交易者的大脑几乎充满了恐惧、希望、痛苦、贪婪、压力、烦躁、失望、期待、复仇、后悔、憎恨、怀疑、背叛、沮丧、欢快、悲惨和绝望等情绪，而且这还只是其中一部分情绪。在入场和出场的时候，能够安全通过这些不良情绪的雷区，似乎是非常艰巨的任务。在整本书中已经强调了多次，但是让我们再重申一次，只要停止关注当前交易的结果，交易者就可以卸下所有的包袱和重担，从而沉着冷静地执行自己的交易计划。如果建立头寸对你来说仍然是一个问题，那么降低你的成交量，直到你不再感到忧虑。要试着将交易看作是执行一个精心制订并且不需要立即获得收益的计划。

第四部分

交易选择

第 15 章　不利市场条件

在之前的章节中已经多次提到过，超短线交易策略只能在适当的市场条件下运用。在适当的市场条件下，我们可以从这些小小的结构形态中获取大量收益。随意在任何市场条件下运用它们，不仅可能导致所有寻找并利用交易"利器"的努力付之东流，并且还可能破坏超短线交易者稳定盈利的主要目标。

存在有利的市场条件，就意味着也有不利的市场条件。但是在交易中，我们应该如何定义并识别呢？截至目前，前面走势图中的大部分结构形态都是处于有利的市场条件下，有时候交易它们只不过是进行一种仪式。但是，在真实交易的一天中，市场很少只为我们呈现这种标准的结构形态。很多时候，这些结构会出现在明显的支撑位或阻力位附近，如果不考虑整体市场状况盲目交易，很可能对交易不利。

要想巧妙地进行超短线交易，我们可能必须在 90% 的时间里都采取旁观者的立场，只有在我们经过评估后认为当前的市场力量对我们的交易有利，才能交易。这不仅意味着我们的结构要符合整体价格行为（就力量蓄积和方向性力量而言），还意味着在通往目标价格的路上没有明显的支撑位或阻力位。理想情况是，我们可以看到一条通畅的且至少有 10 个点的道路。但是，由于市场大部分时间都倾向于在走势图上来回波动，特别是在 70 笔交易走势图这种短期时间框架的走势图上，所以很难找到一条完全通畅的道路。有时候，强劲的趋势是一个例外，但是再说一次，市场上没有绝对的事情。

好消息是我们没有必要在未知的领域冒险。但是，我们既不想入场后立即遇到左边聚集的蜡烛线挡住去路，也不想在稍远的地方遇到一个强大的阻力"墙"阻碍我们实现10个点的盈利目标。

有的交易者可能会说不管这个阻力位或支撑位在什么地方，迟早它都会被突破，否则价格哪里都去不了。这话说得不错。但是请记住，我们不想亲自去做这种吃力不讨好的事情，即便市场根本力量是站在我们这一边。诀窍就是在其他参与者进攻这些阻力位/支撑位的时候，我们在场外静静观望。这些走势图显示市场上永远有很多勇敢的志愿者做好了当马前卒的准备。有时候，你会想知道这些交易者在使用什么样的走势图。然而，这些勇敢的行为确实会削弱阻力位/支撑位（不管是从上方还是下方），这就是一定要密切关注战斗如何发展的原因。最终，每一条道路都会被疏通（不管是向上还是向下），一旦疏通，我们就可以立即加入胜利的队伍。简单地说，这构成了我们方法的基础，并且已经经受了时间的考验。

本书的所有走势图都是经过精心筛选的，它们中大部分交易通往目标价格的道路已被疏通，或者足够安全，值得我们一试，所以我们基本上只关心这些协助我们入场的结构形态如何，没有注意市场的整体状况是否对交易有利。接下来，将有很多走势图帮助我们区分这种市场状况。这些走势图会向我们显示什么时候以及为什么要继续留在场外，即便这些结构本身看起来可能非常值得交易。在放弃一次交易机会之后，价格可能继续在突破的方向上前进，并且还波动很远。但是，即使出现这种情况，也不要太在意。在概率游戏中，个别结果如何并不重要。这些走势图的唯一目的就是让我们明白在不利市场条件下交易有多么危险。

走势图15.1提供了一个整数支撑位的经典案例。在走势图前半部分，"50"价位（1.4150）在一个小时内受到空头4次攻击（图中已用3个椭圆标注出来），但都被多头顽强地抵挡住了。最值得注意的事件是跌破双底形态的那个假突破（3）。价格从走势图的顶部一路下跌到这个"50"价位，甚至跌破了前期的低点（1 和 2）几个点。这是一种可怕的突破支撑位的方式。多头是知道的，不久之后，空头也知道了。

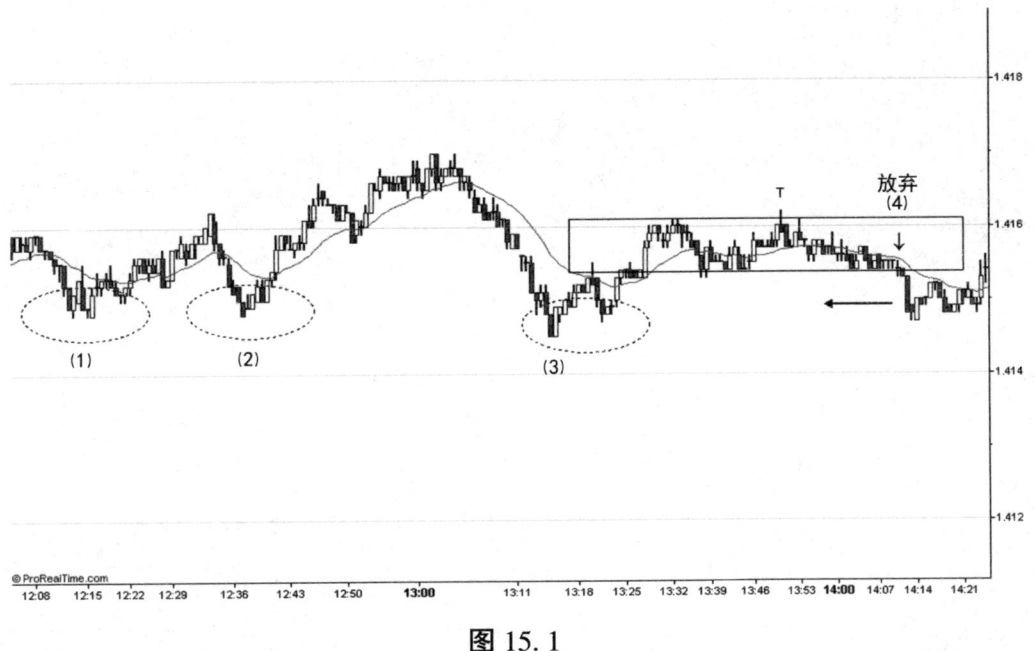

图 15.1

这里的这个箱体代表了市场多空双方处于对峙状态。虽然多头在整数位区域重新占据主导，但是空头没有立即放弃守卫下一个整数位，也就是 1.4160 的"20"价位。他们甚至丢给了多头一个很经典的假突破（T，突破区间上边线的那个捉弄式突破）来慢慢品味。

通过这幅走势图，我们要明白，永远不要在任何一次战斗中猜测哪一方会获胜。空头并不是一无是处，而多头也有获得支持的理由。仅从技术分析的角度来看，后者在整数位区域显示了更大的需求。一旦受到进攻，他们不会轻易放弃守护的阵地。这倒不是说空头下一次也无法击败对手。但问题是，我们真的想要放开胆子加入他们，在这个箱体被向下突破时做空市场？先看看这 3 个椭圆吧，想想它们代表了什么。如果不考虑其他，至少它们意味着市场具有强大的做多兴趣，不仅仅是那些小型的超短线交易者。要达到我们 10 点的盈利目标，所有这些交易者都需要清除出去。这条路太艰难了。所以聪明的超短线交易者会放弃这个 RB 结构交易（4）。

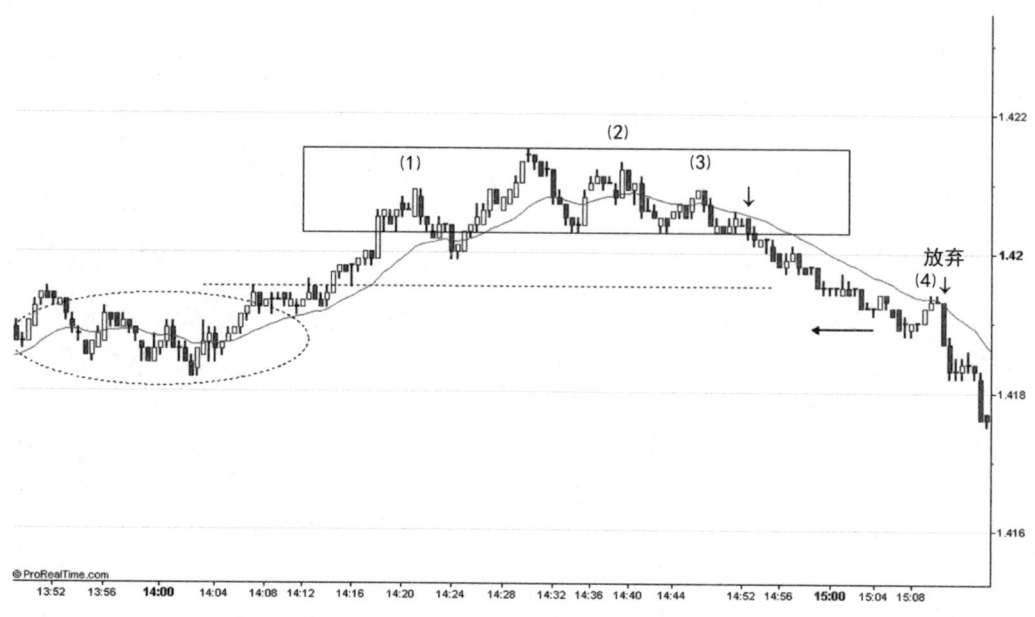

图 15.2

有时候，守卫整数位很像打一场战略战。对于聪明的大玩家来说，它不是一个在这种价位直接卖出或买入的游戏。他们会把这个任务留给那些有勇无谋的人。看看图 15.2 这个区间箱体，看空头是多么聪明地避开多头的进攻的。他们不是在 1.42 的价位重重打击多头。相反，他们采取了诱敌深入的策略，激励新的多头入场。无疑，大量新加入的多头认为他们完全可以将止损设在这个显著的价格顶部（1），也就是整数位之上首个被突破的价格顶部。但是就像我们之前多次看到的，成功和失败之间只有一线之隔。要不了多久，多头就会意识到他们陷入了一个经典的陷阱中。的确，在市场绘制了一个较低的价格顶部（2）以及另一个更低的价格顶部（3）之后，市场的走势越来越明朗了。即便如此，场外观望的超短线交易者还是不会不顾一切地加入空头阵营。他会耐心地等待，等待市场达到大部分超短线交易多头都难以承受的程度。要找到一个介于多头的希望和恐惧之间的价格水平，一点也不难，这个价格水平就位于箱体的下边线。因此，这个 RB 结构提供了一个做空市场的好机会（第 1 个箭头）。

但是，这样做就可以了吗？在介入市场之前，超短线交易者不仅要评估市场的有利因素，还要评估市场的不利条件。换句话说，要实现10点的盈利目标，还要看市场的技术状况是否支持。图15.2中虚线所示的价格水平怎么样呢？我们还不能完全否定多头的力量。这个价格水平是前期的一个阻力位，现在转变成了一个支撑位，可以对价格起到支撑的作用。由于它位于RB结构交易的入场点之下约6个点的地方，所以我们不能忽视它的存在。

要判断此时应该选择交易还是放弃交易，我们需要做进一步的分析。如果价格达到这条虚线所示的价格水平并且再次反弹，那么从技术角度来说，新的空头会在什么价位入场，从而帮助我们不在RB结构内最后一个拱形的最高点被止损出场？如果不做一些一厢情愿的推测，似乎很难回答这个问题，但是我还是想说这个区间的下边线就是一个极好的价位。箱体中的这个确定无疑的反转形态，不会被市场忽视。总而言之，尽管在通往目标价格的路上可能存在一些阻碍，但是这个RB结构还是值得交易。

在第2个结构——DD结构（4）中，还能找到类似的理由吗？如果我们只通过交易的结果来做判断，那么可以说空头此时激进地做空市场是非常正确的决定。但是，结果就代表了一切吗？纯粹从技术分析的角度来说，做空这个DD结构一定不是明智之举。如果我们想要整体状况符合我们的交易，那么最好不要选择那些我们的对手可能急切想要进入的价位。出于这个原因，我们不应该在明显的支撑位上方做空，特别是当它代表的是当前市场的底部时。这只会遭到对手猛烈的攻击。

图15.3中尽管市场处于强劲的上升趋势中，但是仍然出现了一个较弱的DD结构【(2)，第1个箭头】。价格可能很快就会上涨，但是由于这次回撤并不是一次显著的回撤——它不仅是聚集的价格行为，而且还是一个多重顶形态（图中椭圆所示），所以交易者应该立即入场吗？

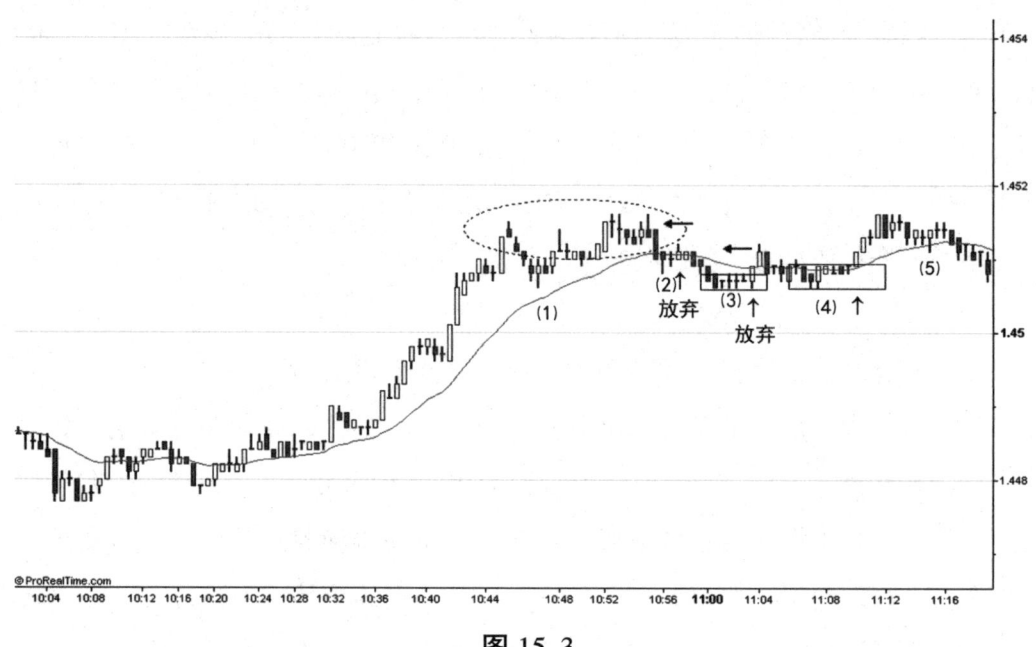

图 15.3

虽然大部分强劲的趋势都倾向于继续而不是反转，但是还是强烈建议不要在价格处于停滞阶段入场。理想情况是在实施我们的顺势交易计划之前，看到一波朝向 20 期 EMA 的斜向回撤。水平的回撤也可以交易，但前提是它们不是蜡烛线聚集类型的回撤。它们也可以聚集在一起，但是这时，我们就最好在它们的顶部做多或者从底部做空，而不是相反的方式（想想 BB 结构）。图中椭圆内的回撤从各方面看来都不适合交易。所以这个 DD 结构交易应该放弃。

注意：当选择参与潜在的趋势恢复行情时，超短线交易者应该搞清楚 DD 结构、SB 结构和 BB 结构的区别。这 3 种结构都旨在利用逐渐衰弱的回撤，但不是每一种情况都同时适用于这 3 种结构。比如，DD 结构中聚集的力量就没有 BB 结构中蓄积的力量大，特别是当这个 DD 结构仅仅是由两个十字星构成时。因此，虽然 DD 结构是一个在回撤后介入趋势的不错的形态，但最好是当回撤是大幅回撤或者至少是斜向的有序回撤时才采取行动。如果是混乱的回撤或者价格聚集类型的回撤，就需要采用更为谨慎的方法，因为触及 20 期 EMA 的十字星相对于临近的蜡烛线，其显著性较低。而 SB 结构就更适合这种情况，因为在趋势恢复的可能性方面，SB 结构的双重突破特点显得较保守一些。而 BB 结构，如果只是因为它们通常包含更多的蜡烛线的话，那么 BB 结构也确实在其边线内蓄积了突破力量。但是这个形态也不应该随意交易。上方的阻力位或下方的支撑位越强大，结构内需要蓄积的力量就越大。然而，这个结构也常常拥有突破已经摇摇欲坠的阻力的力量。

第 2 个 DD 结构（3）虽然在图 15.3 上的位置较好，但是仍然要面对上方的阻力位。虽然它的下边线就位于前期的一个最低点处（1），显露了一些技术上的显著性，但是我仍然不会轻易地入场做多。不过，由于这个结构的幅度只有两个点，所以这次交易的风险报酬率还是非常合理的（风险 5 个点，收益 10 个点）。但是，由于结构上方有一个阻力位，结构下方的 1.45 整数位的"真空效应"，所以这次交易很可能是被止损出场，而且概率超过 2/3。在本例中，整数位的真空效应会非常明显，因为这个整数位之前被突破后还没有被测试。当然了，市场没有回头去测试之前突破的"00"价位的绝对必要，但是在一个不确定的市场环境中，在考虑交易时，就一定要考虑到交易的不利一面。市场还没有测试这个价位，至少会使很多多头继续留在场外观望，直到更明确的信号出现。这通常就意味着我们的交易没有多少"跟进动作"。总之，这些都增加了失败可能性。因此，在这个时候交易这个 DD 结构的突破可能太早了。

在这 3 个结构中，BB 结构（4）虽然较小，但是它的突破将发出最可靠的做多信号。现在，市场的底部已经成功地守住了 3 次，空头已经失去了主导权。从技术上说，这会吸引更多多头进入市场。永远不要忘记你需要其他参与者跟随你的脚步。毕竟，这是你实现目标的唯一方法，并且也是那些所谓的秘密指标（以高价卖给那些无知和愚蠢的人）是如此可怕的骗局的原因。关键就在于那些其他交易者还没有发现的交易机会。

这个 BB 结构较小，所以也不甚完美。但是同样的，在阻挡前两次向下的突破尝试时也没有看到多头有放弃的迹象，所以空头可能会放弃第 3 次尝试。市场的整体趋势仍然在多头一方。我们可以说现在就是有利市场条件配合了有利的交易结构（虽然不是特别强有力），整个状况开始慢慢对多头有利。这个 BB 结构当然值得交易（第 3 个箭头）。但是如果价格在突破当前的最高点（椭圆内的最高点）时遇到麻烦，就要特别留心这次交易。在蜡烛线（5）被向上突破后，将临界点移到这根蜡烛线的最低点处，当然是一个不错的想法。花一点时间比较一下当前这个案例与前一章中图 14.9 讨论的案例。对多头头寸不利的多重顶形态，一定不要掉以轻心。

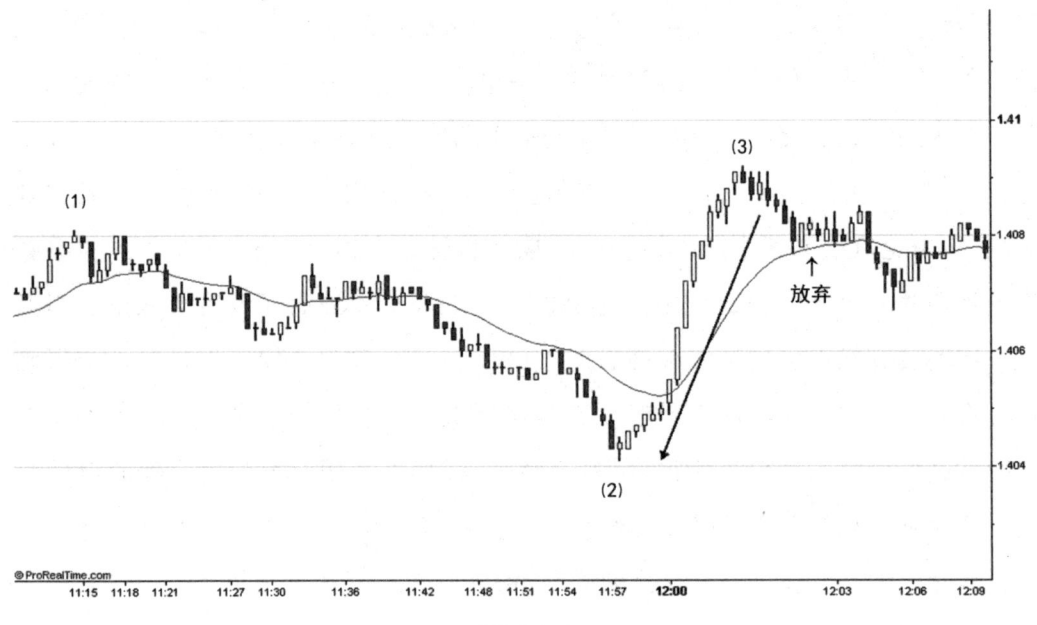

图 15.4

走势图 15.4 呈现了一个完美的案例——有时候一个非常有效的结构可能因为不利的市场条件而被放弃。如果不考虑走势图上 12：00 以前的价格行为，那么无论从哪个方面来讲，交易这次 FB 结构的向上突破都是合理的（真的，这次回撤虽然有序并且是斜向的回撤，但是可以再下跌一点点，至少回撤前期涨幅的 40%）。这次的不利条件主要是结构之前那波急剧上涨的价格行为。它从走势图的最低点开始上涨（2~3），并且突破了所有的阻力。不管有没有冲击效应，这次 FB 结构交易的入场点必须在前期最高点（1）处，这个价位可能有点太高了。市场也可能继续之前的上涨步伐，但是大量激进的空头很可能想要在这个时候碰碰运气。这会导致多头头寸很容易被止损。这种冲击效应，就像它们可以撕裂走势图一样，常常会被聪明的大玩家利用，甚至到达精确抓住价格顶部的程度。当然了，我们没有魔法水晶球可以告诉我们这个何时会成为事实。就概率而言，当整体价格行为不是很支持上涨时，就很可能发生突然的价格反转。

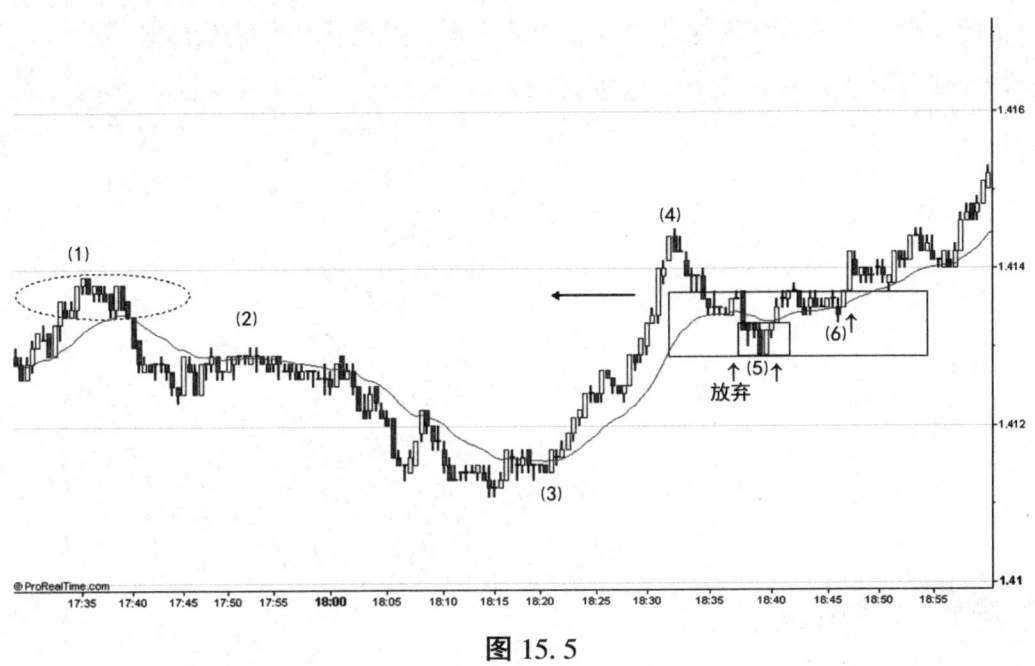

图 15.5

图 15.5 这个案例与前一幅走势图中的案例区别不是很大。同样的，这次突然的上涨（3~4）突破了所有技术阻力位，并且在突破了前期的最高点（1）之后才停住上涨的脚步。我们基本上面对的是一个经典的区间假突破陷阱。我们也多次见过这种没有经过力量蓄积的突破，它往往会被那些聪明的交易者利用。这类交易者深谙逆潮流交易的艺术。因此，图中 DD 结构交易（第 1 个箭头）的成功率会比较低，所以，我们要放弃这次交易机会。这倒不是说这次暴涨没有任何技术意义。不是这样的。但是我们必须等待整体市场行为明显支持当前交易的方向，才能将我们宝贵的资金拿去冒险。

大约 5 分钟之后，情况就开始好转了。这时，价格已经回撤之前上涨波段的约 40%（5），同时，价格还在前期聚集的蜡烛线区域（2）找到支撑。此时交易这个BB结构还是显得有点激进，但是仍然值得一试的（第2个箭头）。

最佳的交易机会是在10分钟之后出现（第3个箭头）。有9个相等的蜡烛线最高点构成了一条较大BB结构的信号线。箱体突破前"挤压"的几根蜡烛线的底部，在之前BB结构的顶部找到支撑。在这个箱体内部，在这次突破之前，价格曾跌破了"挤压"的这几根蜡烛线的底部，但是价格很快就回升了。这是箱体内部一个很好的假突破。这也为我们提供了一个设置保护性止损的可靠价位。

图 15.6

走势图15.6的区别也不是很大。不过，在这幅走势图中，上涨波段（2~3）的起始点比前两幅走势图（图15.4和图15.5）的起始点要好——始于整数支撑位下方一个较高的价格底部。最重要的是，与前期最高点（1）的距离没有这么大。尽管如此，交易这个SB结构（第1个箭头）是一个明智的决定吗？仅通过观察这幅走势图是无法轻易知道答案的。这次回撤止步于前期的价格顶部，但是这次回撤比起之前的上涨幅度还是比较小，并且价格自身也形成了一个双顶形态（3）。如果之前的价格行为表现出较强的上涨态势（这里的上涨态势并不明显），那么激进的超短线交易者可能会选择进入市场交易。但是我们不能责怪其他交易者采取较为保守的立场并放弃这次交易。这就是交易的现实。从概率角度来讲，本书并不是要求只交易成功率最高的交易。说到底，只要成功率稍微高一点，长期下来收益都是可观的。但是我们一定要避免选择那种明显较差的交易，这种交易机会在任何时段都有很多。

在大约10分钟之后，出现了第2个SB结构（第2个箭头），这个结构就是这种低成功率交易的一个好案例。左边的椭圆把入场价上方明显的危险之处标了出来：聚集的价格行为和一个双顶形态。

然而，价格确实突破了这些价格顶部。之后，一个典型多/空对峙会使价格在几分钟之内保持在一个狭窄的区间内。此时，警觉的超短线交易者肯定已经绘制出了一个BB结构箱体（4）。在这3个结构中，这个结构才是应该立即采取行动的交易结构（第3个箭头）。因为在"20"价位1.4420下方蓄积了强大的突破力量。一旦价格要向上突破，我们可以想象这个阻力位会很快屈服于上涨的压力，而不是阻止价格。

注意：将这幅走势图与图15.3做个比较。两幅走势图中都呈现了类似的筑顶行为，以及当前趋势继续所需的力量蓄积。两幅走势图都是多头两次突破尝试被空头阻止，然后在第3次突破中获得成功。尽管如此，这一幅走势图中的价格行为更令人印象深刻。虽然它们的区别很小，但是这个区别还是被两幅图中的BB结构表现了出来。它们在结构上非常类似，并且蓄积的突破力量也差不多，但是图15.3中BB结构的力量蓄积就要小一些。这意味着价格突破后的反应可能较弱。走势图上的这些状况以及整个走势图，可以用来判断这些较弱的结构是否仍是有效的结构。有一个黄金法则：我们认为上方阻力位发挥阻力作用的概率越大，就越应该避开阻力位下方较弱的结构。的确，这带有一些主观色彩。但是这就是技术分析的一部分。但是我们永远要采取中立的立场，因为稍微有一点偏颇都会影响交易者对微妙的价格行为做出正确的评估。

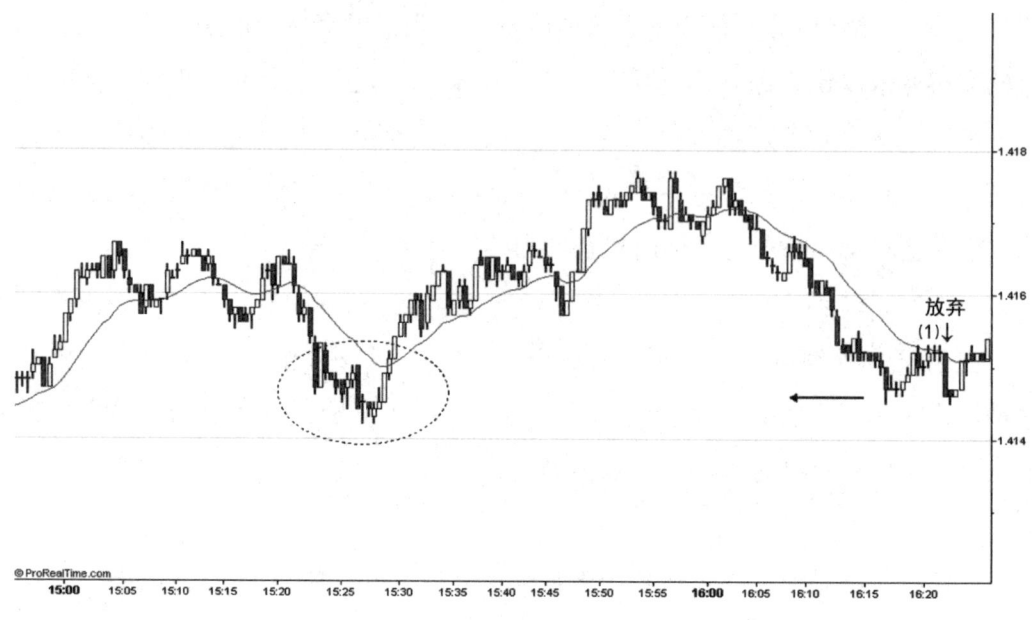

图 15.7

图 15.7 中有另一个成功率较低的 DD 结构（1），位置刚好在可以被称为区间形态的底部。价格从走势图的最高点一路下跌到走势图的最低点。为什么还有人想要在这个区间的底部做空呢？在一个市场上空头兑现利润且多头乐于入场建仓的价位做空市场，无异于承受了破坏交易的双重压力。聪明的超短线交易者是不会考虑这样的交易机会的。但是如果我们不考虑 16：00 以前的价格行为，那么这个结构还是可以交易的，因为它出现在一波下跌趋势的回撤中，并且是在 20 期 EMA 附近，预示着这次回撤可能已接近结束。虽然这波回撤的幅度比起之前的下跌趋势显得有一点小，但这不是我们现在要讨论的问题。重点在于如果遇到一个有效的结构，但整体价格行为对其不利时，就应该拒绝进行这次交易。

有利的市场条件加上一个标准的结构，也并不一定意味着一次有效的交易。破坏图 15.8 这次交易有效性的原因在于 SB 结构左边椭圆内的价格行为——聚集的价格行为，意味着强大的支撑力。这幅走势图当然是看跌的，并且价格很可能进一步下跌。尽管如此，交易者还是应该尽量小心地选择入场时机。如果你想要做空市场，那么最好选在你预期大量场外观望的空头都会跟随你的脚步且大量多头都会给你让路的价位。那样，你就获得了双重压力原理的支持。反过来，如果你在潜在的价格底部做空，就像你可能在上幅走势图中做的那样，双重压力就会作用于相反的方向，也就是对你不利。因为你是在一个大部分空头都会平仓（兑现利润）且大部分多头都会试着建仓（抄底者）的价位做空。由于两方的力量都对这次交易不利，所以窄幅的止损通常会很快被触及。

图 15.8

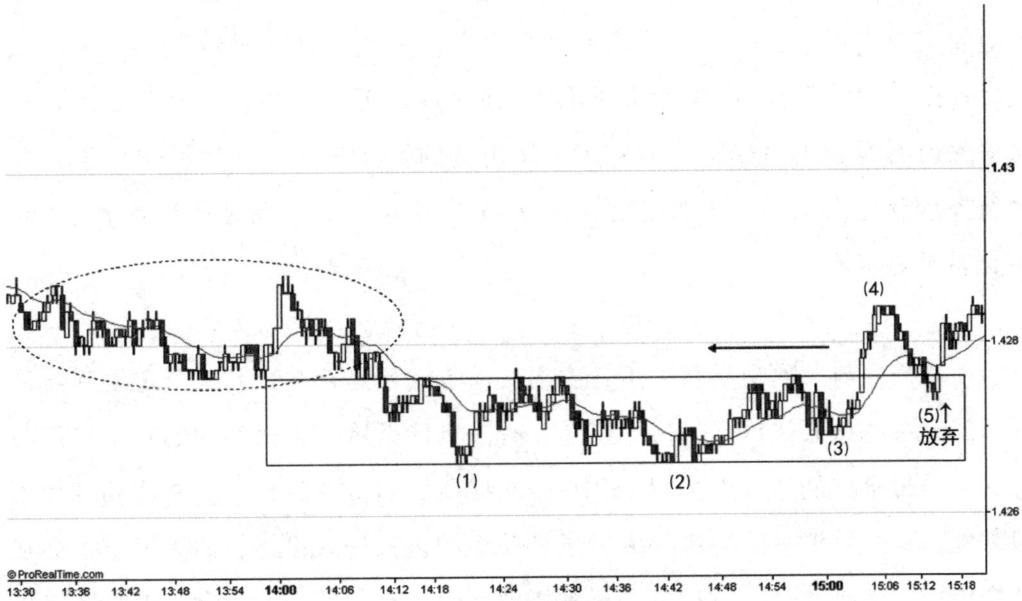

图 15.9

图15.9中，没有理由打击交易者在这个范本式区间的下边线上吸纳所有合约的热情。对于那些持有看涨观点的交易者来说，一幅轻微看跌的走势图反而是好事，因为它提供了施展所有抄底技术的好机会。毕竟，市场上永远不会缺乏准备把价格拉低的空头，从而帮助多头在更经济的价位建立仓位。

但是到某一时刻时，多头就必须扭转局面。在图15.9这个案例中，创造那个较高的价格底部（3）几乎是一个必须的举动。走势图之前已经绘制了一个双底形态（1~2），但是空头的防线也几乎密不透风。除非多头在走势图上制造更显著的技术举动，那么要不了多久，空头为了向下突破，就会变得更为激进一些。

在这方面，区间内那个较高的价格底部（3）就是一个好的开始，但是随后发生的区间上边线突破就有一点着急了（3~4）。过于急切的突破，通常都不会持久。所以，明白这一点的空头一定会很乐意地入场猛烈打击多头，将价格拉回区间内部。他们在走势图上制造了一个所谓的"V"字回撤（4~5），这实际上代表了一次完美的拱顶测试（反向的）。这立即给场外的超短线交易者留下了一个几乎没有时间思考的难题。在这种情况下，他应该交易这个ARB结构（图中箭头所示），还是应该继续观望，让其他交易者来做清除所有看空阻力或者将所有多头洗出去的苦活累活？在这种情况下，我会选择放弃这次交易。因为走势图左边有太多阻力了（椭圆所标注），这时候交易有点冒险。

在选择参与一次交易时，不管这次交易有效还是存在疑问，一定要问自己一个问题——在通往目标价格的路上，有没有什么价位可以为你的对手提供极好的交易机会。例如，走势图15.10中虚线所示的价位就具有非常明确的技术显著性。这个价位一定会激励大量场外观望的多头进入市场，而大量空头会在这个价位了结头寸。这就造成了双重压力，但是对你的头寸不利。但是这对那些只想快速从市场"刮"走5个点利润的交易者来说，就是一次很好的交易。

不过对我们的交易来说，就最好放弃。如果我们拿这幅走势图与图 15.2 比较一下，可以看到两次交易的前方几个点都有类似的阻力。然而，在前一幅走势图中，那个结构还是可以交易的，因为入场价上方有个非常强烈的看跌形态（区间）。而这幅走势图中，在入场价上方却是一个较弱的看跌形态，并且下方还有一个强大的阻力（支撑位）。最重要的是，那个"00"价位可能将价格拉回。当多空双方奋力争夺整数位区域时，常常会导致价格剧烈起伏，于是，"跟进动作"会减少。交易新手通常会怀有进入市场的强烈欲望，这种焦虑可以理解。然而在大多数时候，最佳的位置是在场外。这是一个可以反思的避风港，是所有参与者眼中的圣地。在这个地方不会受到侵犯。它永远不会受到攻击，也不会对那些寻求庇护的人进行道德批判。

图 15.10

注意：要评估走势图上潜在阻力位和支撑位的显著性，最好的办法是在还没有出现交易机会时，就先对它们进行分析。这样做不仅可以让你一直掌握走势图的变化，减少意外决策，还可以加强你对价格行为的中立观点，降低你在决策制定过程中做出错误判断的可能性。

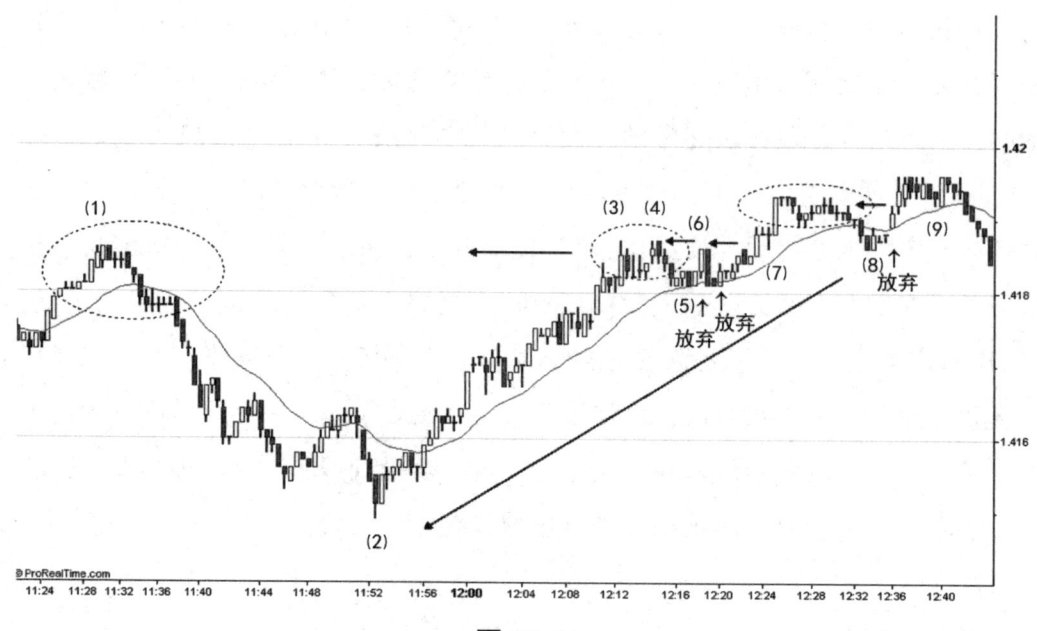

图 15.11

　　一波从较低的低点开始,然后一路上涨突破前期显著高点的强劲上涨波段,常常被那些在场外等待上涨结束的空头利用。这些空头会在适当的时候激进地入场做空。反之亦然。我们也常看到这些抄顶抄底者在价格仅仅突破前期的高点或低点 1 个点的时候进入市场(图 15.11 中 3 刚刚突破 1)。即使在市场没有出现非常明显的震荡价格行为迹象时,假突破原理也是有效的——最好的突破永远是经过了适当力量蓄积的突破。

　　看看图 15.11 这次回撤的形态和规模。在市场回撤过程中,首个 DD 结构形成(5)。考虑到之前的上涨幅度(2~3),这次回撤的幅度还很小。事实上,价格很难进一步下跌。我们甚至可以在 DD 入场点上方椭圆标示的区域内识别出一个小型的双顶形态(3~4)。所以,要放弃交易这个结构。

　　第 2 个交易,我们可以称之为 SB 结构(第 2 个箭头)。这个结构也面临上方那个相同的阻力位,因为此时价格几乎没有发生什么变化。但是,这个结构却比前一个结构要强,因为现在出现了一个这个区域可以守住的证据。我们可以说 SB 结构的最低点与 DD 结构的最低点构成了一个小型的双底形态。但是,这足以说服我们拿资金冒险去获得10点的收益吗？我不会这样建议。尽管市场做多热情不减（或者说市场缺乏做空的热情），但是在这个价位建新的多仓还是不合理。虽然空头一直保持低调，价格最终得以攀升到更高的价位。

现在随着价格进入最后一个椭圆标注的区域内，前期的阻力位（1~3~4~6）终于被突破了。我们甚至可以说这段价格行为（3~7）代表了一个很好的"挤压"状态，这在其他很多市场环境下，都是多头所喜欢的现象。但是，相对于之前强劲的上涨波段（2~3），这个上涨波段本身就是逆着之前的下跌趋势（1~2），并且没有经过力量蓄积的上涨，这个"挤压"过程显得有一点微不足道，所以最好不要太早持看涨的观点。随着价格逐步回升，那些在下跌过程中（1~2）做空的交易者会一个接一个被踢出市场，之后，市场很可能需要出现一波可观的回撤，新的多头才会涌入市场继续抬升价格。请记住，保守的超短线交易者可能也会拒绝第3次交易（第3个箭头）。不只是因为最后一个椭圆内的蜡烛线聚集在一起，有阻挡下方DD结构交易的可能。事实上，这个潜在的阻力位也很可能被当前"挤压"的蜡烛线（8）内蓄积的力量突破。另外，整数位1.42也可能直接将价格"吸"上去。但是，拒绝这次交易的一个更好的理由是这波逆势上涨（2~3）一直保持上涨的势头，到目前为止还没有发生较大幅度的回撤。如果我们想获得双重压力原理的支持，就需要场外观望的那些交易者加入我们的战斗。也就是说，如果我们认为当前的情况不利于交易，那么肯定很多场外观望的交易者也会认为不利。这就会让他们继续留在场外，按兵不动。

如果非常激进的超短线交易者确实想要进行这类交易，就最好采用激进的移动止损方式（将临界点设在蜡烛线9的最低点处）。

图15.12只是多空双方的一次对峙。走势图的前半段是由多头占据主导（椭圆内，代表支撑），后半段是由空头占据主导（矩形内，代表阻力）。不要仅仅因为空头暂时获胜（1），空头迫使价格跌破了区间，随之又进入了支撑区域），就认为多头会寻求庇护，并且不会守护他们之前在椭圆内构筑的阵地。当然，他们也可能丢盔弃甲逃跑，但是这个不重要。这个时候，市场上双方力量不相上下，我们最好不要卷入这种短时间无法见分晓的冲突中。

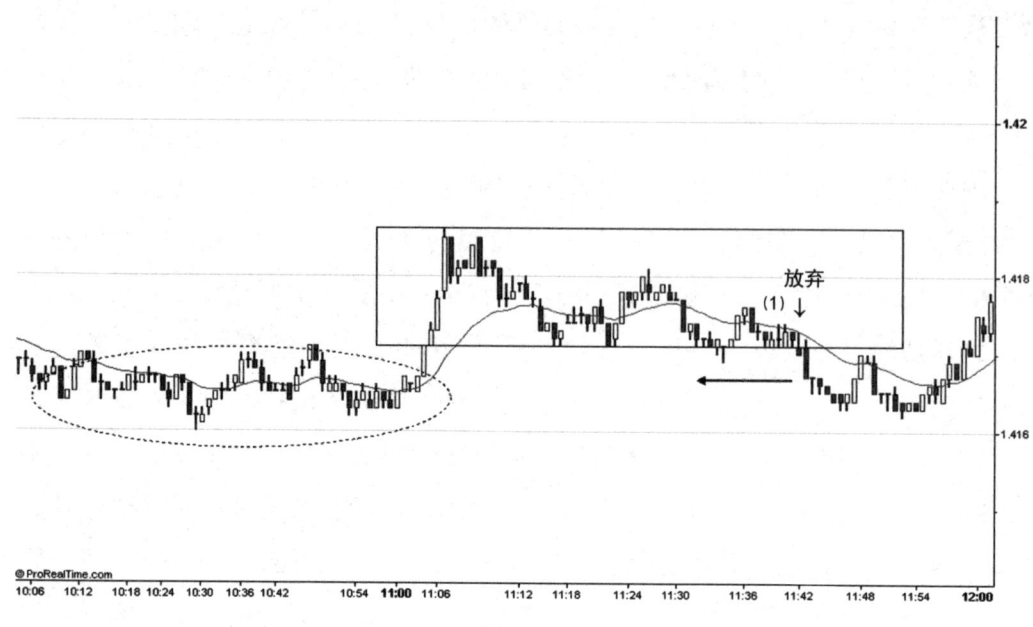

图 15.12

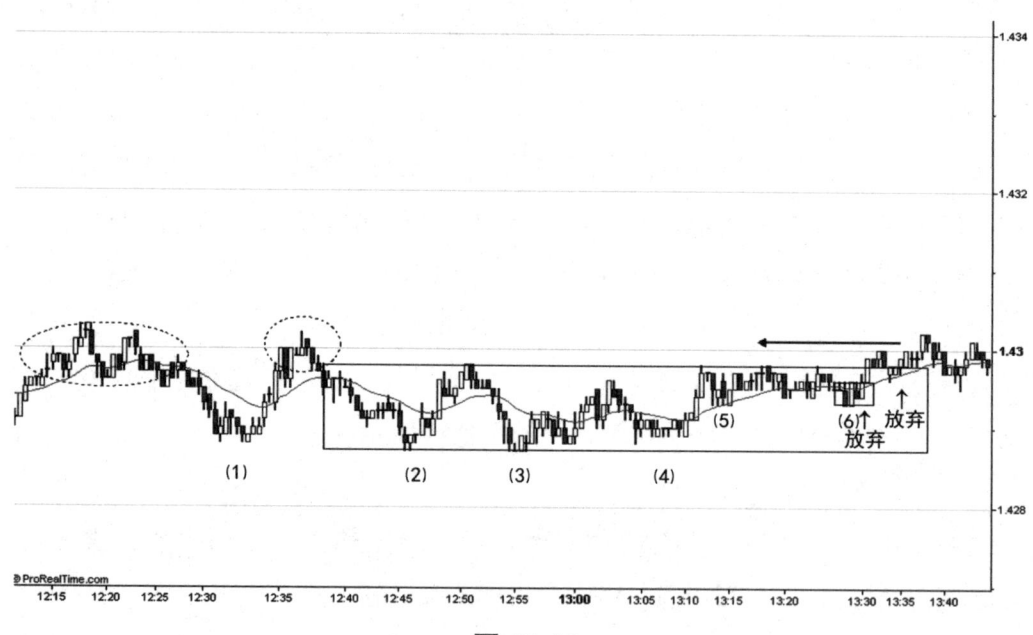

图 15.13

要在图 15.13 这幅走势图上做多，比如交易那个小小的 IRB 结构（第 1 个箭头），或者几分钟之后出现的 RB 结构（第 2 个箭头），就有一些话需要说了。

市场在一个小时的时间内都在横盘整理,在整数位 1.43 下方形成了一个确定无疑的区间形态。很明显,多头在非常敏锐地夺回失去的阵地。因此,空头就有了一个任务:竭尽所能地在 1.43 的价位做空,以耗竭下方多头所有的防卫力量。这真是一场有意思的战斗。

看看区间的底部(1~2~3~4)。如果这都不能算一个支撑位,那什么才算是呢?还有区间内的那些"挤压"的蜡烛线(5~6),难道不是一个利多信号吗?但是即便多头开始占据上风,他们仍然面临清除前期位于 1.43 上方的价格顶部(两个椭圆)的任务。在这样的关键价位,只要这些价格顶部能够守住,价格很可能再次回落。如果需要,还可以这样来回很多次。在上面这种窄幅震荡的情况下,交易者最好不要参与市场,就让其他交易者先厮杀出胜负吧。

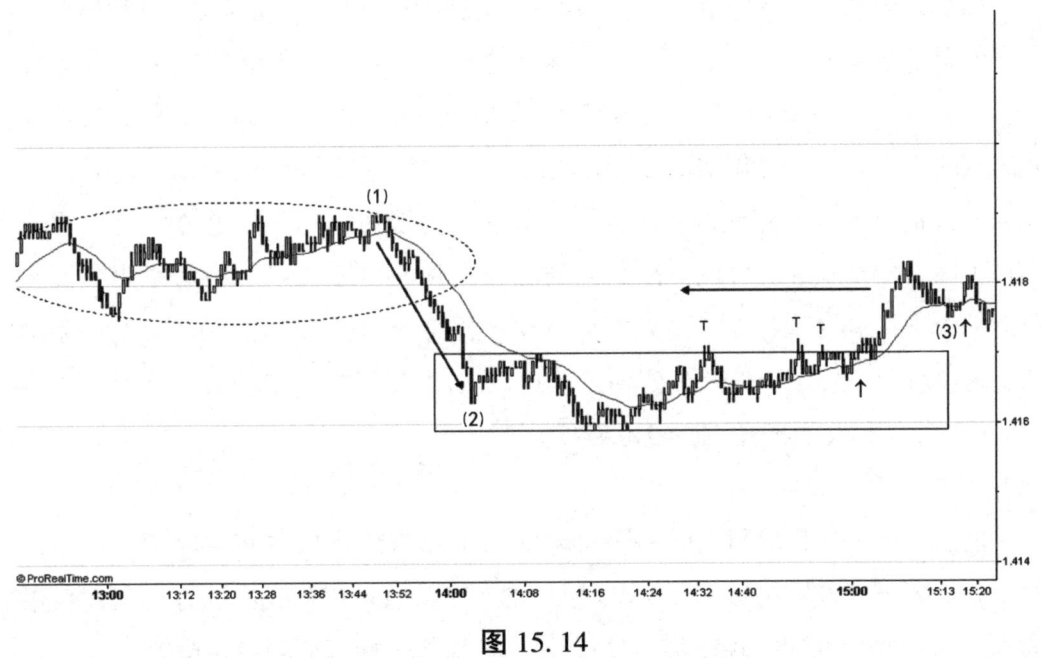

图 15.14

聪明的逆势交易者,也就是那些喜欢并且擅长与当前的市场力量对抗的交易者,是不会在明显的阻力附近入场交易的。他们会小心等待机会,并且在入场前要确定通往目标价格的路上没有什么阻力。真正激励他们的是看到一波单方向的波动因为"跟进动作"减少而完全变为水平。可以肯定这种强劲的单方向波动，就像图 15.14 中那个波动（1~2），一旦开始停滞并且最终反转，那么遇到的阻力很可能比横向波动后遇到的阻力少。或者你也可以这样来看：如果你是一个正在场外观望的空头，准备做空市场，并且你看到价格回升了一部分，那么你会在什么地方建你的空仓？即使你对这次交易有良好的预期，但其他观望的空头会跟随你的脚步吗？总而言之，当你在价格聚集期间做空市场时，很容易会找到同伴。

有一个黄金法则：一波单方向的快速波动越缺乏适当的"跟进动作"，价格就越有可能回撤到波动起始的位置。原因是这种势头强劲的波动没有为场外观望的交易者提供一个可作为阻力位或支撑位的回撤水平。所以，市场通常会一直回撤，直到交易之前这个波动的交易者被全部洗出市场。

如果我们将这个法则放到图 15.14 上，那么通过箱体中的波动可以知道这个急剧的下跌波动（1~2）缺乏"跟进动作"。然而，并不是这些空头不愿意尝试。多头花了近 1 个小时才阻挡了空头的进攻，但是最终（并且是在 3 次捉弄式突破之后）多头还是以 RB 结构的方式将价格挤出了区间。注意看，一旦空头屈服，价格是多么容易飙升。这也是有道理的，因为它们头顶上方没有阻力位挡住去路。价格基本上可以一路上升到之前拱顶的位置（1），也就是走势图上最近一个支撑位（现在变为阻力位）。在本例中，价格止步于"20"价位的阻力位，这个价位正好位于前期椭圆内最低点构成的支撑区域。这对以 10 点为盈利目标的 RB 结构交易来说，已经足够了。

但是，这也为我们制造了一个有趣的状况。当价格从飙升的顶部回撤下来时，我们要再次入场交易这个新出现的 DD 结构（3）吗？我们的好运气还会继续吗？如果这个 100% 回撤的原理是有效的，那么价格可能继续朝位于上方约 12 个点的最近一个拱顶（1）前进。另一方面，我们也不要忽略了之前椭圆形内的价格行为有提供阻力的可能。如果这次交易成功，就可以获得 10 点利润。如果失败，就会遭遇 5 点的亏损（这个结构幅度为两个点），不过前提你的订单在执行时没有遭遇成交滑移价差。这个还很难说。价格还没有测试之前突破的价位，并且现在又遇到阻力位，所以在盈利目标实现之前，窄幅止损很可能先被触及。

但是到什么程度呢？答案很简单，就是难以预料。激进的超短线交易者有理由推断如果5个点的止损每触及两次，10点的盈利目标就会实现1次，那么他的交易仍然是盈亏平衡的。根据交易者对市场技术状况的分析，他可能会接受这次交易。而较为保守的超短线交易者会直接拒绝这次交易，因为他认为当前的市场状况不值得拿资金来冒险——甚至也没有必要计算在如此可疑的环境下成功的概率。为什么呢？因为他永远都无法计算出来。相较于较为激进的交易方法可能带来的长期收益，保守的超短线交易者可能更喜欢保持平静的心态。

注意：在每一章节的大部分案例中，不管是交易入场还是出场，我们都反复碰到既可以激进交易也可以保守交易的状况。或许你会认为每一种方法都有两种不同的交易方式，甚至在一般的交易中，每一笔交易都可以采取中庸的态度，只有在范本式的交易中才采取保守的立场。我不想说这只是一种错觉，但是在任何超短线交易时段中，这种区别出现的频率要比你想象的低很多。毕竟，从技术分析的角度来说，两种类型的交易者在交易时通常都会做出非常类似的决定，因为没有技术理由可以做出其他决定。但是，请记住，交易中的技术"优势"是交易者在市场上的生存法宝，同时，它也是一个非常可疑的现象。不像在轮盘赌游戏（举个例子）中，"优势"是明显的，会在多次游戏后自动显现。在交易中，这种"优势"更多的是个人的认知，而不是统计上的确定性，并且它是可以彻底消失的。所以，在面对这样的矛盾时，交易者如何能够相信自己的认知并且投入资金？非常简单，他可以研究、练习并且实践。然后，再研究、再练习并再实践。除此之外，别无他法。那些下定决心将超短线交易变为正经事业的交易者，最终一定会找到自己的优势并且研究出自己的交易方法。

第五部分

账户管理

第 16 章 交 易 量

现在，我们已经完成了超短线交易技术部分的研究。要结束整个专业超短线交易的学习旅程，还有最后一项内容，就是适当的账户管理。这是交易获得成功的关键要素，特别是对那些想要将超短线交易变为其主要收入来源的交易者而言。如果这个环节没有掌握好，那么即便在其他方面大有希望，交易者也可能停在交易的起步阶段很多年（如果不是永远的话），而这可能是完全没有必要的。

在这一章中，我们将看到一个有趣的现象，就是两个交易者做相同的事情，用相同的资金和相同的交易方法，并且盈利目标也相同，但令人难以置信的是，一年以后（比如），这两个交易者的账户余额却不相同。事实上，交易者仅仅因为粗心的账户管理而使所有的努力付之东流的情况也不少见。

为什么会这样呢？难道能够持续稳定从市场赚取利润不等同于增长账户和获得可观的收益？这要看情况。如果交易者的资本雄厚，收益很高，那么糟糕的账户管理可能也不会有太大的影响。但是，在刚开始交易时，成功交易和失败交易之间的界线很多时候不是画在一个水平面上，可以让交易者在成功和失败之间随便来回——它更像是悬挂在半空中的一根钢索，新手需要极高的平衡能力才能保护自己不跌落下来，并且一旦跌落下来，就再也无法回去。如果交易新手已经遇到资金有限带来的劣势，并且没有充分理解适当的账户管理原则，那么他很可能很早就打爆账户。因此，下面所有的账户管理原则虽然对所有类型的交易者都有用，但是尤其适合那些因为有限的资金被快速消耗而面临过早止损风险的超短线交易者。这倒不一定意味着打爆账户。只是无法养活自己的这个理由可能足以导致交易者过早认输。想要避免这种情况，交易者就最好在一开始就将适当的账户管理原则谨记于心。

不过，从实践角度来说，这个适当的账户管理原则是非常简单的。其实，它就是正确确定每一个头寸的交易单位，也称为交易量。此外不需要做什么了。

但是既然这是通往成功道路上的关键要素，并且也不难掌握，那么为什么它的重要性常常被交易者忽略，甚至包括那些在交易的各个领域都刻苦学习的人呢？这个问题问得好。关于这个问题，最富有逻辑性的答案是大部分新手甚至还有一些中级水平的交易者都没有意识到，糟糕的账户管理会对他们的交易绩效产生毁灭性的影响。他们可能太过专注于从市场中获取利润并避免亏损，所以几乎没有注意应该如何逐步巧妙地将账户做大。确实，他们更多的是关注他们账户每天的得与失，以及这个得失与他们当下的利益需求有什么关系，而很少关心交易的长期面。

在我们继续这个话题之前，要先明白一点，没有一个绝对的管理账户方法，就好像没有一个绝对最优越的交易方法一样。即使在使用相同的方法时，在交易的过程中也一定会遭遇不同的障碍。这有可能是资金的限制、脆弱的风险舒适区、社会性压力、自信问题、时间限制或者其他什么问题。因此，如果想要将这个适当账户管理理念传达给多种多样的交易者，最好的办法就是提供一个适合大部分新手和中级水平交易者的通用指南。当然，交易者可以自由选择自己认为合适的管理方式。如果接下来讲到的方法无法满足交易者的需求，交易者也可以不采用。

很多交易指南，尤其是那些股票和期货的交易指南，会阻止账户起始资金少于10万美元的交易新手参与这种专业投机。交易新手以这样的资金参与交易是否明智暂且不说，先说这个要求现实吗？我敢肯定即使把资金要求降低一半，能达到这个要求的交易者也不会太多。当然了，资金充足的优势以及资金不足的劣势是不言而喻的。确实，一个10万美元的账户在一年获得50%的投资回报，既可以满足交易者的生活要求，还可以继续进行交易。然而，如果是一个资金只有 5000 美元的账户，即便收益率仍然达到 50%，但是这个收益可能仍然不足以支付房租。这是在某些情况下无法否定的主要区别。但是，这不是说起始资金小就没有希望。外汇市场是一个与众不同的市场，不管是小交易者还是资本雄厚的大玩家，都可以从中获得无可匹敌的收益。

在我们深入探讨账户管理细节之前，允许我先美好地展望一下。如果拿不超过账户 2% 的资金来冒险，并且坚持下面给出的账户管理建议，那么在一年时间内让账户增长 10 倍（每天只赚 5 个点）是可能的。事实上，在理想的环境下，一年有 232 天可以赚钱。如果在另一个 232 天里复制这个赚钱模式，最初的账户就会增长 100 倍。当然，这只是数学上的计算结果，后面我们会对其进行讨论。

在适当的账户管理中需要掌握的最重要的概念就是所谓的复利计算系数。其实，它的含义就是所有新的收益都会投入运用，与本金一起共同作用于账户的增长。如果一个账户资金相对较小的交易者（假设持有一个资金少于 1 万美元的账户）开始每周或每月取出自己的收益用作生活开支，那他就会严重削弱有效增长账户的潜力。当然，他自己可能觉得这样做是没有问题的。然而，那些想要玩更大资金的交易者，在账户真正被做大之前最好不要从账户中取走任何利润。

当然，这意味着交易者必须要有其他资金来作为生活的费用。这在其他投资领域也一样。问问任何一个创业者，即便是一个开小商店的老板，他们需要的起始资本也并不包括每个月的日常开支。我们可以肯定大部分新创立企业都是以负债的状态开始的。尽管如此，每天都有人在创办企业。所以，如何处理这个问题是个人的选择。一个面向长期的商业计划，必须要准备好日常费用和起始资金。

正如本书开头部分说的那样，超短线交易也是一种谋生的方式，但是对那些胆怯和懒惰的人来说就不会那么容易。所以，就像所有的创业者一样，超短线交易者也需要对自己和自己的事业进行投资。在进入这个交易领域之前，他必须做好充分的准备并且拥有足够的闲钱，这样才有空间来逐步将账户做大。从某种程度上说，他的账户实际规模并不是那么关键。聪明的超短线交易者基本上可以将任何规模的账户做大到期望的程度。确实，诀窍不在于以大资金开始,而在于成为一个稳定盈利的超短线交易者。

在这整本书中,我们反复强调了适当学习和训练的重要性,同样的,我们也主张交易以小资金开始,直到交易者能够持续稳定地盈利。这一章内容主要是帮助那些已经实现了稳定盈利,但是盈利还比较小的交易者。如果交易者仍然挣扎在技术分析的学习阶段,那么建议以非常非常小的资金来交易,直到最终境况开始好转。在还无法自如地运用某个技术时,就在每笔交易中拿总资金的2%来冒险,一定会毁掉整个账户的。如果真是这样的话,就太不值当了。

超短线交易的一大优势就是具有使账户爆炸式增长的潜力。然而,对大部分基金经理和他们的客户来说,每年固定20%的回报已经值得欢呼了,但是这个回报率对敏捷的超短线交易者来说就太少了,特别是当交易者是全职交易并且还缺乏资金时。他必须巧妙地累积所有交易的收益,然后立即将这些收益投入下一轮交易中。他每一笔交易的成交量都要相应地扩大。

对于那些持续稳定盈利的交易者来说,在每笔交易中只拿总资金的2%来冒险算是老生常谈了。这些交易者很少超过这个比例。很多经验丰富的交易者甚至还会低于这个比例。但是无论交易者选择什么样的资金比例,都要从两个方面来遵守——交易者不仅不能违背选择的这个资金比例,还应该在每一笔交易中都坚持这个比例。这意味着在这个资金比例允许的范围内选择最大的交易量。当把总资金2%的最大亏损具体到10个点的止损上时,我们可以称其为2%模型。

其中一种方式就是在每个交易日(你的交易时段)结束时做一些简单的计算,这个方法我们将会详细讨论。我们没有必要在交易期间做这种计算。在交易时段结束时,设定的每笔交易量应该反映当前的账户规模,并符合交易者选择的每笔交易的风险比例。超短线交易者只需要将新的交易量数字输入交易平台的订单预设选项中,并保存设置,这个工作就完成了。

在计算每笔交易的交易量时,不是说10个点的止损就代表了2%的总资金。原因是我们必须将经纪商提供的杠杆以及欧元/美元的汇率考虑在内。这里有一个简单的法则,如果汇率低于2.000(1欧元等于2美元),杠杆是40:1,就允许我们设置10点的止损来代表2%的总资金。

让我们看看欧元/美元的合约标准,看这个结论是如何得出的。欧元/美元合约是由基准货币(欧元)和报价货币(美元)构成的。100 000单位的标准合约,其价值是100 000美元×当前的汇率。所以,如果当前汇率是1.5,那么标准合约的价值就是150 000美元,或者100 000万欧元。要计算欧元/美元标准合约中1个点的价值,可以看看下面的例子。如果欧元/美元汇率是1.2500,这意味着100 000欧元可以兑换125 000美元。如果汇率上涨100点,汇率就变成1.2600。这意味着100 000欧元现在可以兑换126 000美元,也就是说汇率上涨100个点,价值增加1000美元。所以,我们可以计算出,在标准合约中,不管当前汇率是多少,1个点的价值是固定的10美元。

现在,让我们看一个交易者用5000美元的账户交易的实际案例。在交易中,这个交易者想确定一个代表2%总资金(5000美元的2%就是100美元)的止损。一个10点的止损就允许每个点的价值是10美元。在一个100 000单位的标准合约中,1个点的价值也是10美元。这意味着这个交易者要买入一手标准合约。但是,他可以这样做吗?这要取决于他的经纪商和当前的汇率。让我们假设当前的汇率是1.5000。一手标准合约现在就价值150 000美元。由于他的账户只有5000美元,所以要购买这个合约,他的财务杠杆至少要达到30:1。同理,如果汇率是2.000(在写作本书的时候已经达到了),这个交易者就需要40:1的杠杆。幸运的是,由于大部分经纪商至少提供50:1的杠杆,所以在大多数情况下,交易者可以采用基于10点止损的2%模型,而不会遇到保证金不足的问题。

当然,不一定非要采用2%模型。如果这个风险比例超过了交易者的心理舒适区或者他当前的技术水平,那么也可以把这个风险比例降低。很多交易者会选择较为保守的1%模型,或者介于它们之间的其他模型。

现在,让我们把复利系数加入上面的案例中。这个交易者以5000美元的账户,每次交易100 000单位。假设他在一个交易日(他的交易时段)内只交易一次，并且获得10点的收益，那么在他的交易时段结束时，他的账户余额就会变为5100美元。要在接下来的交易日里运用基于10点止损的2%模型，他就必须提高自己的成交量，才能与增长了的账户余额相吻合。这是非常简单的。他需要做的只是拿出计算器，输入自己的账户余额并乘以风险模型系数再乘以10（这个算式中的系数10是由100除以止损的点数得到的。从理论上说，1个点的止损，系数就是100，而12.5个点的止损，系数就是8，以此类推）。所以，这个交易者开始时是交易5000×2×10＝100 000单位。到第2天，这个交易者就要交易5100×2×10＝102 000单位，这就比前一天的成交量多了2000单位。采用1%风险模型的交易者开始时就是交易5000×1×10＝50 000单位。这天10个点的收益就是50美元。那么第2天，他就要交易5050×1×10＝50500单位，这就比前一天多交易了500单位。

单从交易量计算的角度说，交易者一天下来是盈利还是亏损都没有关系。不管账户规模怎么样，只需要乘以风险模型的系数再乘以10。如果账户余额减少，那么第2天的交易量就会相应降低。正如我们看到的，这个复利系数具有双重功能。它不仅允许账户在持续稳定盈利的情况下指数式增长，还通过降低交易者的成交量来防止交易者超过允许的风险额度。

注意：以上所有的交易都是基于美元计价的账户。如果交易者持有的是欧元计价的账户（举个例子），就需要将系数转换一下。最简单的方式是像持有美元账户那样计算交易量，然后再乘以两个货币当前的汇率。如果当前的汇率是1.4200，那么他只需要将计算出的交易量再乘以1.42就可以了。当然，这只是一个近似值，因为在任何交易时段内，这个汇率都是变化的。不过，外汇交易就是这样的。请记住，在新的交易时段开始之前计算的交易量，可能比在前一个交易时段结束时计算的交易量更合理，因为在你的两个交易时段之间，价格也在波动（你只在一天中的某个时段内交易，但外汇是全天候24小时波动）。

刚开始时，你可能会觉得这个计算过程有点麻烦，但是只要稍加练习，你会发现它实际上是专业超短线交易领域最简单的一个任务。这个计算花不了多少时间，但是好处却是很大的。在外汇市场上，通过这种方式，交易者可以逐渐提高每笔交易量（同时也会提高账户余额），并且不会遇到伴随较大的交易量而来的心理压力。

根据每日的收益或亏损调整交易量，当整体开始盈利之后，交易者还可以慢慢提高交易的风险水平。例如，交易者刚开始采用1%的风险模型，在第2个星期就可以将风险提高到1.1%，再下一个星期，就可以进一步提高到1.2%，以此类推，直到达到2%的风险水平。它其实就是逐步提高交易量，直到交易者对2%的风险模型真正感到自信。

虽然乍一看来，每日这样提高交易量没有多大的区别，但是它对交易者账户的影响是非常巨大的。让我们来比较两种高度理想化的情况，来看看这个影响到底有多大。假设交易者A的账户是10 000美元，并且连续200个交易日每日赚5个点利润。交易者B同样也是10 000美元的账户，并且也是连续200个交易日每日赚5个点利润。但是交易者A忽视了复利的威力，而交易者B利用复利原理，将每个交易日的利润投入到第2个交易日的交易中。

交易者A每天稳定获利100美元（采用2%风险模型的10 000美元账户获利5个点），200个交易日之后，总收益就是20 000美元，他的账户规模就增长到30 000美元。

如果你认为这个收益非常可观，那么先看看交易者B在相同一段时间后的收益，再说这个话吧。交易者B现在的账户达到了惊人的73 160美元！不要忘了，两个交易者每天的收益和交易的时间都是一样的。事实上，我们也可以把交易者A和交易者B视为同一个人，只是运用了不同的头寸管理方法。

不过，说实在的，交易者A在交易过程中不太可能一直不提高交易量。他的账户不断增长，不太可能没有引起他的注意。所以，他很可能在某个时候开始提高交易量。这是非常正常的，但是问题是他什么时候才会提高交易量呢？一周以后还是一个月以后？还是在3天以后？这个交易者是否正确认识到这个事情还有待观察，特别是当他没有意识到复利的威力时。

如果你认为能够稳定盈利的交易者不太可能长时间保持交易量不变，那么考虑一下下面的问题。假设一个交易者交易 1 手电子迷你期货合约。到某个时候，这个交易者将不得不把交易量从 1 手提高到 2 手，增长率就达到 100%，此时这个交易者就会面临巨大的心理压力。因为这个变化中间没有过渡。这对交易者的心理舒适区是个重大的挑战。即便从每笔交易允许的或者偏好的风险角度来说，这个变化可能也是不合理的。

但是外汇市场就赋予了交易者极高的灵活性。交易者可以自由选择自己喜欢的交易量。他们不需要从 100 000 单位的标准合约开始交易，当他们想要提高一点点交易量时，也不必一下子提高到 200 000 单位。如果他们愿意，甚至可以只交易 1 单位的合约，并且随时可以调整。当市场提供了这种灵活性时，就要好好利用！它允许交易者轻微地提高交易量，同时将账户做大，不会因为交易量太低或太高而违背自己的风险模型。

当然，有一个复利计算公式可以计算未来的复利本利总和。但是不必为这个计算担心。聪明的办法是在网上找一个复利计算器。它们很多都是免费使用的。找一个以年为单位计算复利的计算器（不是以季度为单位）。不过要注意的是虽然这些计算器是以年为单位的，但是你在使用的时候把它视为以日为单位。你只需要输入 3 个变量：当前的本金（你的账户余额），天数（你想计算的复利天数）和利率（如果是采用 2% 的风险模型，每天获利 5 个点，就输入 1%。如果是每天获利 10 个点，就输入 2%）。如果需要你输入年增长数，只需要将其设定为 0 就可以了。有些计算器不会允许你输入超过 40 天（其实就是年）。就找其他可以计算更多天数的计算器吧。如果你找到了这样的计算器，就可以这样计算（举个例子）：当前的本金（5000 美元），天数（200），利率（1），未来的价值（36580.09 美元）。这个未来价值就是连续 200 个交易日每日获利 5 个点，并且拿总资金的 2% 在 10 点的止损上冒险（2% 模型）获得的复利终值。

为了充分理解复利系数的双重功能，也为了给我们一个立即采用它的好理由，我们再举个例子，假设同样是 5000 美元的账户，2% 的风险，但是连续

200天每天亏损5个点,与上面的例子刚好相反。最终的结果是,交易者的账户余额变为669.90美元。要计算这个结果,只需要将利率一项改为-1。另外,如果让这个倒霉交易者的痛苦加倍,让他连续200个交易日每日亏损10个点,风险模型不变,并且最初的本金仍然是5000美元,那么最后他的账户虽然几乎被打爆了,但是仍然还有87.94美元。所有这些都不是要讲具体的数字,而是强调合理账户管理的必要性。不管是对成功的交易者还是失败的交易者,都是如此。

应该强调一点,如果交易者每天获得的这个一定量的收益是一个均值,那么这个基于复利计算器的计算结果会与实际结果不同。这是由盈利交易和亏损交易导致的交易量变化引起的。举个例子,假设你在第1个交易日获利5个点,然后相应提高了交易量,第2个交易日又亏损5个点,但是你的账户会显示小额的亏损。因为亏损交易日虽然只亏损5个点,但是交易量更大。同样的,假如交易者在第1个交易日亏损5个点,然后相应降低交易量,在第2个交易日又获利5个点,但是账户仍然会显示小额的亏损。因为盈利交易日虽然也获利5个点,但是由于交易量较小,所以第2个交易日的盈利无法弥补第1个交易日的亏损。这种情况也没有办法改变。但是这个问题真的很重要吗?对于一个能够持续稳定盈利的交易者来说,这种变化的影响非常小,虽然长期下来这种影响也可以累加到一定的程度。总之,最关键的地方还是在于交易者能够坚持自己的交易方法和良好的账户管理原则。

然而,这也引发了一个有趣的问题。为什么不在每次交易时调整交易量呢?这样不是更合理吗?理论上是合理的,但是实际上不是很现实。超短线交易者在交易期间最好将注意力全部集中在交易上,不应该一直忙于计算交易量,监视账户余额和其他会计活动。当然,如果交易者采用的是高科技交易平台,可以根据交易者选定的风险比例模型自动调整每笔交易的交易量,那就最好不过了。另外,交易者在某个时段运气不好连续亏损时,实际的交易量会超过这个时段允许的交易量。交易者的账户亏损越多,他每日确定的交易量与当时允许的交易量差别就越大。这时候,交易者可以做两件事,要么接受这种情况,要么在交易日内某个时点划定界限并做出调整。合理的账户管理不一定是要从每一笔交易中抓获可能的每一分钱，也不是保护账户达到偏执的程度。这只是帮助交易者在较长时间内实现最大利益的一种方式——可能还可以补充一句，不需要做出其他任何努力。

注意：在使用复利计算器时，很容易不切实际地投射你未来的收益。如果调整你假想的每日目标，这个计算器可能算出一个天文数字。例如，每日 10 点的复利会使一个 2000 美元的小账户在 314 个交易日之后，达到百万美元的级别。但是，请保持头脑清醒。交易者一旦陷入了这种不切实际的幻想中，就会面临不必要的烦恼和压力。将复利系数融入交易者的交易量计算中，唯一的目的是帮助交易者巧妙地将账户做大，并且防止在遭遇一连串亏损交易时亏损过大。

在每天的收益和未来投射收益方面什么是可行的，什么是不可行的，探究这个问题没有什么意义。这永远取决于交易者自己，而不是数学运算本身。有时候，我们只能假设持续稳定从市场获利是可行的，从而得到一个合理的追求目标。只要采用 2% 风险模型和复利运算方式，即便平均每天只从市场获取两个点利润，也就是每周只获取 10 个点利润，也可以在约 35 周之后让任何规模的账户翻番。对于敏捷和老道的超短线交易者来说，这并不难实现。一旦交易者成功将账户做大到理想的水平，每天赚取很多点利润的需求也会随之降低。这个时候，赚钱更多的是靠较高的交易量，而不是较高的盈利目标。

不管交易者的目标是什么，不管他是想获得惊人的回报还是只是维持自己作为独立交易者的日常生活开支，如果他没有将这种复利思维运用到每笔交易的交易量上，他的目标都很难实现。然而，这也提出了一个问题——什么时候才能开始兑现账户中的利润呢？毕竟，交易者也喜欢看到自己辛苦赚到的利润转变成自己银行账户里实实在在的存款。另外，随着账户呈现爆炸式的增长，到某个时候，交易者可能不得不更换经纪商，因为交易者的账户规模越大，每笔交易的交易量也会越大，但不是所有零售经纪商都能处理如此大的交易量。这确实是持续稳定盈利的交易者在某个时候一定会遇到的一个烦恼。不过，这个烦恼很甜蜜，不是吗？

第17章 最后的告诫

对于交易新手来说，不管他只是刚开始接触交易还是已经深入了交易的核心，每一本交易指南都有一定的学习价值。然而，读者应该明白，不管这些指南说了什么强调了什么，有时甚至是以基本的事实呈现出来，但是都只是代表了作者个人的观点。不像其他很多行业，交易领域的规则是难以捉摸的。没有科学证据可以作为支持，也没有一个明确的运用方法。交易的方法和策略就像市场上的交易者那样多。关于哪个有效哪个无效，也是众说纷纭。即便只是看一眼走势图，也会出现众多不同的观点和看法。所以，不管一个方法多么有效，也不管它的统计绩效多么亮丽，它只不过是个人观察的一个结果。在过去看来很明显的规律，在未来可能就失效了。

幸运的是，虽然交易策略和方法的效用具有暂时性的特点，但是供给和需求的规律被证明是普遍适用的。它是所有可靠的交易方法的基础，它也一定会继续支持那些还未设计出来的方法。对交易者来说，对供给和需求的理解不必达到经济学学位的程度。交易者只需要一幅走势图，并且在这幅走势图上，也不需要指标来帮助他发现一些仅凭肉眼观察无法发现的规律。虽然可能这幅走势图无法告诉他在什么地方买入和卖出，但是它会明确显示何时应该待在场外。那些布满阻力的道路是由那些与市场潮流对抗的交易者铺就的。不要跟随这些交易者的步伐。有抱负的交易者要想顺势而动，只能竭尽所能地进行学习和研究。希望这本书中的每一幅走势图都能帮助读者理解价格行为的原理。书中讨论的所有入场和出场技术一定可以帮助读者提高识别有利市场环境的能力。但是即便如此，这也是不够的，因为交易者的学习永无止境。

即使你真的喜欢本书中讨论的这些方法，也一定要花大量的时间来研究、测试并验证它们在过去以及当前走势图上的绩效。当终于开始进入市场时，可能现实还会告诉你现在还不是时候。你在真实市场上交易时一定要轻举慎行，直到你对你的交易量真正感到自信。仔细研究你犯下的所有错误，同时也要注意你的心理状态。有些时候，超短线交易就像在公园里散步一样舒适，但有些时候，又像是到鬼门关走了一遭。如果你的情绪仍然会受到不可避免的亏损的影响，就把你的交易量降低到你不在乎的水平。只交易那些你真正确信的结构形态。如果你不确定到底是该激进还是保守，就选择保守的模式吧。随着时间流逝，你的技术水平会越来越高。但在此之前，一定要努力研究。在运气不佳时，告诉自己"你能行！"伟大的交易者不是天生的。他们是靠后天的努力成就的。

好好享受你的交易吧！

鲍勃·沃尔曼
2011 年 9 月